ISLAMIC WORLD
A History In Objects

大英博物館裡的
——伊斯蘭史——

Ladan Akbarnia
拉丹・阿卡巴尼亞

Venetia Porter
維內齊雅・珀特

Fahmida Suleman
法赫米達・蘇萊曼

William Greenwood
威廉・哥倫伍德

Zeina Klink-Hoppe
澤伊娜・柯林克—霍普

Amandine Mérat
雅曼婷・美萊特

著

苑默文——譯

目次

從先知時代至今的伊斯蘭世界地圖

北大西洋

維也納

威尼斯

塞拉耶佛

阿爾卑斯山

羅馬

黑海

高加索山脈

裏海

伊斯坦堡

安卡拉

馬尼斯

伊茲尼克

庫塔亞

底格里斯河

加茲溫

科爾多瓦

以弗所

摩蘇爾

德黑

格拉納達

突尼斯

安塔基亞

薩瑪拉

幼發拉底河

帕米拉

巴格達

地中海

亞歷山卓

大馬士革

伊斯

馬拉喀什

耶路撒冷

巴士拉

波斯波

開羅

希拉夫

撒哈拉沙漠

麥地那

尼羅河

麥加

阿拉伯沙漠

紅海

薩那

廷巴克圖

喀土木/恩圖曼

摩卡

卡諾

阿克蘇姆

哈勒爾

0   1000 英里

0   1000   2000 公里

引 言

　　在從西非一直綿延至馬來群島的偉大、多樣文明中，伊斯蘭扮演了至關重要的角色。本書的目的是為了讓讀者能夠熟悉這一多彩地域中的物質文化。透過大英博物館收藏的實物，跨越不同媒介、地理和時間，一直敍述到當今之世。從泥磚和烹飪用的瓶罐，到黃金器皿和精緻的絲綢，這些作品共同表現出的是一個交互中的世界所蘊含的豐富內涵。這些物品讓我們得以深入看見其中的藝術贊助和思想交流，它們向我們展示過去的人們是如何生活的，他們如何看待自己和他人，以及他們所珍視的價值。

　　伊斯蘭「世界」並非指向一個特定的時間或地點，而是一個寬泛得多的語境概念，在特定的語境下，這個概念的內涵會受到伊斯蘭是作為一種信仰，還是作為政治制度或文化的強烈影響。「伊斯蘭藝術」這個術語常常用來描述本書中出現的各種作品，出於這個術語的局限性，很多人會避免用到「伊斯蘭藝術」這個名詞。作為一個19世紀才出現的領域，用伊斯蘭藝術的概念來涵蓋範圍巨大的物質文化不免太過武斷、造作。然而在這本書中，作者將接受這個無所不包的術語所具有的廣泛特性，並善加利用這個包含了各種工藝、地點和思想的寬闊光譜所具有的極大多元性。基於這個理由，讀者應該不會意外於看到一幅17世紀示巴女王的波斯繪畫會和一塊10世紀的埃及墓

石、20 世紀的迦納紡織品或當代的爪哇皮影戲偶放在一起。我們希望這樣的並置可以鼓勵人們審思並欣賞這種跨越時間和空間的相似和差別。

　　只有在伊斯蘭達成了全球的互聯後，這樣的聯合才可能出現。如此一來，工匠、物品和思想得以跨越幾千英里、跨越通常被認為是「伊斯蘭的」不同地區移動。甚至在西元 610 年前後，在伊斯蘭的首次啟示降世以前，麥加就是阿拉伯半島的貿易和宗教中心；隨著伊斯蘭的到來和以麥加為目的地的朝聖活動，這座城市成了伊斯蘭世界的心臟（圖一）。聖城麥加的向心力創造出了一個世界各地的人都能夠在此碰面的地點。與此同時，帝國的興起也把新的活力注入古老的都市，如大馬士革和伊斯坦堡；還創造出像巴格達、開羅（圖二）、撒馬爾罕、伊斯法罕（圖三）和德里這樣的多元文化都會。這些地方成了各種文化脈絡發散的交匯點，在這些城市中，不同的族群——從阿拉伯人、伊朗人到衣索比亞人和中國人——彼此交流商品和思想。位於庇里牛斯山和帕米爾高原之間的「伊斯蘭的」地域成為了一個巨大的訊息交換所，它所處的位置在亞洲、非洲和歐洲的中間，這讓「伊斯蘭的」地區成了精煉和傳播各種事物的中心，無論是關於皇家圖樣設計和數學，或是陶瓷燒造技術和咖啡。

　　在大英博物館收藏品的啟發之下，本書自然而然地側重於器物和它們曾經照亮歷史的方式。我們最關注的並非歷史或宗教，儘管這些內容是敘述中的重要元素；在這裡，注意力會集中在物質文化上，這意味著包含任何反映人類活動的器物，無論是日常器物還是「藝術創作」。這個目的是避免褊狹地只關注為菁英階層製作出的物品，以及跟隨這樣的方法所導致的扭曲圖像。考慮到整個生產光譜——從帝王的畫院到鄉村小作坊——我們希望能促進全盤視角來看待生產和擁有這些器物的社會。採取這樣的方法絕不是要全部排除藝術；這樣的敘述方法既能欣賞例如像書籍藝術所達到的成就，而且也會透過當代藝術來關注近代世界，思考它對過去和現在的影響方式。

書中的圖片呈現了大英博物館的伊斯蘭收藏，圖片的選擇是以館藏為基礎，因而做出的論述也衍生於此。不消說，大英博物館的伊斯蘭藏品在內容本質上極其廣博，本書所呈現的藏品圖片給讀者提供了伊斯蘭文化生產的概略導覽——範圍從奈及利亞延伸到印尼，時間遠從西元初一直到今天。

大英博物館館藏品的豐富性，要歸功於過去 250 年中將各種收藏品捐獻給博物館的人。雖然在此無法寫出所有人，但簡要概述主要捐贈人以讓讀者瞭解是誰創造出了這樣獨一無二的聚合。首先也許是最有影響力的捐贈人，漢斯・斯隆爵士，他的龐大收藏在他 1753 年離世時被捐獻給了國家，成為大英博物館收藏的開端，其中包括波斯護身符和為薩法維統治者蘇丹・胡塞因製作的星盤。19 世紀中葉時，大英博物館伊斯蘭藏品的數量仍不多，直到當時的館長、第一任英國和中世紀及人類學古物保管人奧古斯都・沃拉斯通・富蘭克斯加入了超過 3000 件物品，轉變了伊斯蘭世界藏品的展示樣貌。富蘭克斯所培養出的人脈關係確保了伊斯蘭收藏的遺贈在他 1897 年去世後仍然延續。此後又有 600 件瓷器加入，包括全世界最好的伊斯蘭包釉陶瓷器，它們來自富蘭克斯友人和大英博物館前受託人弗里德里克・杜・凱恩・古德曼的收藏，由其女兒伊迪絲於 1982 年捐贈。2011 和 2015 年，萊拉・英格拉姆慷慨捐贈和遺贈了約 900 件藏品，主要是 20 世紀的器物，包括紡織品和非洲各國、葉門的紙鈔，最先是由英格拉姆的父母於 1920 和 40 年代擔任不同的外交職務時所收藏，後來由她接手。而布魯克西維爾永久基金會和 CaMMEA（現當代中東藝術收購團）的購買資金，也確保了大英博物館擁有的世界頂級收藏品的數目持續增加，收藏內容更不斷擴充到近代和當代作品。另外還有中東和中亞國家政府的慷慨捐贈，如阿曼王國旅遊部在 2010 年和塔吉克共和國外交部在 2015 年捐贈的 20 世紀器物和紡織品。

書中收藏品範圍極廣，包括大英博物館 2018 年揭幕的伊斯蘭世界阿布哈里展廳中的收藏品的工藝和故事。本書採用的主題性

圖二　伊斯蘭時期的開羅：14 世紀的蘇丹哈桑清真寺建築群和其他的瑪穆魯克紀念物

旅人伊本・巴杜達（–1368）於 1329 年造訪了開羅。他描述了開羅被人們稱為米斯爾（Misr），是「眾城市之母，法老王的王座所在，是寬廣省分和富庶土地的女主人，這裡有數不清的建築，這些建築在美觀和氣勢雄偉的程度上無與倫比，是迎來送往的人們的會面之所，是強人和贏弱者停留的地方」。

圖三　伊瑪目清真寺（曾經稱為國王清真寺），伊斯法罕

人稱伊斯法罕的繁華乃「天下的一半」，這座城市在 1598 年成為沙・阿巴斯一世（1587–1629 在位）統治下的薩法維王朝。伊瑪目清真寺於 1611 年在沙王阿巴斯的命令下開工，在他的繼任者沙王薩菲一世（1629–42 在位）統治時完工，這座清真寺是一座舉行聚禮的清真大寺，被認為是沙王的新皇家廣場的組成部分。這座清真寺以其絢麗多姿、色彩斑斕的瓷磚聞名，是今日伊朗造訪人數最多的景點之一。

圖四　阿爾罕布拉宮

修建在山頂上俯瞰全城，這座「紅色堡壘」（al-hamra）是屬於納斯爾王朝歷代蘇丹（1320-1492）的一個巨大的宮殿建築群。安達魯斯（al-Andalus）詩人伊本・扎姆拉克（-1392）曾生動地描述了它的輝煌：

這是一座每一個細節都嬌媚又優美的花園：

看見它的絢爛，你就會明白我的話……宮殿的入口如此美麗，每一道彎拱都可和天園比肩……

圖五　蒙兀兒皇帝阿克巴位於阿格拉的陵墓

這座以紅色砂岩和白色大理石修建的紀念建築物於 1604 年動工，它位於阿格拉的西坎德拉（Sikandra）。建築工程在阿克巴（1556-1605 在位）在世的時候已經開始，由阿克巴的兒子賈漢吉爾皇帝（1605-27 在位）於1612 至 1614 年間完成。他的大理石墓冢位於陵墓沒有屋頂的開放上層空間，向著天空、太陽和月亮，這樣的安排被認為和蒙兀兒家族對於光和光的象徵意義的迷戀有關，同樣也被認為和陵墓建築入口處的波斯文銘文的最後一句有關：

願他（阿克巴）的靈魂在真主之光下，如太陽和月亮的光線一樣閃亮。

編排方式，讓讀者可以隨意地翻閱不同主題，而歷史順序（配有時間表和關鍵日期）的編排則有助於提供歷史背景的訊息。

　　第一章是在古典世界晚期的社會背景下概述伊斯蘭的興起，在這樣的社會背景中，其他文化的元素被再次使用、再次組合並且再次理解為一個宏大的文化綜合體的一部分，這個文化綜合體為視覺文化、故事書寫和科學知識傳遞的宏大發展打下烙印。第二章思考了伊斯蘭和穆斯林信仰的多元性，尤其是在創造和激發物質文化靈感方式上；這一章也探究了伊斯蘭世界中，亞伯拉罕諸宗教所共享的文化（例如諸先知和神聖的地點）。接下來，本書轉而直截了當地以歷史順序介紹各片領土。第三章帶領讀者領略從 750 至 1500 年的時期，從位於伊拉克的偉大宮殿城市薩瑪拉到輝煌的開羅、大不里士、赫拉特和格拉納達（圖四）。第四章繼續以同樣的方法論述 1500 至 1900 年，尤其關注當時伊斯蘭世界的三大「火藥帝國」：奧斯曼、薩法維和蒙兀兒帝國（圖五），也同樣包括在一般論述中常常被忽略的兩個關鍵地區：非洲和東南亞。第五章再一次是以主題為主，以歷史順序為輔，這部分內容探索了伊斯蘭世界的文學和音樂傳統，包含皮影戲，書籍藝術和樂器。第六章和最後一章將把讀者帶到現今時代，談論偉大的帝國滅亡之後的伊斯蘭世界，一邊是透過當代藝術家的眼睛，另一邊是透過無名工匠，他們的作品照亮了這些充滿動盪的時代。

　　在如萬花筒般的多元性中，伊斯蘭世界也許更應該被描述為一個觀念，而不是一個地區，這是一個無法用簡單的解釋來定義的觀念。我們希望和期待這本書能夠引來更多的提問，而不是我們已經試著提供的答案。最後要說明的是，書中所呈現出的作品的選擇和討論，目的是為了讓人們瞭解這些藏品所代表的人民和文化，正如伊朗書法家杜斯特・穆罕默德在大不里士為薩法維王朝的王子巴赫拉姆・米爾札彙編的畫集前言中以阿拉伯文對仗句所言：

　　我們的創作體現我們的內心，凝視我們的作品將看到我們自己。

時間表

西元前1200–西元275年	示巴王國（Sabean kingdom）首都位於葉門的馬里卜（Marib）
約西元前300–西元106年	納巴泰王國（Nabatean kingdom），首都位於約旦的佩特拉
西元前27–西元476年	羅馬帝國，首都位於義大利羅馬
約100–940年	阿克蘇姆王國（Aksumite kingdom），首都位於衣索比亞的阿克蘇姆
224–651年	薩珊帝國，首都位於伊拉克的泰西封（Ctesiphon）
260 – 274年	女王芝諾比亞（Queen Zenobia）統治敘利亞的帕米拉
330–1453年	拜占庭帝國，首都位於土耳其的君士坦丁堡
約500年前後	象棋（chess）大概在印度北部發明出來
570或571年	先知穆罕默德出生，這一年是傳說中的「象年」
610年	穆罕默德開始透過大天使加百列（Gabriel）接受神啟
622年	遷徙（hijra）至麥地那，穆斯林太陰曆的元年
632–661年	正統哈里發在麥地那施行統治
634年	巴勒斯坦發生安吉納達音之戰（battle of Ajnadayn），拜占庭帝國軍隊被擊敗
636年	伊拉克發生卡迪西亞戰役（battle of Qadisiyya）薩珊帝國軍隊被擊敗
637年	穆斯林與耶路撒冷簽訂合約
639年	在指揮官阿穆爾・伊本・阿斯（Amr ibn al–As, –664）的率領下，穆斯林征服埃及
661–750年	伍麥亞王朝哈里發以大馬士革為首都施行統治
685–705年	伍麥亞哈里發阿布杜・馬利克（Abd al–Malik）統治時期，他是耶路撒冷的聖石圓頂（Dome of the Rock, 691）和大馬士革清真寺（715）的建造者
750年	阿巴斯革命和建立巴格達
1022年	「六書」（six scrips，六種阿文書法體）的制定者伊本・巴瓦布（Ibn al–Bawwab）去世

1 諸史之史

作為世界性宗教的伊斯蘭是在西元 7 世紀的阿拉伯半島興起的。610 年前後，先知穆罕默德（約 570-632）在阿拉伯城市麥加城外的一個山洞裡接受到啟示，這些啟示的話語組成了穆斯林的神聖經典——《古蘭經》。麥加的人們最初並不接受這個新信仰，於是在 622 年，先知遷徙到了後來被稱為麥地那的綠洲城市雅斯里卜（Yathrib）。這是一個決定性的事件，隨之而來的還有新的紀年曆法 hijra（希吉拉曆，伊斯蘭曆），這個詞的本義是遷移或逃走，這件事標誌著伊斯蘭歷史的開端。希吉拉曆是一年 12 個月的太陰曆（lunar calendar），一年有 354 或 355 天，因此和西元不能重疊，希吉拉曆的年份也無法轉換成確定的西元年份。

先知穆罕默德出自阿拉伯人的古萊什部落（tribe of Quraysh）。這個部落是麥加的神聖地點天房（卡巴，Ka'ba）的保護者，人們相信天房最初的建造者是先知易卜拉欣（亞伯拉罕）。麥加的地理位置正好臨近從葉門北上至地中海的重要貿易路線，古萊什部落也非常仰賴貿易活動。在伊斯蘭出現的前夕，中東地區是由兩個強大勢力控制的：薩珊帝國（Sasanians, 224-651），他們的首都位於今天伊朗和伊拉克境內的泰西封（圖二），這個帝國的影響力從中亞一直延伸到阿拉伯半島；拜占庭帝國，他們所控制的領土包括敘利亞、巴勒斯坦、埃及和小亞細亞，首都位於君士坦丁堡（後來被稱為伊斯坦堡）。在很短的一段時間裡，新到來的伊斯蘭教獲得了令人瞠目結舌的軍事成功。薩珊人被徹底擊敗了，在幾十年的時間裡，拜占庭帝國龜縮到了小亞細亞上的幾個要塞中。到 7 世紀中葉時，新生的伊斯蘭帝國版圖從西班牙一直延伸到中亞。

從葉門的水壩、神廟一直到上埃及布滿象形文字的無數紀念物，古代文明的實體遺存構成了新征服者的世界之內在組成部分。迷信和傳說常常和這些古老的地方產生聯繫。例如西元前 3 世紀的亞歷山卓燈塔，這座直到 14 世紀依然作為燈塔運

LE PHAROS,
Cette Tour fut battie de marbre blanc dans l'isle de pharos auprès de l'enbouchure du nil par protomée
philadelphe qui donne pour cela 280000 Ecus on y mettoict la nui des flambeux pour seruir comme de lanter aux nauigeans

圖一　亞歷山卓燈塔

由國王托勒密二世（西元前 285–246 在位）修建的亞歷山 卓燈塔被認為是世界七大奇觀之 一。它坐落在法羅斯（Pharos） 小島上，對面是亞歷山卓的東側 港口。人們相信這座燈塔有神祕 的驅邪能力，它的地基中藏有寶 藏，而且在最高點上有一面可以 聚焦太陽光的鏡子，能把敵人的 船隻燒毀。

約 1660 年 約卡布斯・皮卡特（Jacques Picart）版刻自馬騰・德・弗斯 （Maarten de Vos）的繪畫 高 17.2 公分，寬 21.8 公分 (1856,0112.303)

作的奇觀，人們認為它有一個玻璃製成的巨大螃蟹形地基（圖 一）；還有巴比倫（圖三），這是美索不達米亞地區的偉大城 市之一，在西元前 18 世紀前後建立，傳說它的建造者是巨人 碧尤拉西卜（Biyurasib）。博學的歷史學家伊本・赫勒敦（Ibn Khaldun, -1406）對過去的歲月有一種深深的懷舊情感：「除了 少數幾座城市以外，阿拉伯人居住的葉門已經傾頹。阿拉伯伊 拉克的波斯文明也一樣成了廢墟。同樣的事情也發生在當代的 敘利亞。之前從蘇丹到地中海之間的整個地區都有人定居生 活。這個事實可以由那裡的文明遺跡所證實，例如紀念物、建 築結構和看得到的村莊遺跡。」儘管存在建築相關的遺產，但 伊本・赫勒敦所慨嘆的那些已經消逝的古文明大多已經消聲匿 跡，直到許多世紀以後才被重新發現，在這個廣闊的地區中居 住、生活過的人們的風俗和習慣則轉為伊斯蘭文化的內在部 分，它們在語言、宗教、藝術和建築方面扮演了重要的角色。

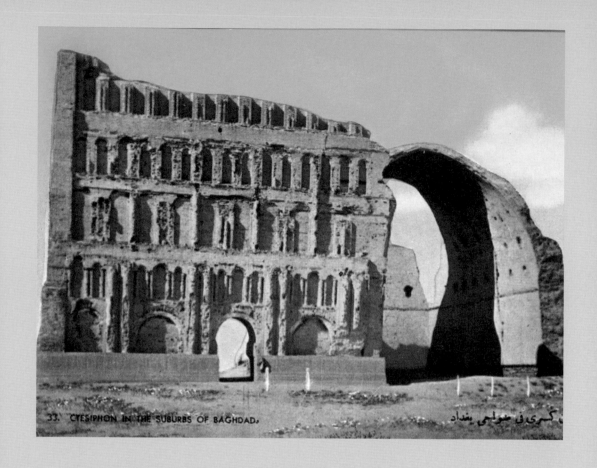

33. CTESIPHON IN THE SUBURBS OF BAGHDAD.　　　　　كسرى في ضولحي بغداد

當穆斯林征服者進入了拜占庭和薩珊統治者先前的領土後，帶回了大量戰利品、皇冠、寶座和各種象徵臣服的物品，有很多這樣的物品被放在麥加的天房中展示。在薩珊和拜占庭帝國統治下製造出來的大量高品質器物開始在伊斯蘭時代早期流傳，這給當時的藝術風格和圖案造成了重大影響，這種影響明確地顯現在由穆斯林贊助的各種新品器物上。

我們之所以將本章命名為〈諸史之史〉，就是為了探究早期穆斯林所遇見的世界；透過呈現出的器物，我們可以清晰地看到古代世界的權力符號和藝術傳統，在新的贊助人的推動下得以傳達和再現。我們也關注已經存在的知識，尤其是科學方面的知識，是如何得到尊重、發展以及最終被傳入歐洲的；貿

圖二　霍斯洛宮（Taq-i Qisra）

這張 1960 年代的明信片上是霍斯洛宮的拱門遺跡，這座 6 世紀的宮殿建築稱為 Taq-i Qisra，意為「霍斯洛的王座」。建築物以泥磚修建，一度是泰西封城宏偉的建築群中的一部分。泰西封是薩珊王朝國王的都城，位於巴格達以南約 30 公里處。

約 1962 年
阿布杜·禮薩 & 默辛·薩爾敏兄弟在巴士拉印製的明信片
長 13.9 公分，寬 8.9 公分
（EPH-ME.2480）

圖三　瓦利德．西提（伊拉克庫德人，1954–），巴別塔

巴別塔故事背後的靈感來源是巴比倫金字塔（ziggurat of Babylon），它是由國王尼布甲尼撒（Nebuchadnezzar，約西元前 605–562 在位）修建，以獻給巴比倫的城市之神馬杜克（Marduk）。在《聖經》中，這座建築是人類虛妄的一個例子：「這就是為什麼它稱為『巴別』（希伯來文之『混亂』），因為上帝打亂了全世界的各種語言。」

長 47 公分，寬 42 公分
(2009,6002.2)

易和發現是如何將數字和象棋（chess）帶入阿拉伯世界中；以及阿拉伯文，一種歷史悠久的書寫符號本身，是如何成為一種交流工具和藝術表達的手段。我們也要審視已有的知識是怎樣得到發展，以及它們是如何經過辯論，決定出哪些內容可以、哪些內容不能進入到這個新宗教，從而成為其信條的一部分。

1|1 阿拉伯福地和阿克蘇姆

古代葉門在羅馬世界裡被稱為阿拉伯福地（Arabia Felix），因為最早可追溯至西元前 1000 年的乳香貿易而富裕。駱駝載著珍貴的薰香料穿越阿拉伯半島並進入到地中海港口城市中，從這裡再把它們運送到歐洲和其他地方（圖一）。這是一段耗費數月的旅程，全程將近 3000 公里，但巨大的需求量讓貿易商人可以從這樣的高價商品中得到豐厚的回報。傳說中崇拜太陽的示巴女王（圖二）即來自葉門，她拜訪蘇萊曼王（所羅門王）的故事既記載於《舊約》中，也出現在《古蘭經》(27:536)。當她抵達蘇萊曼的宮殿時，驚訝的發現自己的寶座已經奇蹟般地被帶來此地。葉門人是最先一批接受伊斯蘭的人，先知穆罕默德據說特別喜愛葉門人。

基督教的阿克蘇姆帝國位於非洲東北部，在古代世界晚期和伊斯蘭時代初期是阿拉伯半島上的一支強大勢力。6 世紀時，阿克蘇姆的統治者凱勒布（Kaleb，約 500-525 在位，圖三）派遣將軍阿布拉哈（Abraha）進入葉門，在那裡建立國家。後世的作家說阿布拉哈建造了薩那的大教堂，以此來和麥加的多神教中心競爭，並率領一支擁有戰象的軍隊攻打麥加，希望能摧毀天房，在伊斯蘭教出現前，天房是當地各信仰派別的中心。這事件被記錄在《古蘭經》的第 105 個索勒（sura，章）〈象〉(al-Fil，圖四)。發生此件事的這一年後來被稱為「象年」，人們通常認為穆罕默德出生於這年（570 或 571 年）。

（本頁）

圖一　燒香用祭臺

祭臺，例如這個來自葉門的藏品，是放置在神廟中，盛放獻給眾神的祭品。上面的示巴銘文提到了名為阿斯塔（Athtar）的男性神祇，這是一個阿拉伯南方各王國都崇拜的神祇。

西元 2 世紀
在葉門的掃達（al-Sawda）發現
石灰石
高 40 公分，寬 22 公分，深 22 公分
(1887,0629.21)

（對頁上）

圖二　示巴女王

這張加茲溫風格（Qazvin-style）的繪畫中，在阿拉伯文學中稱作碧麗齊斯（Bilqis）的示巴女王靠在溪流的旁邊，盯著蘇萊曼王的一隻戴勝鳥嘴裡銜著的文卷。畫中的碧麗齊斯身穿一件華美的長衫，上面的圖樣由一隻戴勝鳥和其他鳥類及動物組成。

約 1590–1600 年
伊朗
單頁畫作，裝裱在可以取下的畫冊中
高 16.1 公分，寬 22.6 公分
伯納德・艾克施泰因爵士、從男爵遺贈
(1948,1211,0.8)

圖三　凱勒布國王的金幣

這枚金幣的兩面都印有阿克蘇姆王國的統治者凱勒布（Kaleb）的半身像，旁邊配有希臘銘文：「國王凱勒布，吉澤納斯之子」。凱勒布對葉門發動的軍事遠征有可能將衣索比亞軍隊帶入了伊斯蘭時代之前的麥加衝突中。

約 500–525 年
阿克蘇姆，衣索比亞
黃金
直徑 19 公釐
(1910,1207.1)

圖四　星形瓷磚

這片瓷磚的外圈上寫有古蘭經的經文，包含《古蘭經》第 105 章〈象〉，這章的內容被認為談論了阿布拉哈的軍隊在麥加城外遭到毀滅：

奉至仁至慈的真主之名難道你〔先知〕不知道你的主是怎樣對付大象的軍隊嗎？難道祂沒有使他們的計謀徒勞無益？祂曾派遣成群的鳥去攻打他們，以乾土做成的石子投射他們；祂使他們變得〔像是〕割過的草梗一般。

約 1300–1325 年
卡尚（Kashan），伊朗
石膏，不透明白釉上施以藍和金光彩（lustre）
直徑 22.5 公分
伊迪絲·古德曼小姐遺贈
(G.487)

1│2 佩特拉和帕米拉

　　古代阿拉伯兩座偉大城市的光彩一直照進了近代世界：敍利亞的帕米拉和約旦的佩特拉。它們仍然張開懷抱迎接造訪的賓客。這兩座古城存在的最重要理由，都是因為在古代貿易網絡扮演了關鍵角色。帕米拉在阿拉伯文的史料中叫塔德穆（Tadmur），據說是蘇萊曼王（所羅門王）建立的。西元 20 年時，此地被羅馬吞併，從此在貝爾神廟（temple of Bel）中豎立起了一座皇帝提貝里烏斯（Tiberius, 14-37 在位）的雕像。因為傳說中的女王芝諾比亞而聞名的帕米拉城，在 634 年被穆斯林軍隊攻陷。19 世紀中葉，傳奇的英國貴族女子簡·迪格比也住在帕米拉，愛上了一個帕米拉貴族謝赫梅祝爾·梅茲拉布。生活在大馬士革和帕米拉的她曾寫過她喜愛「廣袤無限的沙漠勝過憋悶的城市生活」。

　　佩特拉是納巴泰人（約西元前 300- 西元 106）的首都，詩人約翰·威廉·波瓦描述為「太初後便已屹立的一座玫瑰紅色城市」。《佩特拉字板》的作者敍利亞詩人阿杜尼斯認為，佩特拉是一個「向巨石的精靈和方尖碑的墳墓致敬的地方」。這座令人驚嘆的沙漠城市從岩石中雕鑿而出，因其出色的灌溉系統和位於阿拉伯及地中海貿易路線中途的位置而生存和發展。如同許多古城，在阿拉伯征服後，佩特拉逐漸衰落；作為一個奇幻地點，馬穆魯克蘇丹拜巴爾斯（1260-1277 在位）曾造訪此地，1812 年瑞士探險家布克哈德又「重新發現」。這個驚人城市的消息立刻帶給西方藝術家和旅行家無限的想像，包括蘇格蘭畫家羅伯茨（圖一）。

圖一　佩特拉，大衛·羅伯茨聖地系列畫作

皇家學院成員大衛·羅伯茨，以其中東紀念物和風景畫作知名，他在 1839 年造訪了佩特拉並繪畫了大量佩特拉主題的作品。在這幅畫中我們可以看到著名的由岩石雕鑿出的陵墓。

1842 年
經路易斯·海格以大衛·羅伯茨的作品為基礎手工上色，彩色印刷
坎貝爾·道濟生捐贈
(1915,0706.41)

帕米拉位於大馬士革以北 200 公里的綠洲之中。廣闊的建築群包括神廟、巨大的柱廊、浴室和拜占庭教堂。在芝諾比亞統治時，帕米拉的居民已經超過 20 萬人。他們說阿拉姆方言，書寫一種叫做帕米拉文的文字，這種文字銘刻在下圖中的年輕男子雕像（圖二）上。在阿拉伯征服後，這座城市繼續繁榮，直到 1400 年被中亞征服者帖木兒占領後急速衰落。在 2011 年開始的敘利亞內戰中，帕米拉於 2015 年落入達伊什（Dɑesh，即所謂的「伊斯蘭國」）之手，其建築遺址遭到了巨大破壞。

我曾到過很多地方，但從未有一個地方美麗勝過帕米拉……
一個到處有石林聳立的地方，
當你抬頭仰望，胸中就會燃起敬意……

（烏哈伊卜·伊本·穆塔拉夫·塔米米）

圖二 帕米拉墓碑

帕米拉人將亡者埋葬在精美的陵墓裡。這個年輕男子，根據銘文所述，是拉西伯拉的兒子，名叫馬奈。他的右手握著一串葡萄，左手握著一隻鴿子。他的髮型和衣服是典型的帕米拉男孩樣式，表現出了安息（帕提亞）和羅馬的影響，這是帕米拉位於不同文化交會位置的結果。

西元前 150–200 年間
石灰石
高 36.8 公分，寬 27 公分，厚 13 公分
(1889,1012.4)

1|3 拜占庭與葡萄藤蔓

　　隨著羅馬帝國在4世紀衰弱後，拜占庭帝國便從羅馬帝國的東半部崛起。君士坦丁皇帝在330年宣布君士坦丁堡（後來的伊斯坦堡）為其都城。基督教是帝國的國教。阿拉伯人和拜占庭皇帝在敘利亞和巴勒斯坦上持續角力，最後阿拉伯人於634年在耶路撒冷以西的安吉納達音戰役中獲得勝利，宣告了阿拉伯統治時期的來臨。這裡後來被稱為西部伊斯蘭地區。拜占庭人後撤到了小亞細亞，他們在那裡取得的最大成就之一是成為一個通過貿易、聯盟關係來張揚地對決伊斯蘭世界的基督教國家。直到1453年才被奧斯曼蘇丹「征服者穆罕默德」（約1444-1481在位，期間有所中斷）攻取了君士坦丁堡，把拜占庭皇帝查士丁尼（527-565在位）建造的基督教世界最重大象徵聖索菲亞大教堂改成了清真寺。

　　修建清真寺時，早期穆斯林經常選擇過去已是神聖地點之處，例如7世紀大馬士革的伍麥亞清真寺前身是一個拜占庭教堂，更久之前則是一座朱庇特神廟。在薩珊帝國的火寺上也建造了清真寺。穆斯林重複利用原有的材料，包括在原先建築周邊找到的立柱和柱頭（圖一）。葡萄藤蔓是典型的拜占庭建築裝飾，這種造型影響了晚期薩珊藝術，並轉而成為伊斯蘭時代（圖二至四）的主要裝飾風格。

圖一　柯林斯式柱頭

這個有植物紋樣裝飾的拜占庭柱頭來自耶路撒冷的謝里夫禁地（Haram al-Sharif，聖石圓頂和阿克薩清真寺的高臺基所在的地點），這裡的先前建築元素在伊斯蘭時代被重新使用。

拜占庭，約5-6世紀的耶路撒冷
石灰石
高33公分，寬51公分，深28公分
巴勒斯坦探勘基金會捐贈
(1903,0220.4)

圖二　建築裝飾

這是一塊來自泰西封（位於巴格達以南）的一座宏偉薩珊宮殿的殘片，上面布滿了泥灰（stucco）花草紋樣和彩色溼壁畫。

6 世紀
泰西封
泥灰
寬 43 公分，高 30 公分
柏林國立博物館捐贈
(1937,0219.1)

圖三　骨製裝飾板

這件裝飾用的骨片的年代可以上溯到伍麥亞王朝時期，它來自一組裝飾亞歷山卓某地的家具陳設或容器的一系列物品中的一件。它的設計是在動物骨的凸面上雕刻，上面的紋樣呈現出了和拜占庭時期同類的延續性。這種紋樣叫做 nabati（這個詞源自阿拉伯文的「植物」，也在英文中稱為 arabesque），此種風格後來成為伊斯蘭和地中海盆地地區裝飾的主要特色（見 42 頁）。

伍麥亞時期，約 8 世紀
埃及
動物骨
高 14 公分，寬 4.7 公分
(1896,0523.4)

圖四　水瓶（局部）

在這個 13 世紀末期的水瓶上，交錯的花草紋樣將圓章圖案（medallion）圍繞其中。更精巧的是在圓章圖案的兩邊，花草莖的紋樣構成了一隻稱為「waq-waq」的動物（見 42 頁）的頭。

13 世紀末
可能產自敘利亞或埃及
鍍金及釉面玻璃
長 23 公分，高 23.2 公分，寬 15.2 公分
菲利克斯・斯雷德遺贈
(1869,0120.3)

1│4 埃及的織品傳統

埃及的織工以精湛技藝聞名整個地中海和近東世界，這個地區長久以來的織品生產傳統可以追溯至西元前 4000 年。

得益於埃及乾燥的氣候和古代晚期喪葬形式的改變，衣物和織品都在大量的墓地中保存並發掘出來，為人們提供了瞭解當時的時尚和生產技術的實物。織品主要以亞麻編織，這是埃及悠久又受喜愛的織品材質，同樣受歡迎的是羊毛。絲綢要比亞麻和羊毛昂貴和稀有許多，從大約西元 560 年開始，用於奢侈衣物的絲綢開始在帝國專營權之下生產。

在垂直的直立織布機上主要以平織紋編織並用刺繡圖案妝點，埃及的織品既有家庭生產，也有作坊生產的，其中有一些作坊是由科普特教會和修道院所委任。在西元第一個千年中，男人、女人和兒童穿戴的主要衣物是長衫，這是遵循了羅馬人的時尚。幕布、窗簾和家具罩布也有生產以作為埃及人家庭的布質家飾品。這段期間，埃及織品上的圖像十分多樣，反映出當時的政治和宗教背景。其中包括神話、花草、動物和繼承自希臘—羅馬古典樣式的幾何圖形紋樣，另外也有來自古代近東地區受到基督徒或薩珊人影響的圖案（圖一至三）。

圖一　阿帕·帕喬的墓碑

西元 2 世紀開始，埃及人就不再製成木乃伊了，他們穿著日常衣物並用織品包覆埋葬。圖中這塊墓石就是用來標記墳墓的。亡者名叫阿帕·帕喬（Apa Pachom），以科普特文書寫（科普特文是當時埃及語言的最新階段，使用的是調整過的希臘字母），在畫面中，他正在祈禱，他的頭兩側各有一個十字架。他身穿著裝飾了幾何圖案的長衫，周圍有從希臘容器中伸出的捲曲葡萄藤蔓花紋，這是一個繼承自古代紋樣的圖案。

6–7 世紀
薩卡拉（Saqqara），埃及
石灰石
高 57 公分，寬 44 公分，厚 14 公分
(1911,0617.16)

圖二　塔布拉（Tabula）方形刺繡裝飾物

在古代晚期，埃及人平時穿的長衫是裁成一塊 T 形的布，然後再折疊並沿著邊線縫合。例如圖中的這一件，在膝蓋和／或肩膀處有刺繡裝飾。方形和葡萄葉花紋源自經典的希臘－羅馬酒神圖案，類似的花草形外框圖案也可以在羅馬和北非馬賽克中看到。

約 5–6 世紀
阿赫米姆（Akhmim），埃及
亞麻和羊毛
長 27 公分，寬 19 公分
(1887,0402.109)

圖三　裝飾織品殘件

雖然阿拉伯征服給埃及帶來了重大的政治和宗教變化，但是在技術、圖案設計或是工藝生產上並沒有出現斷裂。就織品領域而言，其織造技術至少一直延續到了西元 10 世紀。古代晚期的圖像，例如葡萄藤蔓，有時候會和鳥、四足動物圖案結合起來，這在伊斯蘭時代早期和法蒂瑪時期的織品上十分常見。

約 11 世紀
埃及
亞麻和絲綢
長 22 公分，寬 22 公分
(1992,0518,0.2)

1│5 薩珊火祭壇和鷹獅獸

讓我們傳看裝飾著不同圖案的波斯金杯；霍斯洛（Khusraw）在羚羊身邊，全副武裝的弓箭手騎在馬上緊跟其後。

（阿布·努瓦斯，-813）

在安息帝國（Pathians，西元前 247- 西元 224）滅亡後，緊隨其後的是薩珊帝國（Sasanian Empire, 224-651），這個王朝控制了廣袤的領土，包括今天的伊朗、伊拉克、中亞和阿拉伯半島東部。瑣羅亞斯德教（祆教）是帝國的官方宗教，它源自古代先知瑣羅亞斯德的教誨，其神聖文書名叫《阿維斯塔》（Avesta）。在瑣羅亞斯德教中，最重要的信仰是阿胡拉·馬茲達、「一切的創造者」、「智慧之主」，以及信仰儀式性的火（圖一）。

薩珊人熱情地贊助各項藝術；卓越的器物——尤其是織品和金屬製品——被送至宮廷，銀器上通常裝飾有宴飲和狩獵場景。在阿拉伯征服之後，伊朗東部和塔巴里斯坦省、呼羅珊省和花剌子模省的金屬製品傳統完整延續至 8、9 世紀（圖二、三）。在前伊斯蘭時期伊朗的圖案設計元素中，最常見的例子是鷹獅獸（simourv），這一神獸的造型在建築物裝飾和伊斯蘭時代早期器物中持續出現（圖四、五）。有狗的頭，獅子的爪子和鳥的尾巴，這種神獸最早出現在《阿維斯塔》中，牠是一種為人類提供種子的善良生物。

圖一　陶瓷碗

碗上裝飾著一個別出心裁的火祭壇，是瑣羅亞斯德教儀式中燃燒聖火的地方。現存最完好的薩珊帝國時期的火祭壇，是位於波斯波利斯附近的納格什魯斯坦（Naqsh-i Rustam）的一對石祭壇。祭壇的圖像也出現在薩珊時期的錢幣上，通常是在硬幣的背面。（見 33 頁）

9 世紀
伊拉克
帶有鈷藍圖案的錫釉陶器
直徑 21.5 公分，高 7 公分
(1923,0725.1)

圖二　銀盤

銀盤上面描繪的宴飲場景是受到更早時描繪酒神戴歐尼修斯的薩珊銀器的影響。

約 7-8 世紀
塔巴里斯坦
浮雕裝飾，鍍銀
直徑 19.7 公分
奧古斯都·沃拉斯通·富蘭克斯爵士遺贈
(1963,1210.3)

圖三　銀碗

多手女神娜娜（Nana）是中亞花刺子模省一個很受歡迎的神祇。這個碗是前伊斯蘭曆末期的遺物，上面出現的日期是花刺子模紀年的700年，相當於西元658年。

標註為 700 年（658 年）
花刺子模，烏茲別克
白銀和凸紋雕刻裝飾
直徑 12.4 公分，高 4.6 公分
(1877,0820.1)

圖四　飾板

這隻鷹獅獸很可能是一座別墅的外牆立面或是內牆的精緻帶狀裝飾的一部分。

7–8 世紀
查勒塔汗，伊朗北部
灰泥
高 16.9 公分，寬 19.3 公分
(1973,0725.1)

圖五　執壺

這個執壺有葉片形拇指握處設計，器型源自古代器物的形狀。兩側都有一個圓章圖案，裡面是一個抬起前爪的鷹獅獸側面。

9 世紀
伊拉克或伊朗
鑄黃銅和浮雕裝飾
高 29 公分
布魯克西維爾永久基金會
(1959,1023.1)

1│6 玻璃工匠的技藝

　　當薩珊和拜占庭時代終結時，被伊斯蘭新近征服的土地上的工匠學校並沒有停止工作，工匠們很快就做出了調整，利用他們的藝術技巧和相同的技術，創造出讓新的贊助者喜愛的器物。這種延續性的例子可以在伊斯蘭時代初期的玻璃製品中看到：來自羅馬和拜占庭世界的三明治玻璃、馬賽克和鏤空技術，同時還有在薩珊作坊中發展廣泛的切割和模塑玻璃（圖一至五）。

圖一　玻璃瓶

三明治玻璃（sandwich glass）是一種羅馬人的創新，但是這種技術也在伊斯蘭時代的敘利亞運用。這個玻璃瓶是自由吹製的，有黃金作葉片裝飾和葉片內挖空而成的細節圖案。瓶身以另一層玻璃包裹。反覆的藍色斑點妝點在植物形狀之間。植物的型態也源自古代造型。

9–10 世紀
可能是敘利亞
鍍金彩繪玻璃
高 14.5 公分，最大處直徑 10.4 公分
(1978,1011.2)

圖二、圖三 「多色」玻璃碗和玻璃磚殘片

將圓柱體的玻璃薄片混合在一起的古代技術被稱為馬賽克或者「多色（millefiori）」玻璃，它可以帶來絢麗奪目的精彩效果。這種技術在羅馬時代尤其流行，在伊斯蘭時代初期曾短暫地復興。圖中的玻璃磚殘片，是從阿巴斯王朝哈里發穆塔希姆（al-Mu'tasim, 836-842在位）位於今日伊拉克薩瑪拉的宮殿Jawsaq al-Khaqani遺址處，找到的諸多物品之一。這些玻璃磚看起來很有可能是作為牆面上的磚。圖中展示的玻璃碗則很可能是一個化妝用的調色盤或是建築裝飾的一部分，儘管發掘地點不明，但也可能和薩瑪拉有關。

9 世紀
伊拉克
碗：直徑 7.5 公分；
玻璃磚殘片：高 7.6 公分，最大寬度 4.7 公分，厚 0.8 公分
東方陶瓷協會捐贈
（1973,0623.1），維多利亞與艾伯特博物館（C.742-1922）

圖四 玻璃碗

輪切技術是薩珊時代伊朗玻璃工匠最拿手的技術，這項技術也繼續在他們的新穆斯林贊助人手下使用。這個玻璃碗上的花草紋樣設計呼應了這個時期其他藝術品上的抽象風格。此碗有可能是在 9 至 10 世紀的玻璃生產中心內沙布爾（Nishapur）製作的。

9 世紀
內沙布爾，伊朗
吹製和輪切玻璃
高 9.5 公分，直徑 15 公分
布魯克·西維爾遺贈
（1966,0418.1）

圖五 驢子造型的玻璃水壺

使用精細的玻璃網罩包裹玻璃器物是一門源自拜占庭敘利亞的技術。如圖中的例子所示，熱玻璃絲的漿體具有延展性，因此用來創造出外包結構和容器。人們通常把這樣的器物叫做籠壺，其器形活潑，常呈現為動物造型。這個水壺表現的是馱著一個大籃子的驢。

7-8 世紀
敘利亞
高 12 公分，寬 12 公分，深 6 公分
（1913,0523.115）

1│7 錢幣：濃縮的歷史

　　錢幣是瞭解薩珊和拜占庭世界轉型期的最好載體。最早的伊斯蘭時代錢幣複製了拜占庭帝國的金幣和銅幣，其中包括 solidus（圖一）和薩珊人使用的銀幣 drachms（圖五）。伊斯蘭時代的金幣第納爾（dinar）的詞源是羅馬的 denarius，銀幣第爾汗（dirham）的詞源是希臘名稱 drachma。

　　經過一系列的轉變，拜占庭皇帝希拉克略錢幣上的基督教圖像被拿掉了，台階上的十字架變成一根簡單的柱子，錢幣上的拉丁文替換為阿拉伯文的清真言（shahada）。伊曆 76 年（695/696），拜占庭皇帝和其子的圖像完全替換成身穿傳統阿拉伯長袍、手中持劍的哈里發阿布杜·馬利克造型（圖三）。霍斯洛二世（圖五）的銀幣正面有他的形象，背面有瑣羅亞斯德教的火祭壇，這在第爾汗的設計中也經歷了類似的轉變，原先的一些巴勒維文字被替換成了阿拉伯文（圖六）。

　　伊曆 77 年（696/697），人像圖案的試驗結束了，錢幣圖案從此完全被阿拉伯文內容所取代（圖四、七）。這些文字傳達伊斯蘭的訊息，正面強調真主獨一無二，背面文字反駁基督教的三位一體概念，寫著：「神是獨一、永恆的，祂沒有子嗣也不是被造的。」金幣的重量從拜占庭金幣的 4.55 克變成了 4.25 克，這一標準成色（mithqal）延續了幾個世紀。在中古時期，這樣的錢幣是整個地中海及更遠地區貿易的主要單位。

圖一　希拉克略的金幣

錢幣上描繪皇帝希拉克略和兩個兒子。他的軍隊將敘利亞、巴勒斯坦和埃及輸給了穆斯林軍隊。

君士坦丁堡鑄造
直徑 1.9 公分
(1904,0511.319)

圖二　金第納爾

模仿了拜占庭金幣，這枚第納爾的正面保留了三個人像，但是背面的十字架變成了一根簡單的柱子，上面的拉丁文也被改為模糊字跡。雖然沒有鑄造廠的名稱，但是這樣的錢幣可能是西元 691 年前後在大馬士革鑄造的，被稱為「阿拉伯─拜占庭」錢幣。

直徑 1.9 公分
(1904,0511.320)

圖三　金第納爾

這枚伊曆 76 年（695/696）鑄造
的金幣正面，表現了哈里發阿布
杜·馬利克穿著傳統阿拉伯服飾，
手握一把劍。在金幣的邊緣寫著
清真言：「萬物非主，唯有真主；
穆罕默德，主之使者。」

直徑 1.8 公分
菲利浦·葛瑞爾森教授捐贈
(1954,1011.2)

圖四　金第納爾

伊曆 77 年（696/697），哈里發阿
布杜·馬利克下令從此錢幣上只
出現明確伊斯蘭訊息的銘文。

大馬士革鑄造
直徑 1.9 公分
(1874,0706.1)

圖五　銀幣

這是霍斯洛二世時典型的薩珊錢
幣，西元 626 年鑄造於畢沙普爾
（Bishapur）的鑄幣廠。

直徑 3.2 公分
(1920,0515.239)

圖六　銀第爾汗

這種風格的錢幣稱作「阿拉伯—
薩珊」錢幣。採用霍斯洛二世的
錢幣形式，加上伍麥亞王朝省長
哈佳智·伊本·尤素夫之名。在哈
里發阿布杜·馬利克的貨幣改革
中，他扮演關鍵角色。這枚錢幣
是伊曆 76 年鑄造於畢沙普爾。

直徑 3 公分
查爾斯·戴維斯·舍邦博士遺贈
(1935,0303.20)

圖七　銀第爾汗

伊曆 79 年（698/699），也就是
在金幣上只採用銘文的命令頒布
的兩年之後，阿拉伯—薩珊風格
的銀幣也不再繼續使用，而是採
用了使用阿拉伯銘文的錢幣。

大馬士革鑄造
直徑 2.7 公分
(1846,0523.14)

圖一　有銘文的岩石

這塊石頭上刻有馬和駱駝；在牠們之間，寫著三句敘利亞—阿拉伯沙漠遊牧民使用的薩法文（Safaitic script）。內容是：

出自巴拉卡特的兒子巴納特和他放牧〔的動物〕。

出自哈布的兒子哈馬利克的兒子蘇奈的兒子西曼，牠是驢騾〔公馬和母驢的子嗣〕。

畫的是尼克斯的兒子哈尼阿特。

1–2 世紀
發現於約旦
玄武岩
高 34 公分、寬 36 公分
弗里德里克・帕默爵士捐贈
（1931,0820.1）

圖二　艾爾派聖餐杯

在這個聖物容器（盛放聖餐的杯子）的頂端是一條重複的阿拉伯文字。這種字體以花庫法體（floriated kufic）為基礎，包含一系列的組成單位，大概是重複 Allah（意為「神」）一詞。這種「阿拉伯」文字進入到了西歐的藝術和建築中，例如利摩日附近的勒皮昂沃萊（Le Puy-en-Velay）的 12 世紀教堂。

約 1200–1225 年
法國利摩日
銅合金，金，琺瑯和玻璃
高 12 公分，直徑 16.2 公分
尊敬的烏珀澈女士捐贈
（1853,1118.1）

書寫和文字

直到伊斯蘭的初期，阿拉伯語仍主要是一種擁有強大口述傳統的口說語言。在敍利亞—阿拉伯沙漠，有遊牧民族刻在石頭上的非正式書寫（圖一），但這樣的阿拉伯文字直到西元5、6世紀時才在阿拉伯半島西南和敍利亞的一些石刻銘文上見到。這些書寫內容用的是一種納巴泰人使用的阿拉美文字形式（見22頁），有研究表明了字母形式是如何慢慢演變成阿拉伯文字母的。7世紀初，古蘭經給先知穆罕默德帶來的啟示是文字發展的驅動力。人們需要把神的話語用文字書寫下來用以保存，這在當時有強烈的必要性，阿拉伯文字的精彩故事就始於此時。阿拉伯語具有的宗教聯繫給文字賦予了獨特的重要性；阿拉伯文字幾乎立即就發展到了有意識的文字美化程度並且演化到書法的層面。

隨著時間演進，出現不同風格的字體用於抄寫古蘭經。最早是在7世紀末用來抄寫第一本古蘭經的斜體（ma'il），隨後出現粗礪的庫法體（kufic style，圖三、五），這種字體因伊拉克城市庫法得名。最早的庫法體的實物之一是阿布杜·馬利克在伊曆77年（696/697）鑄造的金幣（見33頁圖）。到10世紀時，不僅庫法體變得越來越優美，而且越發難以辨讀，還有各種行書、草書字體出現在個人書信中以滿足商人和文官的需要。阿巴斯宮廷中一位名叫伊本·穆格拉的書法家兼大臣，他被交予了確定各種標準字體的工作。通過這一動機和後來一位書法家伊本·巴瓦布的努力，出現了「六種書法體」，這是一種嚴謹的比例系統，

用於在不同情況下書寫不同的行書和草書。這六種書法體是傳統書法的基礎形式，一直延續至今。這些字體包括圓潤的納斯赫體（naskh，謄抄體，圖六）、用來書寫紀念建築物銘文的三一體（thuluth）。波斯書法家的一個重要貢獻是懸掛體（nasta'liq）。書法家米爾·阿里·大不里茲最擅長這種書體，主要用於詩歌的書寫（見38-39頁）。其他地區也發展出各具特色的風格：奧斯曼的檔案文件使用一種被稱為 diwani 的官署體（見158頁）來書寫，中國穆斯林書法家的書法體被稱為「中國體」（見149頁）。

文字最初是用蘆管筆（qalam）寫在羊皮紙上，後來寫在紙上。同樣的材料在數世紀前用於將楔形文字按壓在泥板上。但是還有許多其他類型的材料可以用來在上面寫字，從石頭到陶土和小印章，每一種都需要獨特的技巧。當有文字的伊斯蘭器物在中古時期初傳入到歐洲，文字的形狀開始出現在不同器物的紋樣中，其中包括重要的13世紀初利摩日琺瑯和艾爾派聖餐杯（圖二）。

西元8世紀中國紙的到來造成了溝通革命，並幫助阿拉伯語成為了帝國行政體系的語言和文字。在巴格達的阿巴斯王朝哈里發統治時，製作出了大量的文學和科學書籍，閱讀和書寫變得廣泛了起來。阿拉伯文字被波斯人、奧斯曼土耳其人（直到1928年的凱末爾改革）以及許多非洲和馬來世界的語言採用。為了適應新的語言，大量的各式符號被加入28個阿拉伯語字母中。

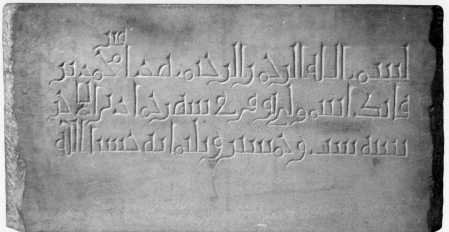

圖三　石刻

這塊石板是四塊之一，但如今收藏在不同的博物館中，它們是一塊紀念碑，後來被分成了四塊並且在背面重新雕刻。外圈的表面大概是在 9 世紀雕刻的，包含有「泰斯米」（即 basmala）的內容，「奉至仁至慈的真主之名」。文字採用庫法體，有一些字母的末端變成優雅的葉子造型。背面則是以更簡潔的庫法體書寫的墓葬銘文：

奉至仁至慈的真主之名，這是穆罕默德‧伊本‧法提克‧阿什穆伊的墳墓，他卒於 356 年（967 年）6 月。真主是我們的給養。

亡者名字中的「阿什穆伊（Ashmuni）」暗示著他來自尼羅河三角洲的阿什穆。

9 和 10 世紀
埃及
大理石
高 45 公分，長 76 公分
(1975,0415.1)

圖四　護身符印章

印章上的銘文以對映著的文字寫著「我忠於我的創造者」並重複阿里的名字，阿里是先知穆罕默德的女婿，正統哈里發之一，在位時間為 656 至 661 年。阿里也是什葉派的第一位伊瑪目。

約 14–15 世紀
血石
直徑 2.3 公分
(OA+.14259)

圖五 庫法銘文墓碑

為了在這塊墓碑中放入 12 行銘文，銘文工匠創造出了一個格子，可以看得到它的輪廓。它的文字是 9、10 世紀的典型文字，以粗礪的庫法體呈現，在每個字母的頂端都有尖尖的楔形裝飾巧妙地妝點。阿拉伯文沒有區分符號，有一些字母形狀相同，因而難以閱讀（後來的阿拉伯文用字母上面或下面的標點加以區分）。這裡的文字遵循固定格式，開始句為「泰斯米」（bismillah），隨後是「真主給人的各種不幸以慈憫，最大的不幸則是先知穆罕默德的離去，願真主慈憫他」。下一段提及了亡者的姓名，阿卜杜拉的兒子雅古博以及清真言（shahada），說亡者作證「萬物非主，唯有真主」，「真主絕無偶伴，穆罕默德是真主的僕人和使者」。最後的兩行則是亡者去世的日期，伊斯蘭曆 244 年 11 月（西元 859 年 2/3 月）

標註為伊曆 244 年（859 年）
埃及
大理石
高 55 公分，寬 42 公分
埃及探勘基金會捐贈
（1891,0701.1）

圖六 納斯赫體銘文墓碑

行書字字體曾用於書寫於各式器物上，例如伊斯蘭時代早期的陶片或莎草紙。為了便於閱讀，大臣伊本・穆格拉（－940）規定了字體，創造出了一系列標準字體，其中包含的納斯赫體自此開始被大量使用。這個墓碑來自紅海上的達赫拉克島。為了凸顯文字，銘文採用陽刻，並用了米哈拉布（mihrab，壁龕）的形狀，頂部還有一個吊燈裝飾。文字包括給先知穆罕默德的求恕詞和古蘭經經文（51:15–19）：「那些敬畏的人，他們將住在樂園和泉水之間，接受他們的主賞賜給他們的。因為他們以前是行善的人。」粗體字寫著「這是一個博學之人的墓」和墓主人的名字：伊薩・伊本（意為……之子）・阿赫瑪德・伊本・穆罕默德・伊本・易卜拉欣・伊本・尤素夫・伊本・哈米德・伊本・葉哈雅・麥吉。他死於伊曆 584 年 2 月 29 日星期五的傍晚（西元 1188 年 4 月 28 日）。在當時並不尋常的是，雕刻工匠也在上面留下了名字，阿布杜・拉赫曼・伊本・阿比・哈拉米・麥吉。從名字的末尾來看，這兩個人都來自麥加。

標註為伊曆 584 年（1188 年）
達赫拉克（Dahlak），厄利垂亞
玄武岩
高 65 公分，最寬處 31 公分
W. D. 坎貝爾捐贈
（1928,0305.1）

圖一　無題，加尼・阿拉尼

前伊斯蘭時期最著名的詩歌就是懸詩（al-Mu'allaqāt），它們是七首被深信懸掛在麥加中心的神聖天房牆上的詩歌。直到伊斯蘭時代，這些歌頌沙漠生活的詩才被轉寫成文字，今天阿拉伯世界的人們仍然會學習這些作品。這裡的文字是用三一體，以書法形式呈現各種方向。因此，為了要閱讀，讀者必須要轉 180 度。文字包括了祖海爾・伊本・艾比・蘇勒瑪（Zuhayr ibn Abi Sulma, –609）懸詩的最後部分。在第一行提及的水宮很可能是暗示詩人的部落（或他本人）的美德之池。

不用強大的武器將入侵者驅離水宮，他將眼看著它毀滅；

不願傷害他人的人將總是自己受傷。

無論何時，男子漢的胸中自有其天性，儘管想要隱藏，但總是很快顯露。

你見過多少男子，當他們默不作聲時，許多優點受人仰慕，但只要張開嘴，缺點就立刻被發現。

言談是一個男子漢的一半魅力所在，另外的一半是他的心；剩下的只是皮囊血肉。

1993 年
黑色墨水和紙
高 60 公分，寬 50 公分
布魯克西維爾永久基金會
（2003,0328.0.3）

（對頁下圖）

圖二　文字盤

這個盤子上有四行庫法體文字，是漢志（Hijaz）詩人穆罕默德·伊本·巴席爾·哈里吉的詩句，他給伍麥亞人寫詩並以他的漢志風格愛情詩知名。他的詩句收錄在阿拉伯詩集《勇氣》（Hamasa）中。

如果你如男子漢一般接人待物，那麼要記住，無論費時多久，事必盡善盡美。

約 8–9 世紀
伊拉克
陶胎，透明釉下模壓浮雕和彩繪
直徑 21.6 公分
(1963,0424.1)

圖三　伊茲尼克瓷蓋碗

在器皿周圍的橢圓形輪廓上用懸掛體寫著詩人哈亞利的詩句，以下為第一句：

今世美麗的生靈不識美為何物，如同海中之魚不知海為何物，哦，虔誠的信士啊！不必向酒鬼談及火獄，因為只為今天而活的人，不知何為明日的悲傷。

約 1550–1580 年
伊茲尼克，土耳其
石膏，透明釉下彩繪
高 37 公分，直徑 26 公分
伊迪絲·古德曼小姐遺贈
(G.139.a–b)

圖四　星形瓷磚

瓷磚邊緣處的波斯詩文如下：

昨夜，月色走進你的房間，我滿懷妒火，想將他驅趕。誰是那坐在你的身旁的月亮呢？

13 世紀末
伊朗，可能是卡尚
石膏，不透明白釉上施以藍和金光彩（lustre）
高 20.2 公分，寬 20.4 公分
約翰·亨德森遺贈
(1878,1230.561)

1│9 伊斯蘭的視覺文化

　　「伊斯蘭藝術」的概念和這個領域的研究，大都肇始於 19 和 20 世紀初的西歐學者。一些最早的提倡者提出了關於構成伊斯蘭藝術的「精華」和「身分」的浪漫化概念和理論。對於法國的埃及學家和建築師艾米爾·普利斯·德阿文尼來說，阿拉伯人對裸體的厭惡，導致了阿拉伯人樂於給他們的物質文化「穿上」裝飾和裝潢。相比歐洲藝術，對很多人來說，伊斯蘭視覺文化的精華是一種和人物畫像深刻對立的純裝飾傳統。雖然這樣的刻板印象早就受到了質疑和動搖，但仍不時重新浮現。

　　尤其在西方，傳統上人們認為來自伊斯蘭世界且一目了然的視覺風格或裝飾形式有四種，分別是：金石銘文（文字使用）、幾何（形狀和對稱）、花草紋樣（自然寫實和抽象）以及具象造型（人物和動物）。這些元素可能獨自出現或是組合出現（圖一）。裝飾會用顏色、對稱、重複、閃亮（如使用金子或發亮的釉）來突出，具象審美、非具象的設計以及充滿版面的圖形常常會模糊前景和背景的區別。特定的圖案和紋樣背後的意義，在學術研究中有大量的討論。

圖一　沙賈汗的肖像畫

這張 36 歲的蒙兀兒皇帝沙賈汗（Shah Jahan, 1628–1658 在位）的即位畫像，展現著他手持一枚雕刻著統治元年（即 1628 年）的皇家印章，和他的絢麗頭銜「世界之王，永遠勝利的萬王之王，星河天際的第二個主人」。沙賈汗皇室畫坊的肖像畫風不如其前幾任皇帝的肖像畫那樣隨意和具有試驗性。沙賈汗在位期間喜愛的是拘謹的正式肖像，尤其是他自己的肖像，用來表現他的統治目標和政治正當性。這張畫還結合了幾何圖案、書法和花草裝飾，是阿布·哈桑（Abu'l Hasan）原作的一張未簽名的複作。阿布·哈桑是沙賈汗的父親賈漢吉爾皇帝（Jahangir, 1605–1627 在位）重要的宮廷畫師。原作可能被大量複製，作為紀念肖像畫分發給相鄰的印度、波斯和歐洲宮廷。

1625–1650 年
蒙兀兒印度
不透明水彩、墨水、紙、黃金
高 15.5 公分，寬 10.5 公分
安東尼·斯圖爾特先生和女士捐贈 (1969,0317,0.2)

正如先前討論過的，阿拉伯語作為古蘭經的語言，已經連同書法技藝一起在伊斯蘭語境中獲得了崇高而備受尊敬的地位。在伊斯蘭世界裡，神聖文本的手抄本比其他任何書籍有更多的妝點和美化。在伊斯蘭歷史的各個時期，將古蘭經經文和其他宗教及文學內容、格言用於建築物、紡織品、器物和錢幣上的做法，經過多方嘗試並達到了極高的藝術水準。在伊斯蘭文化中，對於文字和書法的欣賞也進入到世俗層面，許多日常生活器物帶有視覺效果強烈的文字，以阿拉伯文、波斯文、奧斯曼土耳其文以及其他語言文字呈現出來（圖二）。甚至看起來無法閱讀的假文字也因為其在設計上具有的可能性而受到喜愛。

在拜占庭和薩珊人統治的地區，幾何圖案從古代晚期已經是藝術和物質文化的一種特色，並由早期穆斯林帝國承繼。然而，幾何裝飾是在伊斯蘭世界中達到了巔峰，有藝術家、建築師和數學家一同協作，將現有的圖案變得更加優美，並創造出新的設計和建築結構，突出統一性、數學精確和秩序的重要性。簡單的形式，例如圓點、圓圈、方塊、三角形和直線可以組成圖案的基礎，當它們組合在一起並經過複製和交錯，能夠創造出複雜的設計安排並無限擴展，有些人認為這讓人們能夠在自然環境中沉思幾何秩序（圖三）。位於格拉納達（Granada）阿爾罕布拉宮的馬賽克瓷磚技藝（見 12 頁），就是最出類拔萃的幾何裝飾的實例。

花草紋樣，尤其是捲曲、相互纏繞著的線條形式，例如植物的莖、花和葉子圖案，裝飾了伊斯蘭世界中大量的建築表面、手抄本、器物和紡織品。就像幾何圖案一樣，花草紋樣也源於已經存在於地中海東部的拜占庭文化和薩珊伊拉克和伊朗（見24-25頁）。10 至 12 世紀之間，高度抽象和完全發展成熟的伊斯蘭風格出現了，最突出的是有葉子的藤蔓以勻稱、對稱的幾何形式擴散（圖四）。西方的藝術史學家詳細解釋了這種花紋的起源和發展，將其狹隘地定義為到處可見的「阿拉伯花紋（arabesque）」，雖然沒有象徵性的意義，但這是伊斯蘭藝術中的精華特色，受到的是反自然主義阿拉伯精神的驅動。在它的原始語境中，花草紋樣擁有許多具有細微差別的名字、形式和意思，例如 tawriq（繁葉）、nabati（植物）、khata'i（蓮卷），rumi/islimi（分葉棕櫚）和 waq-waq（捲曲植物有著人獸頭）。15 世紀，植物裝飾圖案經歷了一次受到中國靈感影響的重大轉型（即為「中國風」），以牡丹、蓮花、雲朵和三葉形為特色（圖五）。從 16 到 18 世紀，在奧斯曼、薩法維和蒙兀兒帝國的領土上，發展出一種對自然主義的花和植物更強烈的興趣，部分原因是興盛的當地花園文化和 17 世紀歐洲花草印刷圖樣的流傳。

圖四　內嵌白銀的黃銅托盤

在這個內嵌白銀的托盤上，複雜、交錯的植物卷被分成了四個區域，每個區域都對稱安排了尖頂圓章紋；還包括瑪穆魯克工藝大師馬赫穆德·庫爾迪（Mahmud al-Kurdi）的簽名。這種金屬器曾一度被認為出產於一個位於威尼斯、專為歐洲客戶製作的穆斯林作坊，因此被叫做「威尼斯─薩拉森」金屬器。

1460–1500 年
埃及或敘利亞
黃銅和白銀
直徑 29 公分
約翰·亨德森遺贈
(1878,1230.705)

圖五　中國風裝飾的清真寺油燈

這個奧斯曼土耳其的清真寺油燈包含了中國青花瓷的審美和中國風的三葉植物和花，有古蘭經的經文和交錯的幾何紋樣和圖案。繁密的花草圖案有可能被看作是在古蘭經（61:12）中提及的天堂花園中的視覺隱喻。在油燈上的阿拉伯文字包括阿拉、穆罕默德和阿里，以及古蘭經文（61:13）：

來自真主的祐助和迅速的勝利。給信士們報喜吧。

約 1520 年
伊茲尼克，土耳其
陶土、透明釉下藍彩
高 28.2 公分，直徑 18 公分
伊迪絲·古德曼小姐遺贈
(G.4)

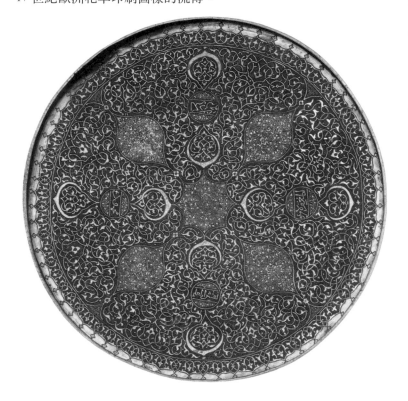

隨著伊斯蘭在7世紀從阿拉伯半島向外傳播，新近征服領土上的人像藝術傳統深遠地影響了伊斯蘭藝術的發展，並豐富了其裝飾語彙。雖然伊斯蘭反對描繪人和動物形象的情況在宗教藝術和建築中確有其事，但是在世俗領域中，人和動物的描繪在幾乎所有的伊斯蘭文化中都十分興盛（圖六）。在清真寺的環境中，藝術表達大致上保持著無形象性（避免出現人像），以避免在向神禮拜的時候受到心理上的干擾和避免偶像崇拜的危險，同時遵守古蘭經和《聖訓》（hadith，先知穆罕默德的言行錄）的教誨。

雖然古蘭經清楚地反對崇拜偶像（古蘭經6:74），但是並沒有拒絕具象藝術之類。有人時而指出，神作為創造者和生命的賦予者的力量，不能被人類模仿。為了回應這樣的說法，穆斯林哲學家，例如12世紀偉大的思想家伊本·魯世德（西方人稱為阿維羅伊〔Averroes〕，-1198）就曾對此做過解釋，反對一些人所提出的神作為創造者的關鍵性和人類視覺創造的嘗試相衝突。然而，伊本·魯世德也強調，神是完全不受限制，是完美的，而人類的創造性則有所限制。

源自《聖訓》的指導意見則提供了關於描繪人像的正反意見。這是因為在先知的時候，能否表現人像並不是一個需要任何法律指導的重要議題。根據630年穆斯林光復麥加城時的記載，先知摧毀了神聖天房中的幾百個偶像，但是留下了童貞瑪麗和嬰兒耶穌的畫像完好無損。這表示對於先知穆罕默德來說，類似的人像藝術並不會造成神學上的問題，有問題的顯然是偶像崇拜。按照另一則故事，先知曾要求他的妻子阿伊莎撤下家中的窗簾，因為上面的飛馬和鳥的圖像會干擾他做禮拜。據說阿伊莎把窗簾做成了靠墊，表示這件事是被允許的，不是冒失的事情。人像會在禮拜時造成心理干擾的觀點有其依據，用書法、幾何圖案和花草紋樣裝飾清真寺，避免使用人和動物圖像是一項悠久的做法。

中古時期，彩色或單色的插圖常常是文學性或科學性手抄本不可或缺的組成部分，是讀者理解文本內容的一種視覺輔助。根據最受歡迎的印度—波斯動物故事集《凱里萊和迪姆奈》的翻譯和改編者伊木·穆格法的說法，配有插圖的故事有助於吸引和指導年輕人、王公和哲學家理解道德故事中的智慧（圖七）。

圖六　樂手形狀的花瓶

這個陶瓷花瓶表現的是一位宮廷手鼓（daff）樂師，他頭戴一個頭冠，身穿華麗的衣物。這個花瓶製作於 13 世紀初的伊朗，在當時，藝術的人像表現已經到達了新的高度。

1201–1225 年
伊朗，可能是卡尚
孔雀綠釉下彩
高 17.5 公分，寬 9.5 公分
亨利・范・登・博格與藝術基金會捐贈（1928,0721.10）

圖七　園丁和熊

這張從書中取下的書頁來自伊本・穆格法的《凱里萊和迪姆奈》的波斯文翻譯和改編本《老人星之光》手抄本。在這個故事中，園丁和一隻熊成了朋友，但後來這隻熊為了殺死園丁睡覺時停在他臉上的一隻蒼蠅，失手用一塊大石頭殺死了他。

1550–1575 年
伊朗
不透明水彩、墨水、紙、黃金
高 18.8 公分，寬 11.1 公分（整頁）
R. A. 達拉教授捐贈
（1933,0109,0.3）

1│10 破壞偶像

在一些伊斯蘭環境中，人們不願意表現有生命的存在物，這是因為相信創造生命形式的權力為神所獨有。《聖訓》中，先知據說曾宣布：「在復活日，那些創造圖像的人會受罰，他們會被聚集起來，被要求給他們創造出的圖像注入生命，但他們是做不到的。」我們無法清晰地知道這一觀念在伊斯蘭時代早期有多麼普遍，關於先知在世時的許多內容存在相互矛盾的記載，這是因為《聖訓》的編纂是在先知逝世至少 100 年後才開始的。12 世紀的波斯學者阿赫邁迪·圖西（Ahmad-i Tusi）曾寫過一篇傾向於支持圖像創作的專著，他提出圖像有助於觸及情感或智識反應，這能夠允許個人獲得教訓或真理（但他譴責對圖像加以崇拜）。

「破壞偶像（Iconoclasm）」這個詞的意思是「將圖像打破」，在宗教和世俗的伊斯蘭語境中，這樣的例子都為人所知，有一些破壞偶像的事情發生在器物本身被製作出來的很長時間之後（圖二、三）。8、9 世紀時，破壞偶像的行為也發生在基督教語境中，當時拜占庭皇帝頒行法令，禁止生產和使用人物圖像，已經存在的形象則被摧毀或是被糊上一層泥漿。

令人惋惜的是，破壞偶像的行為延續到了今日：一個最受譴責的行為發生在 2001 年，阿富汗的前塔利班政府炸毀了巴米揚大佛（圖一）。

圖一　巴米揚的石刻大佛

在巴米揚大佛被塔利班摧毀以前，這個從懸崖中雕刻出來的紀念雕塑已經轟立了 1500 多年。自從中古時期開始，穆斯林就曾對這樣的奇觀感到驚嘆不已。這張手繪印刷品中表現的是較小的 35 公尺高佛像，這張畫於 1843 年由洛斯·卡托·狄金森作為他的「戰俘素描」（跟隨文森·艾瑞中尉）系列畫的一部分重新繪製。阿赫邁迪·圖西曾評論這座大佛是和善的避邪造像，它的鼻子上有鴿子築巢，當太陽升起的時候佛像會微笑。

1843 年
倫敦，英國
高 10.1 公分，寬 16.1 公分
由 M. W. 麥克艾文捐贈
(1970,0527.2.29)

圖二　大塊金光瓷磚

這塊製作於西元 1307/08 年（伊曆 707 年）的瓷磚上雖然有花鳥圖案，但圖案和古蘭經文毫不抵觸地交織在一起，用於伊朗納坦茲的阿布杜‧薩瑪德陵墓裝飾。這樣的具象裝飾後來不確定在何時引起了某人的強烈反應，小心地去掉了每一隻鳥的頭。瓷磚上的文字寫著 wala shukur，出自古蘭經（76:9）：「我們只為愛戴真主而賑濟你們，我們不望你們的報酬和感謝。」

約 1308 年
卡尚，伊朗
不透明白色釉下彩
高 36.2 公分，寬 35.2 公分
伊迪絲‧古德曼小姐遺贈
（G.195）

圖三　大臣薩爾汗‧貝的肖像畫

經過理想化處理的單頁肖像畫目的是用來收在畫集中，很多這樣的作品出自於薩法維、奧斯曼和蒙兀兒帝國的皇家作坊（kitabkhanas）。這張優美的肖像畫描繪了一名宮廷侍者薩爾汗‧貝，後來這張畫的面部遭到了塗抹。這幅畫的作者是米爾‧穆薩維（活躍於約 1525–1550），他是薩法維王朝統治者塔赫馬斯普（1524–1576 在位）的一名重要宮廷藝術家。他以無瑕的技術蜚聲四海。人物的面部被塗抹了，但有趣的是，位於人物頭巾旁邊的「taj」（紅色頭冠）也被抹去了，這讓人不禁懷疑破壞肖像面孔的動機。這樣做究竟是僅僅出於反對具象描繪，還是有攻擊這個什葉派王朝統治的政治動機呢？因為紅色頭冠是薩法維王朝的一個鮮明象徵。

約 1530 年
大不里士，伊朗
從畫集書頁中取下的單頁肖像畫
不透明水彩、墨水、紙、黃金
高 40.7 公分，寬 28.5 公分
（1930,1112,0.2）

我確已用群星裝飾了最低一層的天（古蘭經 37:6）

對天空的研究——今天稱為天文學和占星術——直到非常晚近的時候仍是人們日常生活至關重要的一部分，這在伊斯蘭世界或是其他地方都是如此。從西元 8 世紀開始，人們對於天空的瞭解吸收了舊有的知識來源並取得了新發展。對於天空的研究是由那些和學術中心相關的學者們進行的，這些學術中心有世俗研究機構和宗教研究機構，前者包括位於伊朗馬拉蓋（Maragha）的蒙古天文台（圖三），後者包括大馬士革的清真大寺。在伊斯蘭世界中，天文學研究的一項重要內容是要確定精準的禮拜時間和朝向方位。對於全世界各地的穆斯林來說，qibla（麥加的方向）是共通的要素（圖二）。星盤和其他的各種測量設備也用於各式各樣的世俗事務中，例如農業、收稅、旅行和天文研究（圖一、三）。在並不久遠以前，今天不被視為一門科學的占星術曾在伊斯蘭文化和各種其他文化中被人們廣為接受。上到哈里發、皇帝，下至平民百姓都會從聽從星象師的建議，視其為在充滿不確定的世界中做決定的一個方式，在伊斯蘭藝術中，星座符號和圖案十分普遍（圖四）。

圖一　星盤

星盤主要是在航海定位和測量土地時用來定位天文物體（從而讓人確定緯度）。圖中的星盤大量使用白銀和黃銅鑲嵌，正面和背面都有豐富的具象圖案。上面有阿布杜・卡利姆・阿斯圖拉比（其中「阿斯圖拉比」即為「天文學家」之意）的簽名，背面還鑴刻著三個可能的皇家贊助者——馬利克、穆伊茲和希哈卜丁。這樣的菁英階層贊助，以及這個星盤的大尺寸和精美裝飾，表現出它可能是專門用來展示和欣賞的，而非實際使用，這也突出了在伊斯蘭社會中，「星宿的知識」（ilm al-nujum）所具有的重要性。

標註為伊曆 638 年（1240/41 年）
土耳其東南部、伊拉克北部或敘利亞
黃銅、白銀和銅
直徑 42.9 公分
(1855,0709.1)

圖二 朝向指示儀

伊斯蘭科學中一項與眾不同的特色，是要求精確地測定禮拜的朝向，從而讓人們能正確地做禮拜。這個朝向指示儀是為伊朗和伊朗周邊地區的穆斯林旅客所設計的，上面有 20 個城市的刻度，還配有一個指南針和一個指示時間的日晷。

17–18 世紀
伊朗
黃銅
高 2 公分，直徑 9 公分
(1890,0315.4)

圖三 星球儀

通過操作一個代表地球的球，星球儀可以顯示出星星和星座的位置，這種儀器的複雜程度意味著它遠不及星盤或象限儀的使用那麼普遍。這個星球儀可能是為了馬拉蓋的天文台而製造的，這個天文台是由蒙古伊兒汗國的統治者旭烈兀（1256–1265 在位）所創立，由通才博學家納斯爾丁‧圖西執掌直到他於 1274 年去世。這個星球儀上面標註的日期是伊曆 674 年（1275/6 年），表示它製造於蒙古人第二次侵入中東以後，上面的簽名是穆罕默德‧伊本‧希拉里‧穆納吉‧摩蘇利

（來自摩蘇爾的占星師），意味著他有可能是被新統治者從他在伊拉克北部的家鄉擄掠至此。

標註為伊曆 674 年（1275/6 年）
馬拉蓋，伊朗
黃銅和銀
直徑 29 公分（球體），高 50 公分（球體和支座）
(1871,0301.1.a–b)

圖四 太陽和獅子的硬幣

蒙兀兒帝國的統治者賈汗吉爾（1605–1627 在位）對於設計硬幣有著特殊的興趣；因此毫不意外的，他聲稱這樣的星座設計錢幣是出自他本人的奇思妙想。根據他在日記中解釋：「……我想到，在月份的地方，應該有屬於當月的星座圖案……在硬幣的一面上有星座圖，像是太陽從星座中升起。這是我自己的主意，至今為止還沒有人實踐過。」在硬幣的背面有太陽的圖案（印度、伊朗等地象徵皇室的標誌）。

鑄造日期為伊曆 1031 年，賈漢吉爾 17 年（1621/2）
阿格拉，蒙兀兒印度
黃金
直徑 2 公分
理查‧佩恩騎士遺贈
(RPK,p206.6.Zod)

1│12 象棋

　　儘管象棋的準確發源地已經消失在歷史中了，但是文字和語言學上的證據顯示這項遊戲很可能是發明於西元 500 年前後的印度。它的阿拉伯名稱 shatranj 源自梵文的 chaturanga（四肢），是指西元初年的印度軍隊中的四類兵種（圖二、三）。在相對很短的時期中，象棋向西傳入了前伊斯蘭時代的伊朗，隨著薩珊帝國滅亡後，阿拉伯人接受了這項遊戲並且很快就在伊斯蘭世界各地風靡起來。這項遊戲隨之成為了一個宗教爭議話題，讓人們提出關於遊戲是由怎樣的內涵構成，是否是運氣成分要大於棋手的技術。但儘管如此，在 9 至 10 世紀之間，象棋在阿巴斯宮廷中十分興盛。漸漸地，隨著這項遊戲進入了不同文化，棋子本身的稱呼和形式都發生了改變。例如，我們今天在英語中所稱的「主教」最初是「象」（fil，這個詞源自波斯語的 pil），表現的是軍隊中的戰象（圖一）。

圖一　棋子（象）

這枚寫實描寫的大象背上還騎著一名「mahout」（馴象師或象騎士），這枚棋子是早期寫實棋子造型的傑出實例，表現了大象從坐姿正要站起來的樣子，牠前腿伸直，身體向後仰，後腿彎曲著以支持自身和騎士的重量。

約 600–800 年
信德，巴基斯坦
火烤陶土
高 4 公分，寬 2.3 公分
馬爾克・歐瑞爾・斯坦因爵士贈送 (OA+.7838)

圖二 棋子（車）

「車（rook）」的現代名稱是經由源自梵文 ratha（戰車）的波斯文 rukh 進入英文的。這樣的聯繫在這個棋子上顯示得十分清晰，這枚早期的棋子仍然呈現出馬拉戰車和御者的形象。經過漫長的歲月，這個造型會抽象化成為一個 V 形棋子，反過來又變成一座有兩個發射台的塔。

約 600–800 年
內沙布爾，伊朗
象牙
高 5 公分，長 3.5 公分
(1991,1012.1)

圖三 棋子

這組棋子中包括三枚國王和一枚騎士（左），它們是來自不同的 13 個棋子的收藏的一部分，這些棋子都出自於同一個作坊。使用堅實的象牙，這種棋子的主人一定十分富有。

約 1050–1200 年
西西里
象牙
高 5.3 公分（最大的一枚）
(1856,0612.4, 1862,0809.2,
1877,0802.8, 1881,0719.47)

時間表

570年	穆罕默德在麥加的古萊什部落出生
610年	穆罕默德開始經過天使加百列接受古蘭經神啟
619年	先知的第一個妻子海迪徹（Khadija）去世，她是先知後的第二位穆斯林
622年	遷徙到麥地那，伊斯蘭曆元年
624年	白德爾之戰（battle of Badr），這場發生在麥地那西南方的戰役是先知人生中的第一次重大戰役
625年	武忽德戰役（battle of Uhud），發生在麥地那以北，這是穆斯林和麥加人之間的第二場重大戰役
628年	海巴爾之戰（battle of Khaybar），發生在麥地那西北，對戰雙方是穆斯林和幾個猶太部落
630年	穆斯林光復麥加
632年	先知穆罕默德歸真
632年	先知的女兒，阿里的妻子法蒂瑪歸真
632–634年	阿布・巴克爾（Abu Bakr）擔任哈里發
634–644年	歐麥爾（Umar）擔任哈里發
644–656年	奧斯曼（Uthman）擔任哈里發
650–656年	古蘭經編纂
656–661年	阿里（Ali）擔任哈里發
657年	希芬之戰（battle of Siffin），發生在敘利亞的拉卡附近，對戰雙方是阿里和穆阿維葉（第一位伍麥亞哈里發）
680年	卡爾巴拉之戰，先知的孫子胡笙殉難
691年	伍麥亞哈里發阿布杜・馬利克在耶路撒冷完成了聖石圓頂（Dome of the Rock）的建造
740年	宰德什葉派（Zaydi Shi'ism）的先驅宰德・伊本・阿里・伊本・胡笙（Zayd ibn Ali ibn al-Husayn）去世
756年	伊瑪目賈法爾・薩迪克（Imam Ja'far al-Sadiq），十二伊瑪目什葉派的賈法里法學派之創立者去世
756年	什葉派中的十二伊瑪目派（Ashari）和伊斯瑪儀派（Isma'ili）發生重大分裂
767年	伊瑪目阿布・哈尼法（Imam Abu Hanifa）去世，他是遜尼哈奈菲法學派的創立者
768年	先知編年史作者伊本・易斯哈格去世
796年	伊瑪目馬利克・伊本・阿納斯（Malik ibn Anas）去世，他是遜尼馬利克法學派的創立者
820年	伊瑪目沙菲儀（Imam al-Shafi'i）去世，他是遜尼沙菲儀法學派的創立者
833年	伊本・希沙姆（Ibn Hisham）先知的編年史家去世
855年	伊瑪目阿赫邁德・伊本・罕百里（Imam Ahmad ibn Hanbal）遜尼罕百里法學派創立者去世
1094年	什葉尼扎里派（Nizari）和伊斯瑪儀派穆斯塔里分支（Musta'li）發生重大分裂

2 信仰與實踐

伊斯蘭始於神啟——古蘭經。穆斯林相信，古蘭經的阿拉伯經文是大天使加百列逐步啟示給穆罕默德的，這段時間是從西元 610 年前後開始，持續了 20 年。穆罕默德的使命是作為被選中的人和神的封印先知，為人類傳達神的訊息。古蘭經被看作是確認、完整——但並非替代——之前由神啟示給亞伯拉罕的聖經：「我確已啟示你，猶如我啟示努哈（諾亞）和在他之後的眾先知一樣，也猶如我啟示易卜拉欣（亞伯拉罕）、易司馬儀（以實瑪利）、易司哈格（以撒）、葉爾孤白（雅各）各支派，以及爾撒（耶穌）、安優卜（約伯）、優努司（約拿）、哈倫（亞倫）、蘇萊曼（所羅門）一樣。我以《宰逋爾》（詩篇）賞賜達伍德（大衛）。」（古蘭經 4:163）。因此猶太人和基督徒（漸漸也認為有瑣羅亞斯德教徒）被認為「有經人」（ahl al-kitab，古蘭經 22:17），而且舊約和新約的先知也是伊斯蘭的先知。

穆罕默德在世時，有一些他最親近的同伴有古蘭經啟示的私人副本，但是這些內容有不同之處。在穆罕默德歸真後，穆斯林做出了各種努力將文本標準化，這個任務最終在奧斯曼哈里發（644-656 年在位）的時候完成。他也命令將所有不同之處銷毀。古蘭經分為 114 個索勒（suras 篇章），每一章的長度不一，都由許多 ayat（經句）組成。各章並不是按照啟示給先知的時間來安排的，而是大致以章的篇幅從長到短排列。有一些人會說類似讚美詩一樣的簡短經文濃縮了這個宗教的精華或信條。事實上所有的索勒都由一句固定的程式開始，這句話被稱為「泰斯米」或「比思敏倆」（basmala）：「奉至仁至慈的真主之名。」穆斯林常常在做日常事務時念誦這句話，例如吃飯前、重要場合前、長途旅行啟程時，或是發言致詞時。

古蘭經的內容十分豐富並包含精神原則和神聖教條，規定社會和個人行為，規定禮拜和崇拜，描述了天堂和地獄以及講述了關於過去先知和其他事件的故事。在將近 1500 年來，出聲

圖一　位於伊斯法罕的謝赫魯特法拉清真寺（Shaykh Lutfallah Mosque）

伊朗統治者沙·阿巴斯（1587–1629 在位）出資建造了位於伊斯法罕的這座寶石一般的清真寺，作為薩法維皇室家族的私人禮拜場所，這也是他宏大的新都建造工程的一部分。這座建築小心翼翼地選擇了古蘭經經文並且由沙王的重要宮廷書法家書寫莊嚴的三一體（thuluth script）書法。書法家名叫阿里·禮薩·阿巴斯（Ali Riza Abbasi），他書寫了清真寺內部和外部的書法經文。這張照片中展示的是清真寺的朝向牆（qibla wall）和一部分的恢弘穹頂，上面覆蓋著藍色、黃色、孔雀綠色和白色的瓷磚，上面有繁複的葡萄藤蔓紋樣、裝飾輪廓和幾何設計。

在禮拜大殿內部書寫著大量完整的古蘭經章，配合著藍底白字的虔誠什葉派文字和祈禧。

1603–1619 年
伊斯法罕，伊朗
磚塊和施釉的石膏馬賽克瓷磚裝飾

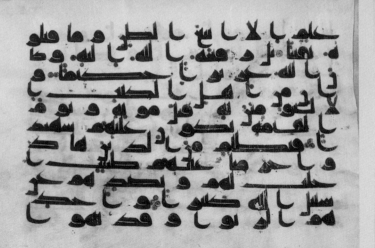

圖二　早期的古蘭經書頁

這張單頁古蘭經書頁上表現著粗礪的庫法體書法，用拉長的水平筆畫書寫（這就是為什麼早期的古蘭經都是水平拉長型的樣子）。這張書頁上的經文來自〈婦女章〉（4:157–161），強調瑪麗和耶穌在伊斯蘭的重要地位。

9–10 世紀
可能來自伊拉克
墨水，羊皮紙
高 15.6 公分，寬 23.4 公分
(2001,0605,0.1)

圖三　〈有〉，納斯爾‧曼蘇爾

這張現代書法作品中，書法家用黑色墨水書寫了阿拉伯文「ﻛﻦ」，其中字母「ﻥ」上的一點用金葉完成。這張作品的靈感出自古蘭經（2:117）中描寫真主作為創造者的無所不能：「祂是諸天與大地的創造者，當祂判定一事一物時，祂只要對它說：『有』，它就有了。」

2006 年
約旦／英國
墨水，紙，黃金
高 70 公分，寬 40 公分
納斯爾‧曼蘇爾捐贈
(2006,0304,0.1)

誦讀、學習和動手抄寫古蘭經深遠地影響了穆斯林的信仰和實踐。透過唸誦古蘭經，穆斯林可以體驗神聖，還有很多人會透過視覺藝術的方式來表達他們的信仰和虔誠，例如製作出精美絕倫的彩色古蘭經抄本（圖二）和書法（圖三），或是在建築物表面上銘刻真主的話語（圖一）。無論是在自然的物態領域，還是在精神領域，特定的古蘭經經文常常出於祈求幸福平安的目的而被穆斯林背誦下來。通常被稱為「寶座經文」（ayat al-kursi，古蘭經 2:255）的一段經文就是這樣；這段經被認為具有強大的避邪力量，能夠抵禦「惡魔眼」，常常銘刻在個人護身符上（圖四）。

　　穆罕默德在接受了自己先知角色，並以第一位穆斯林的身分擁抱伊斯蘭後，他便開始向麥加人傳授古蘭經的一神訊息，麥加人主要是相信不同神祇的多神教徒。最初，穆罕默德被麥加指控是一名巫師，或是遭到了精靈（jinn）附體。但是漸漸地，穆斯林的人數越來越多，這引起了麥加當局者的警覺和敵視。隨著穆斯林在生活中面臨的危險越來越大，穆罕默德和早期的穆斯林社群在西元 622 年遷徙到了北方的雅斯里布（Yathrib），這座城市後來改稱為「麥地那」，是先知之城（Madinat al-Nabi）的簡稱。穆斯林用了 8 年時間征服了麥加，並最終獲

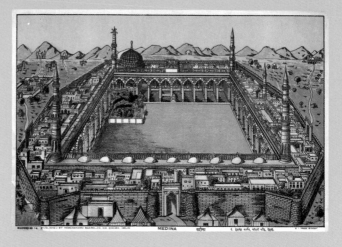

得了麥加菁英的支持。這場遷徙，或稱希吉拉（hijra），標誌著穆斯林曆法元年的開始，麥地那也和麥加、耶路撒冷一起成為伊斯蘭的三大聖地。第一個在麥地那專門建造的清真寺（masjid）是先知家的庭院，後來成為了新社群的宗教和政治中心（圖五）。在不同的地區，清真寺的建築形式有所不同，但是多數都包括有頂的禮拜大殿，前面有一個立柱圍繞的庭院，一個或多個宣禮塔（宣禮或喚拜用的高塔）。全都設有大淨、小淨的清洗場所，以及清真寺內的一個給信徒指示禮拜朝向的凹壁（mihrab）。

先知在麥地那期間得到了更多的啟示，隨著古蘭經以更長篇的章節規定了儀式實踐的細節和規定，伊斯蘭的信條內容也在麥地那發展得更具體了。這些實踐中包括所有穆斯林都要遵守的五項功修。這五項內容被稱為「伊斯蘭的支柱（arkan）」（五功），它們分別是：念（shahada，念清真言：萬物非主，唯有真主，穆罕默德，主之使者）；禮（salat，禮拜，圖六）；齋（sawm，在齋月中封齋）；課（zakat，捐獻，圖七）；朝（haji，去麥加朝聖，見66頁）。除了古蘭經和各種經註（tafsir）之外，穆斯林也學習聖訓，這是記載被認為是先知言行的言行錄，指導穆斯林的信仰實踐。經過一段時間後，不同的法學派（madhhabs）、哲學和神祕主義思想也都發展出來，致使人們

對於伊斯蘭信仰的根本元素有著各種方式的闡釋。

　　伊斯蘭在先知在世時就開始傳播到了阿拉伯半島之外，到 8 世紀時，穆斯林社群已經在遙遠的西班牙和中國興盛起來，古代世界的各種多元人群逐漸地信仰了伊斯蘭的不同分支。在所有的這些地方，物質文化常常會把當地的形式、在地藝術傳統調和起來，裝飾符合伊斯蘭的視覺、審美元素以及阿拉伯語文。阿拉伯語維持著它在宗教上的中心地位，在後來的幾個世紀裡，阿拉伯字母做出了些許調整以適應其他的語言，比如波斯語、突厥語、烏爾都語、馬來語、豪薩語和斯瓦希里語，繼續作為一種伊斯蘭物質文化的基本元素。本章中，我們將透過實物和那些「有經人」所持有的共同之處，來探索穆斯林信仰和實踐的多元性。

圖六　黑珊瑚念珠（泰斯比哈）

一串念珠通常由 11、33 或 99 個珠子組成，對應的是源自古蘭經的真主的 99 個尊名（al-asma al-husna）。圖中展示的黑珊瑚念珠上鑲嵌著銀絲。

約 1880–90 年代
土耳其伊斯坦堡或葉門薩那
黑珊瑚，銀，象牙或骨，絲綢
長 71 公分
(2016,6028.2)

圖七　濾水網殘片

這款鏤空濾水網是和水瓶配套的，上面大多裝飾有幾何圖案，但是有一些是用具象圖案或是阿拉伯文的簡明格言。這一個濾水網上寫著「慷慨大方，可受回賜」，這是一個深植於聖經（箴言 11:25）和古蘭經（57:18）中的概念，和伊斯蘭五功中的天課（zakat，慈善捐獻）有緊密聯繫。

10–12 世紀
福斯塔特，埃及
無釉陶器
直徑 6.2 公分
(1921,0301.13)

2│1 先知和他的繼任者們

最早的先知傳記（sira，圖三）是在先知歸真後一世紀才開始著筆，第一本插圖傳記是 14 世紀前後出自蒙古伊兒汗國地區。奧斯曼土耳其插圖傳記則晚到 16 世紀才問世（圖二）。它們包括穆罕默德和同伴們在阿拉伯半島的軍事征戰，描繪了白德爾之戰（624）、武忽德之戰（625）和凱巴爾之戰（628）。先知傳記文學也包括先知的演說，特別是他在 632 年歸真時的辭朝演說。

先知穆罕默德的離世不僅結束了眾先知的延續歷程和古蘭經神啟時期，也提出了指定一個適當繼承人的挑戰。穆罕默德沒有兒子，人們認為應該從他最親密的夥伴中選一人擔任這個角色。和先知的接近程度變成了繼承人競賽的關鍵，但是如何定義這種接近程度則存在分歧。有些人認為這意味著家族世代的親近關係，因此先知的堂弟和女婿阿里是正確人選。其他人則支持穆罕默德的岳父和主要參謀阿布·巴克爾（632-634 在位）。巴克爾從競爭中勝出，並採用了「真主使者的繼承人」的頭銜。他的接任者分別是穆罕默德的同伴歐麥爾（634-644 在位）、奧斯曼（644-656 在位）和阿里（656-661 在位）。這四位哈里發被稱為正統哈里發（圖一）。在他們的統治時期，穆斯林帝國擴展到了阿拉伯半島、敘利亞、巴勒斯坦、埃及、伊拉克、賈茲拉地區和部分薩珊伊朗。

圖一　寫有四位正統哈里發名字的牆面磚

這組牆面磚上的圖案表現的是一個清真寺的內部，有懸掛的吊燈、絲柏樹和一盆康乃馨。在拱門的穹頂頂端，新月標誌代表著當時奧斯曼帝國在敘利亞和巴勒斯坦的統治。這片牆面磚上面寫著阿拉、穆罕默德和四位正統哈里發的名字，分別為阿布‧巴克爾、歐麥爾、奧斯曼和阿里（四棵聳立的絲柏樹也可以作為他們的象徵）。這六個名稱也可以在一些奧斯曼時期建造的清真寺內部的穹頂上看到。

約 18 世紀（下行中間的瓷磚是後來的更替物）

大馬士革，敘利亞（在巴勒斯坦發現）

石膏，孔雀綠，藍和紫色釉下彩繪

高 23 公分，寬 23 公分（每一塊）

(OA+. 14389, OA+. 14399–OA+. 14404)

圖二 白德爾之戰，出自穆斯塔法．達利勒（Mustafa Darir）的《先知傳》

這幅奧斯曼時期的繪畫出自《先知傳》（Siyer-i Nebi）插圖手抄本的第四卷，這本書是一部用土耳其語創作的史詩，記錄了先知的生平。這幅畫上描繪的是白德爾之戰中的一個關鍵時刻，與穆斯林為敵的麥加人阿塔巴被阿里用他的傳奇寶劍（祖力菲卡，Dhu'l faqar）殺死。在畫面的右上角，遮蓋著面部的先知坐在一個寶座上，身邊圍繞著火焰光環，正在為英雄阿里和哈姆扎（站在阿里身後）祝福。

約 1594 年
奧斯曼土耳其
黃金，不透明水彩，墨水，紙
書頁高 37.1 公分，寬 26.5 公分；
畫面高 29.5 公分，寬 19.8 公分
(1985,0513,0.1)

圖三 描述先知穆罕默德的黃金護身符

出於歷史書寫和私人的祈福目的，穆斯林描繪先知的行為至少可以追溯至 13 世紀。這個護身符（maskeh）上表現有述聖（hilya）和「泰斯米」，所謂的述聖即對先知的面容身形與品德的口頭描述。對穆罕默德的描述是英俊、散發芳香、身型完美、圓臉、有鬚、藍黑色的眼睛、寬前額、小耳朵、手指修長、指尖柔軟。這種護身符通常是縫在衣服上，可能是用來安胎。

1800–1890 年
奧斯曼土耳其
黃金
直徑 3.1 公分
(1849,1121.359)

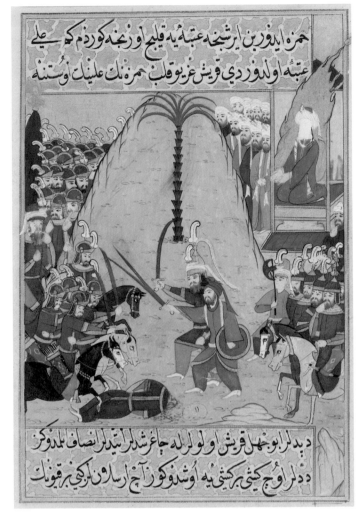

2｜2 什葉派

　　遜尼派和什葉派是伊斯蘭的兩個重要分支，共享大量的核心信仰和行為，包括信仰古蘭經和尊敬先知及先知的家族。然而在現實和精神上，什葉派對於正統的遵從只限定在自先知之後的幾位伊瑪目（領導者）中，這些伊瑪目是伊瑪目——哈里發阿里和他的妻子法蒂瑪（先知的女兒）的子孫後代（圖一）。「什葉」一詞是源自「阿里黨人」或「阿里的支持者」，什葉派認為，先知公開指定阿里作為繼任者，但阿里遭受排擠，直到 656 年才成為哈里發。相較之下，遜尼派接受由社群的共識來選擇一個領導人的模式，無論此人和先知是否有血緣關係（但在正統遜尼派哈里發時代——伍麥亞哈里發、阿巴斯哈里發、奧斯曼哈里發——之後的哈里發身分偏離了這一模式，變成了本質上的王朝）。

　　所有派別的穆斯林在傳統上都認為，早期伊斯蘭歷史上最慘痛的事件之一，便是阿里的兒子胡笙及家人在 680 年的卡爾巴拉之戰中被伍麥亞哈里發亞齊德（Yazid）的軍隊殘忍殺害（圖三）。胡笙和家人的殉難發生在伊曆一月的前十天裡，什葉派會在這時候舉行遊行、社區集會和戲劇表演來紀念此事（圖二）。隨著時間的過去，什葉派中的繼承有所中斷，這導致了不同的什葉派分支的形成，其中包括宰德派、十二伊瑪目派和伊斯瑪儀派。伊斯蘭的第三派別是伊巴迪派，這個派別是在 7 世紀中形成，其社群今天主要集中在阿曼、尚吉巴、利比亞和阿爾及利亞；他們的宗教信仰和實踐和遜尼派相似。

圖一　三位什葉派英雄的宗教海報

海報人物依下方文字說明從右到左分別是阿里（除了阿里，別無英雄，除了祖力菲卡，別無寶劍）；聖人阿巴斯（Hazrat Abbas，阿布杜·法齊勒〔Abu'l-Fazl〕，卡爾巴拉的執旗者，胡笙的同父異母兄弟）；胡笙（Husayn ibn Ali，烈士的領袖，願他平安）。這些重要的什葉派英雄人物的假想樣貌看起來十分相似，都源自於一幅阿里的肖像畫，這幅畫在 1856 年被卡札爾王朝的沙王納斯爾丁（Nasir al-Din Shah Qajar）製成了皇家勳章，後來在伊朗廣泛流傳。像這樣的宗教畫在今日仍繼續流傳。

約 2005 年
德黑蘭，伊朗
彩色印刷，紙
高 25.2 公分，寬 35 公分
舍利亞·坎比出資
(2005,0511,0.7)

圖二　手形遊行旗杖

手形的穆哈蘭旗杖（一月旗杖）象徵的是胡笙同父異母的兄弟阿布杜·法齊勒的手。他是卡爾巴拉之戰的旗手，在從幼發拉底河中為伊瑪目的家人取水時，雙手被亞齊德的軍隊切斷。這個遊行旗上面鏤刻著十二位伊瑪目的名字和什葉派聖陵的圖像（大概是阿里在伊拉克納傑夫或是伊瑪目禮薩在伊朗馬什哈德的陵墓）。左右兩邊各有飛馬布拉克（Buraq）的造型，據說先知穆罕默德曾騎著牠展開了登霄夜行（mi'raj）從麥加到耶路撒冷，再往返地面和天堂。旗上還有魚形紋章，象徵著生活在勒克瑙的什葉派統治者阿瓦德的那瓦布斯（Nawabs of Awadh, 1722–1856）。

1750–1850 年代
阿瓦德，印度北部
黃銅
高 41 公分，寬 25.5 公分
（OA+.7432）

圖三　禮拜毯和禮拜石

這塊地毯上的太陽光花紋上，嵌了一塊用卡爾巴拉的泥土壓成圓形的禮拜石，卡爾巴拉是胡笙和家人在 680 年殉難的地方，因此被認為是聖地。這塊禮拜毯是一塊絲毯（sajjada）。有一些什葉派穆斯林在禮拜儀式中會在石頭上叩頭，以示尊敬和效忠。

禮拜毯：
1790–1850
伊朗
絲綢、羊毛、棉花、銀絲線
高 49 公分，寬 34.5 公分
（2014,6013.8）

禮拜石：
1900–1917
卡爾巴拉，伊拉克
直徑 3 公分，高 0.8 公分
弗萊明·庫魯克斯捐贈
（1917,0414.11）

2|3 有經人

阿拉伯語名詞 ahl al-kitab（有經人）是古蘭經中對猶太人和基督徒的稱呼，但有時候也延伸到瑣羅亞斯德教徒和其他接受聖書的神啟宗教群體。《詩篇》、《討拉》（《舊約》）和《福音書》構成了記錄下神啟內容的聖書的一部分。古蘭經被看作是建立在這些聖書的基礎上用來完善且再肯定這些早期神啟，而不是替代它們的神啟。

在猶太教和基督教中受到尊敬的先知在伊斯蘭中也被看作是神的使者。他們中包括努哈（諾亞）、易卜拉欣（亞伯拉罕，圖一）、艾尤布（約伯）、優素夫（約瑟夫）、穆薩（摩西）、蘇萊曼（所羅門，圖二）和爾薩（耶穌，圖三）等，所有這些先知都扮演了各自的角色，在不同的歷史時期向人類傳達神的訊息。雖然彼此有激烈的教義爭論，但這三個宗教都有共同的信仰和實踐的面向，包括獨一、全知全能的創造者的概念，以及禮拜、齋戒、慈善捐獻和朝聖的儀式性實踐。猶太教、基督教和伊斯蘭被一起稱為亞伯拉罕宗教，因為它們都認定亞伯拉罕是一神論的精神先祖。

在伊斯蘭統治下，作為少數族群的有經人享有特殊的法律地位和保護，相對地，他們要在所有相關的經濟和法律內容中承認伊斯蘭是主導宗教，並順服穆斯林的政治權威。在這樣的框架內，基督徒和猶太人能夠實踐其宗教並自由地從事職業和貿易，他們常常能攀升到政治、社會、經濟和藝術生活各方面的顯赫地位。

圖一　描繪易卜拉欣獻祭的容器

在三大一神宗教中，易卜拉欣對真主毫不動搖的信仰和他願意奉獻自己的兒子以順從神的要求行為，得到了所有一神論宗教的尊敬。雖然猶太人和基督徒相信亞伯拉罕（易卜拉欣）獻祭的是以撒（Isaac，撒拉之子），但穆斯林相信他獻祭的是另一個兒子伊斯瑪儀（Isma'il，以實瑪利，夏甲之子）。這個容器上描繪的場面是天使加百列阻止易卜拉欣最終獻祭，用一頭羊來代替了他的兒子（細節圖）的時刻。這個容器是在薩法維王朝的伊朗為一名亞美尼亞主教所做，這個容器被認為是用來盛放宗教儀式上用的聖油（mayrun）。

1700–1800 年
伊朗
錫鑞
高 24.1 公分，寬 12.8 公分，深 6
公分
(1956,0329.1)

圖二　寶座上的蘇萊曼受到宮廷眾人簇擁

在這幅來自印度的畫作中，蘇萊曼被表現為一個身上戴滿了珠寶、頭上戴著纏頭巾的印度統治者，身邊簇擁著宮廷成員，其中包括他的大臣阿薩夫和各種鳥獸、天使、神奇動物、精靈和鬼怪（divs）。蘇萊曼的智慧、明辨進言和公正是眾所皆知的傳說，按照傳統的說法，神給了他廣闊又深奧的知識，同樣還給了他通曉鳥獸語言、指揮自然現象、精靈和鬼怪的能力。

1750–1800 年
德干，印度
黃金，不透明水彩，墨水，紙
高 44 公分，寬 25 公分（頁面）
(1974,0617,0.17.2)

圖三　描繪瑪麗和孩童基督的盤子

這個奧斯曼伊茲尼克（iznik）盤子描繪了瑪麗（麥爾彥，阿拉伯文作 Maryam）溫柔地抱著孩童基督，將他置於大腿上。雖然耶穌（爾薩，Isa）在伊斯蘭中被看作是一個先知和「主的慈憫」（古蘭經 19:21），但瑪麗是古蘭經中最重要的女性角色，而且是唯一被提及具體名字的女性（古蘭經第 19 章以其命名）。天使報喜和童貞受孕在伊斯蘭中得到了確認，而且瑪麗在伊斯蘭中享有貞潔、順從和虔誠品德的地位。

約 1650 年
伊茲尼克，土耳其
石膏，透明釉下藍、綠、紅和黑彩
直徑 25.9 公分，高 5.5 公分
奧古斯都·沃拉斯通·富蘭克斯爵士捐贈 (1890,0716.12)

2｜4 耶路撒冷：共享的聖地

世界上少有城市能像耶路撒冷般喚起人們的情感，三個亞伯拉罕宗教，猶太教、基督教和伊斯蘭教，視其為聖城。信仰者們認為，耶路撒冷位於天堂的大門處，也是一些神聖地點的所在地。

對猶太人來說，耶路撒冷在傳統故事中一直被視為大衛創建的王朝中心，和第一、第二聖殿（圖一）所在，這是猶太教徒祈禱和冥想的方向。對基督徒來說，這裡是基督受難、被釘上十字架、埋葬和復活的地方（圖二）。對穆斯林來說，耶路撒冷是先知將禮拜的朝向轉向麥加之前的最早朝向。它也是先知神奇的登霄夜行之處，從麥加來到遠寺（阿克薩清真寺，古蘭經 17:1）並在這裡領拜。隨後，他騎上飛馬布拉克去到了天堂。在上馬的地方，建起了一座聖石圓頂（圖三），這座建築由伍麥亞王朝的哈里發阿布杜·馬利克（685-705 在位）下令修建，於 691 年完工。這些神聖的連結數百年來讓三種宗教的朝聖者們湧入耶路撒冷，尋求對信仰的再確認。

幾百年來，這座城市時而享有相對的和諧共處、寬容、文化多元和朝聖帶來的繁榮貿易，時而見證緊張和衝突。它在歷史上的獨特地位，導致有人在試圖控制它的神聖地點時衝突不斷。然而這座複雜的城市總是激起人們深厚的情感和精神，以及超凡的和帶著固有美感的藝術。

圖一　有耶路撒冷圖案的蓋布

像這樣的布是用來覆蓋 challah 的，這是一種為安息日和其他猶太節日準備的特殊麵包。這塊特別的蓋布中央表現的是西牆，周圍還有其他耶路撒冷的猶太聖地圍繞。因為和聖殿山的聯繫，西牆是猶太人最神聖的祈禱地點，也是猶太人公開哭泣聖殿被毀壞的地方。這塊蓋布中央圖案兩端的希伯來文字包括傳統的安息日和其他節日的祝福（kiddush），而下面的文字是圖案中建築物的說明。在中間圖案的周圍，小一些的字是聖地和耶路撒冷聖地的解說，其中包括位於希伯倫的麥比拉洞（cave of Machpelah）、伯利恆的拉結墓，先知撒迦利亞墓以及先知撒母耳墓，城市傑里科和納布盧斯。

19 世紀
可能是耶路撒冷
印刷絲綢
長 46.5 公分，寬 44.5 公分
海曼·蒙塔古捐贈
(1893,0519.8)

圖二　聖墓教堂的鑲嵌模型

這個用象牙、珍珠母豐富地裝飾過的模型是由拼接的不同部分組成，是為了造訪聖地的朝聖者製作的。聖墓教堂建造在基督被埋葬和復活的地點，為基督教的各個教派所共有，在建築中，每一個社群都有一個屬於自己的禮拜堂。就像這一個例子，這樣的模型通常是用橄欖木製作，因為這種材料和釘刑的十字架有關。

19 世紀
巴勒斯坦
橄欖木、象牙和珍珠母
長 47 公分，寬 41 公分，高 26.5 公分
威爾康醫學史學院受託人捐贈
(1983,0107.1)

圖三　清真寺的燈

聖石圓頂最初於西元 691 年完成，後來在奧斯曼蘇丹蘇萊曼大帝（1520–1566 年在位）統治期間經過重修、裝飾和捐獻修繕。這盞燈是和聖石圓頂一起的，上面寫有先知穆罕默德的聖訓，內容是清真寺中的信士就好比水中的魚，而清真寺中的非信士就像是籠中的鳥。這盞燈的底部有陶匠的簽名，他名叫穆斯利（Musli），他將此作品獻給埃什勒夫扎德（Eşrefzade），他是伊茲尼克的著名蘇菲導師，被當地人尊崇為聖人。

標註為伊曆 956 年（1549 年）
伊茲尼克，土耳其
石膏，透明釉下藍、綠和黑彩
高 38 公分，直徑 22.9 公分
查爾斯・朱瑞・愛德華・福特納姆捐贈
(1887,0516.1)

2│5 麥加、麥地那和朝聖

　　你應當在眾人中宣告朝覲，他們就徒步和騎著清瘦的駱駝，從遙遠的地方到你這裡來。(古蘭經 22:27)

　　先知穆罕默德大約於西元 570 年出生在麥加，在伊斯蘭到來的很久以前，麥加就是一個朝聖的目的地了。這裡是一個被稱為卡巴（天房）的立方體結構的所在地（圖二），古蘭經中敘述這座建築最初是先知易卜拉欣和他的兒子伊斯瑪儀建造的。

　　信徒可以在任何時候造訪麥加，這種朝聖稱為副朝。作為穆斯林五功之一的正朝（hajj）則不同，規定在一年中的特定時間裡進行，從伊斯蘭曆朝覲月（12 月）的 8 日開始一直持續 5 天。若條件允許，穆斯林一生至少應該參加一次（圖一）。在副朝和正朝中，朝聖者們穿著簡單的白袍，稱作戒衣（ihram），遵循一系列包括飲滲滲泉水（圖三）的特定儀式。副朝的整個儀式都在麥加城內完成，而正朝則是從城外開始（例如，朝聖者們要登上穆罕默德在 632 年歸真不久前發表辭朝演說的阿拉法特山）。朝聖之旅將穆斯林帶進伊斯蘭的心臟地帶，既是一次深沉的個人體驗，也是公開的信仰確認。朝聖之旅從西元 7 世紀延續至今。朝聖者從有穆斯林居住的天涯海角而來，遠至非洲或中國，而這樣的旅程在現代旅行方式出現以前，是既漫長又危險的。雖然先知穆罕默德墳墓所在的聖地麥地那並非朝聖儀式的一部分，但是朝聖者們通常會在朝聖開始前或結束後造訪這裡（圖四）。

圖一　〈我們是一家人〉，艾曼‧優斯里

當代沙烏地阿拉伯藝術家艾曼‧優斯里（1966–）從 1992 年的一部關於美國非裔穆斯林鬥士馬爾科姆 X 的電影中（有阿拉伯文字幕）截取了他在 1964 年（他被暗殺的前一年）到麥加朝聖的畫面。經過對靜態畫面的渲染，藝術家用光和陰影對畫面做了處理。上面的文字寫的是：「我們是不同膚色、不同種族的人，我們信仰獨一的真主，我們是同一家人。」

2011 年
膠片，黑色和白色藍巴達印刷（lambada print），塗了樹脂的紙（版本 1/3）
高 87 公分，寬 155 公分
CaMMEA 資金支持
(2013,6006.2)

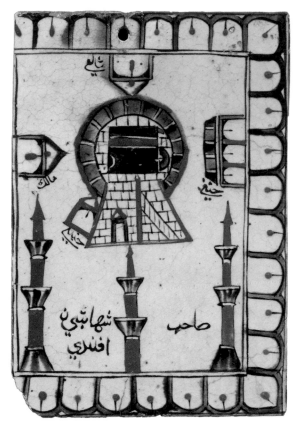

圖二　麥加瓷磚

這塊瓷磚描繪的是麥加的禁寺
（Masjid al-Haram，或聖寺），
位於中心的是天房，左邊的是朝
聖者在繞行天房時會試著撫摸的
玄石。圍繞著天房的建築物是
四大伊斯蘭教法學派：馬利克
派、沙菲儀派、哈奈菲派和罕百
里派。這塊瓷磚上面銘刻著主
人的名字希哈普丁（Shihab al-
Din）先生。

17 世紀中葉
伊茲尼克或庫塔亞，土耳其
石膏，透明釉下彩繪
高 23.3 公分，寬 17 公分
（2009,6039.1）

圖三　飲滲滲泉水的容器

從滲滲泉（Zamzam）中飲水是
朝聖儀式的一部分，滲滲泉水的
容器是非常受歡迎的紀念品。
這個小水瓶中仍然盛著水，是

2010 年時從馬利得來的。

20 世紀末 –21 世紀初
塑膠
直徑 7 公分
現代博物館基金會
（2011,6044.1）

**圖四　阿赫邁德・阿里・雅辛的
肖像，阿德勒・古萊什伊攝**

在一系列叫做「衛士」（aqawat）
的攝影中，古萊什伊（1968–）
拍攝了麥地那先知清真寺中守護
先知墓地鑰匙的最後七個閹人之
一。在可以追溯到奧斯曼帝國時
期的傳統中，衛士來自非洲東
部。這張照片是對這種已經不存
在了的傳統獨一無二的記錄。

2013 年
高 117.2 公分，寬 97.5 公分
尊貴的費薩爾・賓・薩爾曼・沙
烏地親王殿下捐贈
（2014,6048.3）

2｜6 蘇菲派

　　蘇菲派被概括描述為伊斯蘭神祕主義，並不存在一個清晰明確的方式可以定義如何實踐蘇菲派。蘇菲派的基礎根植於正統伊斯蘭中，信仰獨一的真主，穆罕默德是真主的使者。蘇菲們（Sufis，也稱為 dervishes 或托缽僧）尋求能從真主那裡獲得認主獨一的啟蒙，這種神祕的方式被稱為 tawhid（認主）。通往啟蒙的 tariqa（道路）是由蘇菲的內心之光所引導的，這種光會在信徒遠離自己本身的世俗物質層面後閃耀得更明亮（圖一、二）。反覆念誦、記憶真主的名字和一些特定句子的方式叫做 dhikr（讚主），在這種方式的幫助下，蘇菲信徒希望能最終進入認主的狀態，並圍繞在真主的光芒中。

　　雖然有些人相信蘇菲源自先知穆罕默德，但其他人指出它起始於 8 世紀的敘利亞和伊拉克，向東傳入伊朗東北和阿富汗。從一開始，蘇菲派就認可從其他的宗教和文化中吸收、借用各種傳統進入其發展。它最初的苦修和隱居性質在 9、10 世紀發展成一種更加社會化、集體性的行為，蘇菲派成為了機構化的群體，形成由大師領導的各種不同教團，蘇菲大師們被稱為「老人（pirs）」或「長者（shaykhs）」並出現在當時的神祕主義文學中（圖三）。蘇菲派雖然在 12、13 世紀時於阿拉伯、伊朗和印度發展到高峰，但其實踐一直延續至今，可以在全世界各種文化中看到（圖四）。

圖一　手持化緣缽和號角的蘇菲

從 15 世紀末開始，在波斯手抄本和單頁繪畫中出現的蘇菲常常不是出現在歸隱之所。這幅畫中的人物身穿典型的蘇菲打扮，比如畫面中的粗羊毛長衣和山羊皮裌（人們認為 Sufi 一詞的詞源是阿拉伯文的 suf，意為羊毛），他頭戴圓帽（代表他的教團歸屬），一隻手拿著一個化緣用的缽，另一隻手拿著野山羊角做的號角。

17 世紀初
伊斯法罕或加茲溫，伊朗
單頁畫，裝裱在一個單頁畫冊頁上；墨水，不透明水彩，黃金，紙
高 23.5 公分，寬 15.2 公分（整頁）；高 11 公分，寬 6.4 公分（畫面）
(1930,0607,0.15)

圖二　化緣缽

化緣缽（kashkul）代表著蘇菲淡泊出世俗凡物。在象徵意義上，化緣缽也代表著自我意識（nafs）的虛空，將自我意識遺棄在神祕主義的道乘中。這個化緣缽是用海椰子殼製成，上面描繪著一個拿著相似缽的蘇菲。海椰子原產印度洋上的海島，可能被沖上了伊朗的海岸。這些沖刷上岸的海椰子殼經歷了漫長的海上旅程，這是蘇菲神祕旅程的一種隱喻。這個缽上面還寫著先知穆罕默德、法蒂瑪和十二伊瑪目的名字以及藝術家的簽名：托缽僧古萊姆·胡笙。

標註為伊曆 1295 年（1878 年）
伊朗
海椰子殼，金屬
長 35 公分
(OA+.2610)

圖三　蘇菲氈帽

蘇菲將伊瑪目阿里尊崇為精神導師和引路人，這一點可以在帽子邊緣上繡著的橫條阿拉伯文的內容中看出來。上面寫著：

哦，阿里，〔真主所〕喜愛的人！
哦，敵人的剋星啊！
哦，〔真主的〕朋友們的衛士！
哦，奇蹟的妙應！

在帽子中央的拱形輪廓圖案中的波斯文描述了一位真正蘇菲的特質，上面寫著：

他的名字是逃里威失，即使是得到王冠，他也將它讓與他人，他頭上放不下金光閃閃的冠，才成了一個逃里威失。

1890–1940 年代
馬什哈德地區，伊朗
羊毛和絲
高 23 公分，直徑 19 公分
(2017,6002.1)

圖四　書法作品，哈桑‧馬蘇迪（1944–）

「我循著愛的宗教：不管愛的駱駝將我帶至何方，這是我的宗教，我的信仰」。這句話出自安達魯斯人，蘇菲大師伊本‧阿拉比（1165–1240）的《渴望的解讀》，這部作品是假託對一名年輕女孩的激情愛戀以表現關於神愛的思想的神祕主義頌詩集。在作品中，上述的詩句用削鑿骨感的紅字表現，但是「愛」（hubb）一詞用了巨大的深藍色書法主宰了構圖。

2003 年
伊拉克／法國
彩色顏料，紙
高 75 公分，寬 55 公分
布魯克西維爾永久基金會
(2005,0715,0.2)

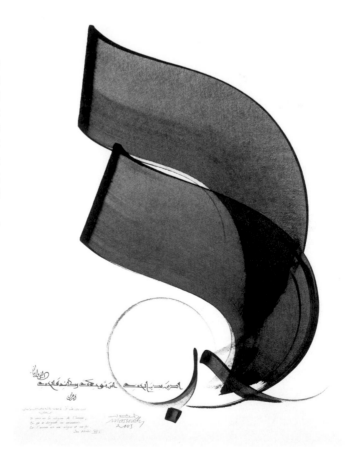

2│7 療癒和避邪

　　為了避免不幸和免遭惡魔眼的傷害，穆斯林會呼喚真主，默念尊敬人物的名字和誦讀一些保護性的古蘭經文，或是像圖中那樣，在小孩的衣服上放一顆藍色的珠子。有各種各樣的物品可當作護身符，這些物品上通常都有古蘭經文。為了祈願在戰爭中平安無事，可以穿上一種保護性質的避邪衣（圖一），為了讓體弱多病的人能夠恢復健康，可以讓他喝福碗中的水（圖五），或是用清水洗一個有古蘭經文的字板或佩戴護身符（圖二至五）。許多這類物品上的文字都是古蘭經中的特定句子，例如「寶座經文」（古蘭經 2:255），以及一些更神祕難解的符號、圖案和縱橫陣。

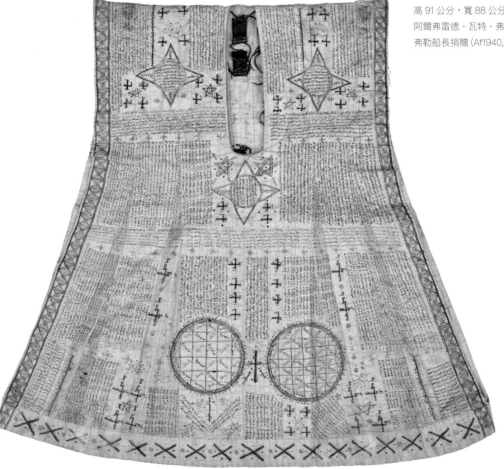

圖一　護身衣

為了保護戰場上的士兵所穿的護身衣，這個傳統可以上溯到至少15 世紀的南亞、伊朗和奧斯曼帝國。巧奪天工的書法家在整個衣服上寫滿祈禱詞、古蘭經文、真主的 99 個尊名、縱橫陣和避邪圖案。圖中的這一件西非長衫（豪薩語作 rigan yaki）還有數不清的皮革小袋子，用於攜帶紙護身符，縫在衣物內裡以加強效果。這樣的長衫也同時用於保佑遠離疾病、祈求婦女生產順利、遠途旅行平安或獲得政治高位。

1900–1930 年代
奈及利亞北部（？）
棉、墨水、皮革
高 91 公分，寬 88 公分
阿爾弗雷德・瓦特・弗朗西斯・弗勒船長捐贈 (Af1940,23.1)

圖二 黃金護身符

頂端的穿孔可以讓這個護身符縫在衣物上。在它的正反兩面都銘刻著「以弗所的洞中人」的名字。這七個傳說中的年輕人在羅馬皇帝德西烏斯（Decius, 201–251 在位）統治時為了躲避宗教迫害，和他們的狗一同在一個山洞中睡著了。他們一睡就是幾百年，在基督徒已經不受迫害的時候醒來。他們的故事出現在古蘭經（18:9–25）中，因而受到敬重，他們的名字常常被拿來當作護身符。在這個護身符的邊緣處寫著：

祂給來到的人〔先知穆罕默德〕安全，慈愛地降下〔古蘭經〕。

18–19 世紀
奧斯曼土耳其
黃金
高 7.1 公分，寬 6.4 公分
愛德華・紀伯森遺贈
（1994,0915.888）

圖三 黃銅護身符

護身符背面的兩端都有銘文，若把護身符按壓在某些地方，可以釋放出它的力量，例如押在紙上。這件器物是專門為療癒的目的而製作，上面有六段包含「療癒」（shafaya）一詞的古蘭經經文。在中央的 3 x 3 魔方（magical square）名為縱橫陣（buduh），被認為可以減輕分娩疼痛。另外，還有單獨拼寫而非連在一起的字母，用這種方式書寫被認為特別有功效。

19 世紀
可能是印度
黃銅
直徑 7 公分
尊敬的湯瑪斯・考維特教士捐贈
（1893,0215.1）

圖四 「法蒂瑪之手」吊飾

相信手具有驅邪力量的信仰可以追溯到上千年以前。在中東和北非，這樣的器物被稱為 Khamsas（意思是五），猶太人、基督徒和穆斯林用它們來驅避「惡魔眼」或「嫉妒之眼」。在穆斯林女性中，Khamsa 和先知的女兒法蒂瑪聯繫了起來。

約 1890 年代
摩洛哥
銀、玻璃、彩飾
高 13 公分，寬 8 公分
（2014,6009.1）

圖五 福碗

一份 14 世紀的專著提出「可以從一個寫有古蘭經經文和一個特別的縱橫陣的碗中喝水……來防止妄想和憂鬱症」。和自從 12 世紀時就已被廣泛使用的金屬碗相似，這個中國製品可能是為了出口到伊朗，也可能是為了在當地使用。除了寶座經文之外，上面還寫著「除了阿里，別無英雄，除了祖力菲卡，別無寶劍」。在碗的裡面有一個四橫四縱的縱橫陣。

18–19 世紀
中國
瓷
直徑 20.5 公分
奧古斯都・沃拉斯通・富蘭克斯爵士捐贈（Franks.619.a）

2|8 占卜

在從西非到東南亞的伊斯蘭世界中，泥土占卜術是一種流行的占卜方法。這種占卜術在阿拉伯語中叫做 ilm al-raml，字面意思為「沙的學問」。這是來源不明的一項古老做法，會創造出一個把沙子一堆一堆地擺放成由最多 16 個小圓點組合成的圖案。最初 4 堆沙子叫做沙母（umahat），會隨意拋灑，沙母將決定隨後 12 堆沙子的位置。最後形成的圖案可以解釋具體的問題，通常是人們向占卜師提出的各種日常生活瑣事：小孩的健康、求偶、生意成功等等。

泥土占卜術的原則後來轉而運用在一種 13 世紀時的占卜工具上（圖一）。它的正面有一系列的轉盤和弧線，使用這個工具的第一步是拉動右邊的四個滑片以展開位置，隨即得到了一些簇擁著的白銀圓點。弧線上面的銘文解釋了滑片的作用：「我讓這些弧線各就各位得到（聚集銀點的）圖形，那些靠近分割線的點是被納入考量的，沙母就是從這些點中得到。」下一步是轉動 16 個轉盤，讓每一個轉盤都對應正確的白銀圓點。這些轉盤位於弧線的左邊，頂端有兩組轉盤，每組有 4 個，它們下面有兩組 3 個一組的轉盤，在大轉盤的底部兩邊，各有一個。這些轉盤被稱為「宿」（buyut），每個都有用庫法體書法寫的名字，比如第一宿，是「靈魂和生命宿」，第二宿是「財富和收入宿」等等。為了解釋呈現出的各種聚集在一起的點的畫面，占卜師必須要用大的中央轉盤和右邊的 3 個小一些的轉盤。正如上方銘文所解釋的那樣，大的那個會提供預知，無論是好的還是壞的，配合有特定的季節、月宿或羅盤方向。「我已得出這個圓圈，你可以配合月宿、盈虧來從中得到訊息，這裡面有屬於（那個圓圈）的解釋，但真主是至知的。」

在穆斯林世界中，占卜師被認為是在從事一項受尊敬的技藝，這項技藝通過大天使加百列和先知伊德里斯（Idris，聖經中的以諾）聯繫在一起。今天有幫助占卜師的解釋手冊指南存世，但是沒有與這件實物相對的操作指南。這是一件精雕細琢的工具，在正面的弧線下有穆罕默德·伊本·庫特魯克·摩蘇利的簽名，他出身一個來自伊拉克摩蘇爾的多產金屬工匠世家（見 120 頁）。這件工具大概是在大馬士革製作的，因為一個出自同樣產地的香爐上也有這位匠人的簽名。背後的另一個後來的銘文是和之後的主人有關，他的名字是穆罕默德·穆赫塔西布·納加利（或布哈里）。

圖一 占卜工具

左上角的銘文寫著：

我是雄辯口才的擁有者，我說的話不聲不響，〔卻能燃起〕人們的渴望和恐懼。聰明人隱藏他們的祕密想法，但我把他們的祕密揭露出來，就彷彿他們的心是我所掌握一般。

上面的文字突出了這個無與倫比的器物的神祕。這個占卜工具是由四個元素組成的：一個帶有許多轉盤的弧線的前盤（頂部），有銘文解釋這件工具的作用，在外框上還有詩歌，在背盤（底部）上有一圈禱文，以及一個帶鉤子的鏤空設計，用來將這個工具掛起來。

標註為伊曆 639 年（1241/2 年）
敘利亞，可能是大馬士革
黃銅合金，鑲嵌白銀和黃金
高 26.8 公分，寬 33.6 公分
(1888,0526.1)

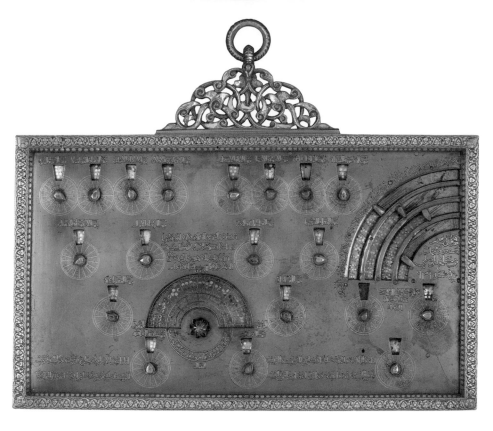

時間表

3 互相連結的世界

750–1500年

在 7 世紀的穆斯林征服阿拉伯半島之後，伊斯蘭的領地迅速擴張到了先前薩珊帝國和拜占庭帝國所在的地方，在新的王朝政治中，人們彼此間爭奪權力。第一個伊斯蘭王朝，伍麥亞王朝（661-750）以大馬士革為首都，隨後的阿巴斯王朝則是以巴格達（750-1258）為政府的所在地，並曾短暫地以宮殿城市薩瑪拉（836-892）為中心。在伍麥亞哈里發阿布杜·馬利克（685-705）的統治下，聖石圓頂在西元 691 年完工。

阿巴斯人勢力的崛起標誌著地區和文化中心的東移，直到 1258 年蒙古入侵，巴格達一直位於心臟地位。在薩瑪拉有豐富的考古發現，包括清真寺、宮殿和雕花泥灰浴室，這些發現清楚地證明了阿巴斯王朝的萬丈雄心。全球商業也在這個時期起了重要作用，在這段國際貿易、旅行和探索的時代中奠定了帝國財富的基礎。和唐朝中國（618-907）的接觸將人們夢寐以求的中國瓷器帶到了中東地區；甚至據說中國工匠在 8 世紀曾到過巴格達。希拉夫（Siraf）是一個位於波斯灣沿岸的伊朗南部城市，是當時主要的港口之一，這裡豐富的考古發現，能證明這段時期的廣闊網絡。

超過一個世紀的時間裡，阿巴斯王朝雄視四方，控制著從北非一直延伸至中亞的廣闊領土；然而在 10 世紀時，這個廣

闊的帝國開始崩解。在西邊的西班牙，伍麥亞王朝的餘緒建立了新的王國（756-1031），開創了穆斯林統治的新頁並一直延續到格拉納達的納斯爾王朝（1232-1492）滅亡為止。其他的獨立王朝還包括圖倫王朝（Tulunids, 868-905）和法蒂瑪王朝（909-1171），後者曾在 969 年建造了開羅城。在伊朗和中亞，9 世紀見證了薩曼王朝（819-1005）的興起，這個王朝把布哈拉變成了一個推動波斯語言、文學復興的文化樞紐，其中還包括伊朗民族史詩——《王書》（Shahnama）在西元 1000 年的問世。後繼的王朝包括強大的伊朗人白益王朝（Buyids, 934-1055）和突厥後裔的統治者，例如以阿富汗加茲尼為首都的加茲尼王朝（Ghaznavids, 977-1186）和塞爾柱王朝（1040-1194），後者統治的地域包括伊朗、伊拉克和敘利亞大部。這段時期是藝術贊助、在各個大城市裡修建紀念性的瑪德拉沙（宗教學院）的輝煌年代。同樣是在這時期中，繁盛的陶瓷產業在伊朗建立了起來，儘管在伊朗和中亞各地都有其他種類的精美陶瓷磚出產，但伊朗的卡尚是陶瓷業的中心。

基督教十字軍在 1099 年征服耶路撒冷，並在敘利亞和巴勒斯坦建立起一系列王國，遜尼派伊斯蘭面臨著如此生死存亡的危機，在這段時期裡出現了復興態勢並頑強占據，直到最後的基督教王國終於在 1291 年被拔除。這個時期的複雜政治狀況掩飾了基督徒、穆斯林贊助人和工匠之間在藝術上的互動，這些互動見證了圖像和物質文化技術上的交流。

上述的各個王朝雖然獨立，但是很多統治實體繼續向巴格達的哈里發宣示精神上的效忠，將哈里發尊為真主在大地上的影子。但是這一切都在 13 世紀發生了改變。蒙古的偉大領袖成吉思汗（1206-1227 在位）從東北亞開始了一系列攻伐，穿過中亞，越過阿姆河進入了伊朗。在成吉思汗死後，他的孫子旭烈兀（Hülagü）——伊朗伊兒汗王朝的第一位蒙古統治者，將

蒙古人的軍事侵略擴展到更西邊，長驅直入巴格達，摧毀了這座阿巴斯人的都城並在 1258 年殺死了哈里發。

雖然造成了暴力和破壞，蒙古征服打開了中東地區和中國的藝術交流通道，引入了新的藝術概念，讓新的藝術特色遍及全中東。蒙古人的勝利最終在 1260 年停了下來，馬穆魯克王朝蘇丹庫圖斯（Qutuz, 1259-1260 在位）在巴勒斯坦的艾因扎魯特戰役中戰勝了蒙古軍隊。與伊兒汗國同時期的馬穆魯克王朝（統治埃及和敘利亞）的蘇丹是奴隸兵出身，他們在 1250 年推翻了由薩拉丁（Salah al-Din，薩利赫丁，-1193）創立的阿尤布王朝。在馬穆魯克的統治下，大馬士革和開羅見證了一段時期的建築熱潮和各種藝術的繁榮，其中包括彩飾玻璃和金屬製品在這段時間裡大放異彩。馬穆魯克王朝的最終謝幕伴隨著彪悍的突厥領袖帖木兒（Timur 或 Tamerlane, 1336-1405 在位）對敘利亞的入侵，並在 1400 年洗劫了大馬士革。帖木兒跟隨了成吉思汗的腳步，在 1370 年代征服了伊朗和中亞。在撒馬爾罕等城市中，保存著帖木兒興建的輝煌的藍色瓷磚建築，證明了帖木兒王朝的雄心壯志。

在本章涵蓋的時期裡，全球貿易不僅支撐著中東地區的經濟，而且也伴隨著朝聖活動、外交活動和工匠移動的進程（無

圖二　象牙號角

按照查理大帝時期（742–814）的史詩《羅蘭之歌》中的內容，在 778 年對抗阿拉伯軍隊的隆塞斯瓦耶斯（Roncevaux）戰役中，英雄羅蘭在臨死前吹響了一個象牙號角。按照史詩中的說法，位於法國波爾多的聖瑟林（St Seurin）教堂得到了他的號角並將其懸掛在教堂祭壇上。就像圖中的這個實物一樣，結合了地中海和伊斯蘭圖案的象牙號角是用完整的一根象牙製作的，這些號角通常是和法蒂瑪時期或是諾曼統治的西西里有關。在歐洲，有很多這樣的號角被保存在教堂中作為聖物，以紀念羅蘭的殉難和他的悲劇故事。金屬圈上的鉤子上本來還串有皮帶。

11–12 世紀
埃及或西西里
象牙和銀
長 46.5 公分，直徑 8 公分（嘴）
(OA+.1302)

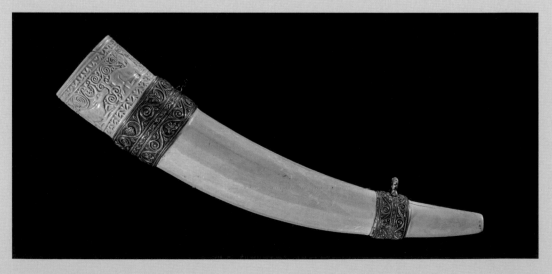

圖三　星形和十字形的瓷磚

這些瓷磚有些製作於伊曆664–
665年（1266–67），可能是來
自伊朗達姆甘（Damghan）的
伊瑪目札達‧賈法爾什葉派聖陵
中，是內牆瓷磚的一部分。瓷磚
上有納斯赫書法體書寫的《王
書》詩句，表示它們最初很可能
是為了宮殿而製作。

伊朗，可能是卡尚
石膏，模製，透明白釉下藍、孔
雀綠和金光彩
星形：高、寬20.7公分（最大
處），厚1.2公分（最厚處）
伊迪絲‧古德曼小姐遺贈
(G.230,231,232.1–2)

論是主動的或被迫的），這些交流促進著觀念、技術和審美風
格的傳播和發展。陸上和海上的商業交換主要發生在三個重要
的競技場中：印度洋，非洲和維京人的東方貿易（約10世紀
初）。印度洋貿易主要是中國瓷器和香料貨物；非洲貿易主要
是奴隸、黃金和原材料，例如象牙和水晶；維京貿易則是將伊
朗和中亞的銀帶往歐洲北部。像巴格達、開羅、大馬士革、大
不里士、內沙布爾、伊斯法罕、撒馬爾罕和赫拉特這樣的城市
成為了主要的學術中心和藝術贊助中心。將全世界的匠人和藝
術贊助集中在這裡，這些城市出產和發散到各地的器物、紀念
建築物和視覺文化反映出了住在這些地區居民的多元和豐富。

3｜1 薩瑪拉：一座宮殿城市

「穆塔西姆（al-Mu'tasim）從四面八方的城市裡帶來了從事各項手藝的人，開墾技術、培育、種椰棗樹、種植物、水利、灌溉測量……他從埃及帶來了製作莎草紙的人……從巴士拉帶來了製作玻璃、陶器和毯子的人……從庫法帶來了製陶……和彩繪……穆塔西姆建造了……宮殿並讓每一座宮殿有一個果園，那裡有聚會場所和廣場。」（摘自雅庫比的《各國之書》）

薩瑪拉的名稱來自阿拉伯語 Surra man ra'a（見之者欣喜），這座城市位於底格里斯河畔，巴格達以北，建立在薩珊人之前居住的地方，這裡是阿巴斯王朝哈里發穆塔西姆（836-842 在位）命令建造的。此地面積約 57 平方公里，雖然只是在 836 至 892 年間作為哈里發的都城，但它卻成為了「宏大力量和奢華品味的範本」。薩瑪拉的建築物中包括兩個有螺旋形宣禮塔的聚禮清真寺，這個造型的靈感來源是巴比倫的金字塔（圖一）。主宮殿和政府所在地是哈里發之屋，主要建立在底格里斯河沖積平原上方。那裡有宮殿房屋、寬闊的大道、獵場、校場、馬球場和賽馬場。建築物主要運用泥磚，內牆裝飾著雕刻和彩繪的灰泥。雖然已經破敗不完整，但建築物遺存所使用的設計選擇可以讓我們瞭解當時的審美原則：在雕花灰泥和木工上有抽象的阿拉伯花紋（圖三），來自突厥人的彩色人臉圖像裝飾著房間和宮殿（圖二），但是人像瓷磚不會在清真寺中出現。另外，薩瑪拉有豐富的伊拉克製造的陶瓷製品出土，有一些可能是在薩瑪拉本地製作的，另外還發現了大量的進口中國瓷器以及和日常生活有關的石頭製品。

圖一　明信片

這張由英國皇家空軍拍攝的航拍照片中，有哈里發穆塔瓦基勒（847-861 在位）建造的薩瑪拉清真大寺。這座清真寺標誌性的螺旋形宣禮塔被稱為 Malwiyya。還有一座外觀相似，幾乎是在同時期建造的宣禮塔位於同一地點的北邊，這個宣禮塔屬於一座較小的清真寺，這座寺被稱為阿布·杜拉夫（Abu Dulaf）清真寺（沒有在這張照片中出現）。在背景中的是有圍牆的近代薩瑪拉城，阿斯卡里聖陵（al-Askari shrine）坐落在城中，這裡是埋葬什葉派伊瑪目阿里·納迪（-868）和哈桑·阿斯卡里（-874）及他們的家庭成員的地方。這個城鎮的城牆是由薩瑪拉宮殿的斷壁殘垣和其他建築材料製成的。正如阿布·塔瑪（-845）在穆塔西姆統治時描寫薩瑪拉的文字中所說的：「那些花園將會被遺忘；但他所作所為的影響將永遠流傳，儘管日夜輪替，斗轉星移，但它仍將被人們銘記。」

約 1935–36
A&K Naman 印刷
高 8.8 公分，寬 13.3 公分
(EPH-ME.5417)

圖二　彩繪灰泥

薩瑪拉的私人住所和哈里發宮殿的裝飾包括多彩圖案的條帶裝飾，上面描繪有動物、人和傳說中的神獸。這個半輪廓可能表現的是一個僕人，是天堂場景的一部分。發掘這個地點的發掘人員只在原地發現了一個具象的條帶裝飾，這原是一個私人房間，條帶裝飾位於一個雕刻的灰泥台座之上。

約 9 世紀
伊拉克（在薩瑪拉發掘）
高 11 公分，寬 10 公分（最寬處）
來自 1911 至 13 年期間德國學者恩斯特・赫茲菲爾德和弗里德里希・薩雷對這裡進行的發掘
(OA+.10621)

圖三　雕花柚木門板

這個柚木門板的合頁上有三個嵌入的、有幾何圖案的斜雕裝飾，這種裝飾被稱為「錐形風格」，這種裝飾也會使用其他的介質，例如用灰泥、大理石和玻璃。和薩瑪拉宮殿相關的 9 世紀資料記載了當宮廷在西元 892 年回到巴格達後，薩瑪拉的宮殿就被拆除了。像柚木這樣的珍貴原料是為了建造這座恢宏城市而專門從南亞地區進口的，可想而知具有回收再利用的價值。這件門板不是在薩瑪拉本地，而是在提克里特（Tikrit）附近發現的。

9 世紀
伊拉克
高 157.5 公分，寬 31.1 公分
藝術基金會
(1944,0513.1)

3｜2 希拉夫：一座港口城市

在伊斯蘭時代早期，希拉夫是一座重要的港口城市。薩珊人之前居住在這裡，8 至 10 世紀，這裡是印度洋世界的海上交通網絡中心。曾經繁榮的多元文化城市中心的遺跡位於伊朗南部波斯灣沿岸的一個偏遠的延伸地，這片地方被包夾在扎格羅斯山脈和大海之間狹窄的條形陸地上。1966 至 1973 年間，大衛・懷特豪斯代表「英國波斯研究學會」在此指揮大規模的考古發掘（圖一）。在這裡進行的發掘工作取得了大量發現，其中包括超過 300 萬片的陶器（圖四）。這些聚集在一起的發現為希拉夫曾經擁有的廣闊商業聯繫提供了清晰的證據，而且也顯示曾經有多種族人口在這裡活動，複雜的生產活動排列有助於平衡貿易進口，並給中央的阿巴斯國家烙上了強烈的文化印記（圖二至五）。

圖一　在希拉夫發掘清真大寺的地基平台

有鑄造日期的錢幣表明這座位於原先一座堡壘上的清真寺，建立於 803/4 年後不久。這座建築占地 57 x 44 公尺，坐落在一個超過兩公尺高的平台上。平台之外有一個清潔設施和一直延伸到城市巴扎中的店舖。

約 1970–1971 年
大英博物館希拉夫檔案

圖二　陵墓蓋

這個有雕刻紋章的陵墓蓋是和海灣地區相關的陵墓形式。上面的銘文由兩行優美的庫法體銘文組成，不同一般的是，銘文內容中有兩個人的祈願：葬在這裡的阿布・阿里，他死於伊曆 381 年 1 月（991 年）以及他的父親阿布杜・拉希姆・伊本・穆罕默德，這位父親可能是出資要求製作這個陵墓蓋的人，他在上面誓言為兒子可能犯下的任何罪過負責。

標註為伊曆 381 年（991 年）
希拉夫，伊朗
石灰岩
高 53 公分，寬 143.5 公分
本傑明・垂歐・芬奇捐贈
(1891,0718.1)

圖三　陶土印泥

這個印泥（bulla）是用於封印和證明一份重要文件，很可能是法律合同。背面（左圖）有十字線和可以穿繩子的孔，可以加固文件。正面（右圖）是不同的人的手印。此印泥是在清真大寺的考古發掘中發現的。

約 9–10 世紀
希拉夫，伊朗
高 3.5 公分，寬 3.4 公分，厚 1.2 公分
(2007,6001.10680)

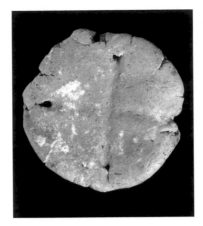

圖四　完整的印度烹飪罐

和這件容器類似的容器碎片在波斯灣和非洲東部沿岸當時的定居地點出土量很大。對於進行印度洋貿易的南亞移民來說，這樣的器具是居家的日常器物，但它也很有可能為範圍更廣泛的社群所使用。

約 7–9 世紀
南亞
陶土，無釉
高 21 公分，直徑 17 公分
(2007,6001,9858)

圖五　香爐

這個香爐是在希拉夫富商居住區的一個漂亮的多層宅院裡發現的。薰香的主要來源是阿拉伯半島南部。能夠擁有和使用像乳香或沒藥這樣的高檔薰香，毫無疑問顯示出其重要的社會地位。

約 9–10 世紀
希拉夫，伊朗
雕刻的軟石（綠泥石）
高 7 公分，長 19.9 公分（最長處）
(2007,6001.10362)

3│3 陶瓷和中國貿易

　　我下定決心出海，於是就動身前去買了各種貿易品……我登上了一艘船並從巴士拉啟航出發，和許多其他商人一起順著河流而下。後來我們進入了大海，航行了很多個日夜，經過了一個又一個島嶼，越過了一片又一片大海，經過了一片又一片陸地。每當我們經過陸地時我們都會進行買賣、討價還價，我們就像這樣一直航行，直到抵達了一個看起來像是天堂牧場的島。

　　上面的內容是來自《一千零一夜》中水手辛巴達的故事。貿易的重點在中國瓷器，它們是用可以在大海中航行的阿拉伯三角帆船運輸的；阿巴斯王朝的哈里發哈倫·拉施德據說在宮廷中擁有大量的中國瓷器，而且在中東各地的發掘地點都有中國瓷器出土（圖一）。伊拉克的陶工無法複製這種早期的瓷器；他們燒製的陶器是覆蓋一種乳脂狀的含錫白釉，在上面加入銅綠或鈷藍顏料。器形也是如此，從小碗到大的儲物罐的器形，靈感都得自於中國進口商品（圖二）。辛巴達的故事提及的港口城市巴士拉很有可能就是製造中心之一（圖三）。然而貿易並不是單向的：南亞、東南亞，甚至中國，都能找到大量的伊斯蘭「貿易貨物」（圖四）。

　　在南海蘇門答臘附近的勿里洞島發現的沉船，是近年來最重要的考古發現之一。這艘 9 世紀中葉的阿拉伯三角帆船滿載著超過 6 萬件的貨物，其中包括已經出水的大量中國瓷器，這艘船是在從中國返回中東的途中遇難的。

圖一　中國碗

無論是完整的器物還是碎片，在中東各地的發掘地點都能發現大量的白瓷器，這個完整的器物來自伊朗的內沙布爾，另外在薩瑪拉和希拉夫遺址中發現的殘片（見 80–83 頁）也能證明貿易量的巨大規模。

中國五代時期，10 世紀
在伊朗的內沙布爾發現
瓷
高 6 公分，深 17.8 公分
(1970,1103.3)

圖二　儲存罐

從器形上看，這個遺失蓋子的罐反映出的是從中國出口到中東地區的一種罐的樣式，這種罐子是中國貿易的一部分，用來盛放例如八角的異國香料。伊拉克的陶工模仿了這種器形並使用了綠色和鈷藍色裝飾。

9–10 世紀
伊拉克
陶土，不透明白釉上綠彩和藍彩
高 24 公分，直徑 28.3 公分
(1930,0310.1)

圖三　佐料碟

這件器物上的裝飾是埃及的羅馬時代晚期浮雕模製器物的遺留。阿拉伯文庫法體的銘文寫著：「在埃及的巴士拉人阿布‧納斯爾之作，讚頌歸於真主。」巴士拉是一個重要的都會中心，各種器物在這裡製作，其中包括高級陶器。中古時期的工匠會頻繁地移動以尋找新的贊助中心；在埃及，阿布‧納斯爾很可能是在位於老開羅的陶藝作坊裡工作。

9 世紀
埃及
陶土，浮雕模製，透明釉下彩
高 2 公分，寬 15.5 公分
奧古斯都‧沃拉斯通‧富蘭克斯爵士捐贈 (1889,0706.75)

圖四　鳥形杯

金光陶瓷器皿是一種在中東和其他地區需求量很大的奢侈器物，這種器物的出口是印度洋貿易的一部分。已經發現的例子最遠是在斯里蘭卡的曼泰（Mantai）。圖中的杯子是在巴基斯坦信德的布拉米納巴德（Brahminabad）發現的，該地在 8 世紀時被穆斯林征服。

9 世紀
伊拉克
陶土，不透明白釉上塗金光
高 3.5 公分，長 13.5 公分
奧古斯都‧弗圖納圖斯‧貝拉西斯捐贈 (1857,1118.295)

3│4 維京人和伊斯蘭

　　歐洲和伊斯蘭中東的聯繫發生在很早的時期，而且十分頻繁，雙方的貿易聯繫比軍事對抗更常見。9 世紀和 10 世紀的穆斯林目擊者記錄了在羅斯人（Rus，維京人）和中東及中亞的富有城市之間興盛活躍的皮草和奴隸貿易。維京貿易商沿著伏爾加河南下，跨過裏海，然後在巴格達或雷伊（Rayy，今德黑蘭附近）上岸。這些粗野但令人印象深刻的北方人讓 10 世紀的阿拉伯編年史家伊本·法德蘭十分感興趣，他曾寫道：

　　我看到了羅斯人，他們是來做生意的，在伊提爾河（River Itil，即伏爾加河的突厥語舊稱）邊安營紮寨。我還從未見過有人有比他們更完美的身材。他們長得就像棕櫚樹一樣。他們又白又紅……是真主的創造物中最齷齪的。

　　這樣的文化相遇所造成的影響可以在這個時期的物質文化中看到。中東工匠的器物，例如有阿拉伯文的珠寶首飾（圖一）無疑被視為奢侈品。然而，最明顯的影響體現在銀幣上，尤其是來自薩曼王朝的中亞銀幣。這些銀幣大多會在北歐被熔解以重新使用。出土的這時期維京人藏匿的寶藏（單是在瑞典的哥特蘭島上就發現了 5 萬銀幣）顯示出只有少部分銀幣進入流通（圖二）。

圖一　巴里康廷十字架胸針

出土於愛爾蘭科克（Cork）附近的巴里康廷鎮（Ballycottin）的一個泥沼中。這裡在 8、9 世紀時曾是維京人在愛爾蘭的一個重要聚集地。胸針是西北部歐洲在加洛林王朝時期（約 714–911）的流行樣式，其最有趣的地方在於中間的印章上的阿拉伯文字 tubna lillah（我們向真主懺悔），這是當時的伊斯蘭印章上常見的內容。雖然這個胸針的製造者（可能也是佩戴者）也許並不能閱讀上面的文字——因為若是正常佩戴在身上，上面的文字調轉了 90 度，但儘管如此，上面的文字仍被當作是來自遙遠東方的珍貴異域物品，而且和維京文化的胸針搭配起來就更加貴重了。在俄羅斯和瑞典都已經發現了帶有伊斯蘭印章的戒指，這些戒指可能是作為和穆斯林商人所做的生意的一部分，沿著位於今日俄羅斯境內的伏爾加河被維京人帶回。胸針和中間的印章嚴絲合縫，這說明它們是被特意製作在一起的。

約 700–900 年
中東或中亞（印章），歐洲西北部（胸針）
黑玻璃，鍍銅合金
高 4.4 公分，寬 4.5 公分
菲利普·加德納捐贈
(1875,1211.1)

這枚錢幣曾緊緊地塞在一個銀質杯子裡，在西元 927 前後被埋藏起來。約克谷寶藏（Vale of York Hoard）是在英格蘭的哈羅蓋（Harrogate）附近發現的，裡面包含了錢幣和其他金銀物品，它們可能是貿易和搶劫所穫的集合，讓我們可以從中瞭解到維京人的全球聯繫。其中有一組 13 枚的中亞錢幣是薩曼王朝鑄造的。這些錢不是劫掠而來（雖然這樣的事情也曾發生），而是通過流經今日俄羅斯境內的河流水系進入到維京人的土地上，按照大英博物館前館長尼爾・麥克葛雷格的描述，這條貿易路線從「斯肯索普（英格蘭東部）一直延伸到撒馬爾罕」。據估計，西元 800 至 1000 年間，有一億（將近 300 噸白銀）第爾汗從伊斯蘭世界流入到維京內地，其流入的錢幣數量從 940 年代開始減少。

約 875–925 年
中亞，可能是撒馬爾罕或塔什干
白銀
直徑約 2.8 公分
藝術基金會、國家遺產記憶基金會、大英博物館之友、約克博物館信託和沃福森基金會的貢獻人通過珍寶法案獲得
(2009,4133.689)

圖一　瓷磚

這塊瓷磚可能是來自古爾王朝
（Ghurid，約 1148–1206）的宮
殿內牆或外牆裝飾。義大利考古
隊在阿富汗加茲尼的發掘工作發
現了大量相似的瓷磚，它們尺寸
較小，上面有模製的浮雕紋樣，
描繪貓科動物、鳥和花卉，上
面覆蓋有單色的綠釉、黃釉或棕
釉，很多已經殘破。

12 世紀末 –13 世紀初
加茲尼，阿富汗
陶胎，棕色釉下有模製浮雕紋樣
長 10.6 公分，寬 10.6 公分，厚 1.2
公分
E. 羅森塔爾捐贈 (2003,1205.1)

圖二　孔雀綠釉碗

這個上釉的模製碗上呈現了各種
各樣的裝飾紋樣。12、13 世紀伊
朗的石膏體陶瓷器上多有諸如此
類的裝飾。圖案包括交替出現的
斯芬克斯和拿著花環的騎士，騎
士的造型是出自伊朗西部的石雕
上的薩珊時期紋樣。

約 1150–1200 年
伊朗
石膏，孔雀綠釉模製
高 14 公分，直徑 18 公分
奧斯卡・查爾斯・拉斐爾遺贈
(1945,1017.265)

伊朗和中亞：從卡尚到撒馬爾罕

伊朗和中亞的伊斯蘭視覺藝術發展過程有三個關鍵：繼承、適應，和最重要的，持續不停的試驗和創新。它同時也是關於最廣義的波斯化文化的成形與發展，在這種文化觀感中，波斯人的語言、藝術和文學傳統在伊朗內外扮演了重要角色，啟發了不單是由伊朗種族所組成的宮廷和社會。位於這種持續發展的視覺文化核心位置的，是波斯化文化向波斯世界之外的不斷傳播，正如在伊斯蘭世界內的許多部分，這種傳播是透過貿易、外交和不斷的人口遷移（自願或被迫）所完成。藝術家和工匠會從一個文化中心來到另一個文化中心，工匠的移動性尤其不能被低估，因為隨著他們的移動，不單是風格，還有他們的手藝和技術都會隨之遷移。

9 至 13 世紀中葉，伊朗世界由一些各自為政的區域性政權所統治，他們遵從阿巴斯王朝哈里發的名義權威。阿巴斯王朝的都城巴格達仍舊是古代的希臘—羅馬、拜占庭、波斯、印度和東亞傳統與阿拉伯和伊斯蘭傳統相融合的關鍵中心，但是在地方王朝的推動下，新的文化贊助中心城市也在伊朗和中亞地區出現，薩法爾王朝（861-1003）和薩曼王朝（819-1005）就是例子。後者是一個波斯王朝，獨立控制呼羅珊的東部省份和河中地區。在其統治之下，前伊斯蘭時期的波斯文化經歷了復興，這場波斯文化復興受到了波斯文學和伊斯蘭社會—政治思想以及 adab（舉止優雅端莊）概念融合的重要推動，這種文學概念是伊斯蘭美文傳統、個人的修身養性和伊斯蘭社會中的知識學問三者

的結合，尤其常見於宴飲和娛樂場合中。在此背景下，高級陶瓷器的生產，例如薩曼王朝的銘文器（見 41，90 頁），在內沙布爾和撒馬爾罕這樣的都會中心興盛起來。

接近 10 世紀末時，來自中亞草原的突厥游牧民族開始進入伊朗人的世界，他們很快就形成了各個突厥王朝，將他們融入了伊朗的歷史，給當地的視覺文化加入了突厥維度。這些突厥王朝包括加茲尼王朝（977-1186，王朝創立者曾是薩曼人的奴隸侍衛）、古爾王朝（約 1148-1206，圖一）、喀喇汗王朝和大塞爾柱王朝（1040-1194）以及他們各自的後繼者。在加茲尼王朝的統治下，帝國擴張到了印度北部，在金屬產業上取得了重大進展，例如在鑲嵌技術上的進步。赫拉特城因此興盛起來，並持續在往後的幾百年中扮演文化創新的領導角色（見 94-97 頁）。加茲尼王朝最終被塞爾柱人擊敗，塞爾柱人一度統治了從伊朗東部到敘利亞的地方，後來分裂成安納托利亞地區的小國（魯姆塞爾柱）。在這段時期中，卡尚是重要的陶瓷器生產中心，石膏是由此地率先採用（圖二），金光技術的東傳和其他視覺傳統激發了多元的裝飾技術，例如七彩陶瓷器和金光器（見102-105 頁）。加茲尼和塞爾柱人接受了波斯語和波斯人的傳統；事實上，在加茲尼王朝的宮廷中，馬赫穆德蘇丹在 1010 年時接受了波斯詩人菲爾多西呈上的完整的《王書》手抄本，這是波斯人的國家史詩，日後為一些塞爾柱統治者提供了命名的靈感。

3│5 早期的陶瓷傳統

從 10 世紀和 11 世紀開始，一些最上乘的陶瓷器是在伊朗和中亞製作出來的。內沙布爾和撒馬爾罕（分別位於伊朗和烏茲別克）作為兩個該地區主要的文化和政治樞紐，也是高品質陶瓷產品的主要中心。在這個時期的陶瓷產業最重要的技術和藝術進展中，有兩個種類的製品因為其出色的品質和兩者鮮明的對比而出類拔萃。

「薩曼文字器皿」（圖一）之所以得名，是因為它們和統治呼羅珊和河中地區的薩曼王朝有關，這種器物被譽為最成熟的「泥釉陶（slipwares）」，這類陶器因為其出眾的大小、精細優美的書法裝飾而深受青睞。阿拉伯成語或是佳美祝願文字在器物上以庫法體書法作放射狀或跨越狀呈現，讓人可以感覺到在手抄本或者建築物上出現的最上乘書法所具有的律動感，這也顯示出了陶瓷工匠們的多元技藝。器物上的祝福和成語警句（通常都是讚美慷慨、美德或是學識）會貼合器物的實際用途，在器物用途的社會環境中透過文學和社會活動珍惜和提倡美德。

「內沙布爾多彩器皿」（圖二）展現了多彩釉技術的早期形式，這種技術大概在這個時期的大呼羅珊地區都有應用。這些器皿以其鮮豔奪目的黑、黃、綠和紅色泥漿著稱，但是它們被認為比文雅風格更傾向「大眾」。裝飾有具象圖案，背後是填滿了各種花紋的背景，描述按照固定格式表現的動物和站立的或坐著的人，他們手裡拿著杯子或水果、彈奏樂器，或者是以獵人或戰士的形象出現。和之前古代伊朗天文圖像的視覺傳統或是和伊朗、中亞的民間故事及當地的騎士風度概念有關，這些內容都是可能的裝飾靈感來源，這種模稜兩可的畫面在較近期被重新解讀為古代印度—伊朗的宗教崇拜傳統中的宴飲文化，例如諾魯茲（新年）或米赫拉干（秋分）的盛宴。水果和酒的圖像與這種文化相互呼應，同樣還有狩獵圖像，慶祝的宴飲是狩獵活動的最高潮。

圖一 薩曼文字碗

這種「泥釉陶」碗是釉下泥漿彩繪技術的範本，在這種技術中，用不同的礦物染料上色的稀釋黏土混合物被塗抹在泥漿覆蓋的陶土表面。黑白分明的對比以及器物的形狀讓人們想到這種器皿是受到了嵌銀金屬器的啟發。碗上的成語警句是：

雄辯是銀，沉默是金。祝願幸福安康。

10–11 世紀
伊朗，可能是內沙布爾
陶土，白色泥漿，暗黑色泥漿裝飾，最上層施以透明釉
高 12 公分，直徑 34.6 公分
(1958, 1218, 1)

圖二 描繪有人物、鳥和花卉的內沙布爾碗

這個碗描繪了一個站立的男性形象，他手持一個杯子，兩邊圍繞著鳥和紋章。這個碗可能和新年或秋分的盛宴有關，在這樣的場合中，有些人可能會飲酒。內沙布爾多彩色器皿很喜歡使用人物圖案，這可能傳達出了在多元社群中，不論是什麼宗教的信徒，都會有許多人參加這樣的盛宴慶祝活動的意涵。

10 世紀
伊朗，可能是內沙布爾
陶土，在透明釉下以黑色、紅色、黃色和綠色泥漿上色
高 8 公分，直徑 18 公分
(1959,0413.2)

3│6 早期的伊朗玻璃

　　伊斯蘭世界早期的玻璃工匠，就如陶瓷和金屬產業的工匠們，最初也是遵循已經存在的傳統和羅馬人及薩珊人裝飾語彙。在宮廷贊助藝術的文化中，陶瓷和金屬器的來源可以從器物的銘文中推導得出，這些器物上也會帶有和某一個偉大的伊斯蘭王朝的清晰聯繫，但是在玻璃器皿上則有所不同。早期的伊朗世界中，玻璃製品大多是從某一個重要的宮廷中獨立發展出來。因此，確定一樣玻璃製品究竟出自哪一個宮廷仍是一個挑戰，推斷其屬於哪一個特定王朝也很困難。無論如何，在 9 至 11 世紀之間，切割玻璃是這個地區中出類拔萃的一項技術，玻璃工匠十分受到尊敬。

　　切割玻璃設計，例如棕櫚葉飾或是動物圖案，正如圖中展示的器物一樣，可以是通過冷玻璃輪切雕刻而成，器物的表面會被剔除以得到想要的浮雕樣式。在描繪有動物圖案的長頸瓶的例子中（圖三），剔除表面還包括一個另外的彩色玻璃外層以實現豔麗的浮雕寶石效果。9 至 11 世紀之間，伊朗世界出產的最普遍玻璃製品造型之一是一種有外展邊緣、底座的錐形杯。下圖展示的兩個杯子在造型、技術和裝飾語言上關係接近，質地是石水晶（圖一）和玻璃（圖二），前者是一種無色透明的石英，在伊朗和法蒂瑪王朝的埃及十分受到青睞並被廣泛使用（見 106-107 頁）。

圖一　錐形水晶杯

水晶杯上的裝飾是風格化了的整片和半片棕櫚葉造型。

9–10 世紀
伊朗
水晶，沿輪廓浮雕
高 8.2 公分，直徑 6.5 公分
P. T. 布魯克・西維爾先生出資購買
(1954,1013.1)

圖二　錐形玻璃杯

這個呈倒錐形、有一個底座的水杯，是伊朗世界生產的眾多相似器形容器之一。上面的浮雕裝飾包括三隻鳥，是切割玻璃上常見的紋樣，出現在杯子的兩道平行紋路中間。

9 世紀末 –10 世紀初
伊朗
玻璃，沿輪廓浮雕
高 10 公分，直徑 8.5 公分
布魯克西維爾永久基金會
(1964,1012.1)

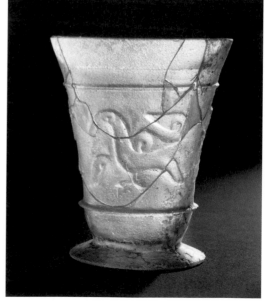

圖三 長頸玻璃瓶

這個有圓柱體長頸、圓肚、平口的水瓶最令人眼睛一亮的特色就是它的外包裹裝飾。兩個綠色的玻璃「襯墊」在熱工藝過程中被加在已經首次吹製完畢的玻璃上，經過受控制的漸進冷卻過程後，再用輪切技術完成了兩隻動物的側影。其中一隻動物有分岔的棕櫚葉形的尾巴，從牠的長耳朵來看，這可能是一隻兔子。

9-10 世紀
西亞，可能是伊朗
透光綠色玻璃包裹無色玻璃，吹製、切割
高 15.2 公分，直徑 8.5 公分（最大處），口直徑 2.2 公分
布魯克西威爾永久基金會
(1967,1211.1)

3│7 赫拉特和鑲嵌金屬產業

　　12世紀時，在歷史上享有作為重要文化樞紐地位的赫拉特崛起，為最早的生產銅、銀、金鑲嵌金屬器的生產中心之一。這種鑲嵌技術將普通的金屬基底轉變成金燦燦的表面，能夠將平淡無奇的器物轉變、昇華成可以跟金銀相提並論的地位。缺少白銀、中產階級擴大和金屬雕刻技術進步這三項前提，成了伊斯蘭鑲嵌技術發展的催化劑，並且最終也傳播到其他生產製作中心。

　　雖然鑲嵌技術在伊斯蘭時期以前就已經在伊朗和中東地區應用了，但在例如加茲尼王朝和古爾王朝的統治下，呼羅珊和北印度之間有著緊密的聯繫，使得伊朗的金屬匠人很容易吸收印度工匠的各項技術——在11和12世紀的喀什米爾和印度東北部，印度工匠利用銅和銀完成鑲嵌工藝。到12世紀末，銀已經代替了銅成為高級金屬器物的裝飾，這種鑲嵌技術讓黃銅發展成可以和金銀相媲美的奢侈物品，並且超越了高級陶瓷器（圖一至四）。

圖一　鑲嵌裝飾黃銅水壺

它屬於12世紀末和13世紀初於赫拉特製作的一系列器形類似的黃銅鑲嵌作品，曾經有詩歌讚美這種器物具有的魅力並提及它的（清潔）功能。這件水壺上面的裝飾圖案包含了技藝精湛、相得益彰的人物、星座和書法圖案：以金屬凸凹細工（repouseé）呈現的獅子和長尾鸚鵡出現在器物的頸部和肩部；上面有行星圖案，每一個都以星座圖表現；以及用庫法體和納斯赫體書法寫著祈願內容的阿拉伯文並配有人面造型，以白銀突出。這件水壺的精湛細節顯示出精彩的黃銅鑲嵌工藝，在波浪狀的黃銅表面上呈現出亮閃閃的銀光和銅光。

1180–1200年
赫拉特，阿富汗
黃銅薄板，凸凹細工裝飾，嵌入紅銅和白銀
高40公分，直徑20公分（最寬處）
(1848,0805.2)

赫拉特作為鑲嵌金屬器的主要製作中心，其地位可以在兩件重要器物的銘文上看到，其中之一就和本篇展現的水壺（圖一）類似。然而在匠人的名字中出現的城市名，例如梅爾夫、內沙布爾和圖斯，表示當時可能存在多個生產中心。直到蒙古人征服呼羅珊為止，赫拉特的鑲嵌金屬器產業一直十分興盛，此後這門手藝隨著器物和匠人向西遷移和傳播，來到了在伊朗西部、安納托利亞、敘利亞和埃及的城市中心。

圖二　野山羊造型把手的朝聖水壺

這個水瓶結合了各種呼羅珊／伊斯蘭和印度／佛教特徵，這樣的造型引起了人們對於其來源和用途的不同解釋。這種凸起的造型，上面的銘文和器物全身的花紋更接近伊斯蘭或呼羅珊器物的鑲嵌裝飾，但野山羊造型的把手和長頸可以和印度的鑲嵌技術以及佛教徒的儀式性長頸瓶（kundikas）相比較。這件器物來自旁遮普，意味著它是在古爾王朝統治下的印度省份中製作的。這個水瓶證實了技術和風格經由工匠遷徙而出現的轉移：各生產中心是不同文化傳統的天然熔爐。

約 1200 年
呼羅珊（伊朗或阿富汗）或旁遮普
鑄銅合金，雕刻，嵌入白銀
高 32 公分，寬 22 公分，深 6 公分
奧古斯都·沃拉斯通·富蘭克斯爵士捐贈
(1883,1019.7)

圖三　蓋碗

這個裝飾繁複的蓋碗（Vaso Vescovali）以其精湛的技藝和複雜的星座圖案，在各種鑲嵌金屬器物中出類拔萃。碗身上有12個圓章代表12星座，裡面有對各星座的擬人化造型。在細節上，一個騎著山羊的人物造型表現火星白羊座。這個蓋子（非原配蓋子）以8個擬人化的行星圓章搭配著碗上的圖案，每個圓章裡都有6隻胳膊托著象徵神奇力量的符號。以此種主題裝飾的器物被認為具避邪能力，讓器物的主人免遭疾病和不幸。

約 1200 年
呼羅珊（伊朗或阿富汗）
高錫青銅，雕刻，嵌入白銀
高 21.5 公分，直徑 18.5 公分
（1950,0725.1）

圖四　有蓋容器

這個容器，和另外兩個器形相似的容器都來自呼羅珊地區，上面帶有天文和12星座的圖案。和上述蓋碗上的豐富具象圖案相比，這裡的圖案排除了可辨形式的具象圖案，而是用納斯赫體和庫法體書寫的銘文填充其裝飾設計。

12 世紀末 –13 世紀初
呼羅珊（伊朗或阿富汗）
黃銅，雕刻及鑲嵌銅
高 16.7 公分，直徑 23.5 公分
布魯克西維爾永久基金會
（1967,0724.1）

3|8 尼哈萬德寶藏

在伊朗哈瑪丹省的尼哈萬德發現的一個寶藏中，包括了約 40 個以珍貴金屬製作的器物，其中大多數都和游牧民族的生活有聯繫（圖一、二）。和這一發現相關的還有絆馬索、兵器零件、皮帶釦殘片（其中一個上面寫著塞爾柱突厥軍官阿布·舒賈·因巨塔金的銘文）、一個上面寫著古蘭經文的護身符，以及一個銘文黃金酒碗（圖二）。除了這個碗以外，所有的器物都是裝飾了鍍金裝飾或黑金鑲嵌（niello）的銀製品。

這些器物小巧的尺寸和輕便的重量，以及它們的材質和功能，都顯示出軍事菁英人士們的游牧生活方式，他們不可避免地常常要南征北戰。其中的護身符和金碗顯示出了他們游牧生活的其他面向：信仰實踐和對獲得保護的渴望和需要，以及宮廷活動的享樂，例如宴飲、文學和音樂娛樂活動，這樣的活動可以追溯至伊斯蘭時代以前的伊朗。碗上的阿拉伯文是對其作為飲酒容器功用的詩歌讚美，其中包含了 10 世紀詩人伊本·塔瑪·瓦西提的詩句。這首詩也出現在薩利比的詩歌集中，他是一名來自後來成為塞爾柱帝國首都的內沙布爾的著名詩人。

圖一　來自尼哈萬德寶藏的器物
11 世紀
可能是哈瑪丹（尼哈萬德），伊朗
帶有鍍金或黑金鑲嵌的白銀，黃金雕刻和銘文（碗）
長約 1.5–5.8 公分
(1938,1112.1, 1939,0313.1, 1939,0313.2, 1939,0313.3, 1939,0313.6, 1939,0313.7, 1939,0313.8)

圖二　帶有銘文和鴨子圖案的酒碗（出自尼哈萬德寶藏）

這個鍍金碗的外圈邊沿下面的花狀庫法體阿拉伯銘文，出自10世紀詩人伊本·塔瑪·瓦西提的作品，其內容表示這個碗是盛放酒的：

美酒是身著紅色中國絲綢衣物的太陽／它流淌跳躍；它從這個杯中來／飲入腹中；在花園裡的時光，我們的時日／是喜悅的時日，露水打得青衫濕。

上面的鴨子圖案和雕刻的圓章表現出了更早以前的薩珊銀器和當時有類似圖案的織品的影響。

11 世紀
可能是哈瑪丹（尼哈萬德），伊朗
黃金，雕刻圖案和銘文
直徑 7.6 公分
藝術基金會
(1938,1112.1)

3|9 伊朗的鏡子

　　伊朗的鏡子存世量很大，而且有很多呈現出伊斯蘭時代早期的普遍樣式，鏡子的製作也屬於呼羅珊金屬製品的大範疇裡。在多數的例子中，伊朗的鏡子是鑄銅製造並帶有浮雕裝飾，正中央有一個凸出物，中間可穿繩將鏡子懸掛起來。由於浮雕鑄造的技術是在西元 1100 年出現在伊朗，呼羅珊在 12 和 13 世紀中擁有活躍的銅器產業，因此大多數現存的鏡子都被認為是在這個時期中製造的，但 10 世紀時的波斯歷史學家和地理學家伊本・法基赫也曾記載，在他生活的年代，這個地區已有製鏡產業。更早期的例子比如一些有把手的鏡子，存世的數量較少。

　　多數伊斯蘭地區製作的鏡子都清晰地顯示出其靈感來源是當時和更早期的中國鏡子，後者可能是通過中亞地區傳入了伊斯蘭世界。中國和伊斯蘭地區製作的鏡子很相似，都是在一面拋光以得出反射，在另一面裝飾並在中間有一個穿孔的突起物。這些鏡子最普遍的裝飾是一對背靠背的司芬克斯，外緣上有一圈祈願內容的銘文（圖二），但是也包括天文或狩獵的圖像。

　　伊朗和中國普遍認為鏡子具有保護作用。在中國，人們認為銅鏡具有象徵性的力量，可以避免災禍，會埋入墳墓給來世提供保護。在伊朗，鏡子在日常生活中被賦予了避邪作用，也可能和魔法及宇宙學聯繫在一起。以「魔法」銘文和圖案做為鏡面雕刻，當作額外的一層保護，在 13 世紀的伊朗十分普遍（圖一），當時人同樣喜愛的還有治療魔法和使用魔藥碗的興趣（見 70-71 頁）。

圖一　帶有四隻奔跑的斯芬克斯的鏡子

鏡子背面用浮雕法描繪了四隻有翅膀的斯芬克斯，牠們的中間是一個有孔的突起物，被不明意思的庫法體銘文圍繞著。鏡子的正面還有一圈後來添上的文字，因為上面的加工痕跡顯示出這些文字是在拋光的表面上鑿出的，不是最初的鑄造。後來的文字中包括以弗所 7 位洞中人的名字，每一個都以「泰斯米」（basmala）開始，還搭配有縱橫陣、「七符號（seven signs）」、字母和數字。還有對古蘭經中提到的 7 位洞中人傳說的闡述，這 7 個人是躲避羅馬迫害的基督徒，他們沉睡了好幾百年，這裡強調的是誦讀他們的名字所具有的避邪功效（見 71 頁）。

12–13 世紀
伊朗，可能是呼羅珊
高錫銅，鑄造浮雕，雕鑿的銘文
直徑 19 公分，厚 1 公分
布聞達・扎拉・賽利戈曼捐贈
(1963,0718.1)

伊朗的鏡子上最普遍的圖案就是
一對彼此背對著的斯芬克斯，外
圈有一條阿拉伯文祝福。這種鏡
子上的斯芬克斯圖案和塞爾柱宮
廷圖案有關，但也和鏡子作為反
射物體所具有的超凡神祕特質有
關。大量的存世鏡子都有相似
的裝飾，這些鏡子的尺寸大小支
持了這些鏡子是浮雕鑄造出來的
理論，所使用的可能是沙模具。

3│10 精品石膏陶瓷器

12世紀時，有一些革命性的技術創新改變了伊朗的陶瓷生產和裝飾的發展，啟發了各種充滿活力的裝飾技術和風格，展現在多樣化的精美器物和牆面瓷磚上。其中第一個就是引入了石膏，這種材料最初發展於中古時期的埃及，它代替了陶土成為了主要的陶瓷器主體。在一份標註日期為1301年的專著中，出身自著名陶工世家的阿布·卡西姆描述了石膏是由10份石英，加入一或兩份黏土和粉釉製成的。是一種灰白色、堅硬的纖維，能夠作出又薄又輕、輪廓優雅、敲擊時發出清脆回音的成品。在這個時期，正在興盛的高級陶器生產使用了已有的各種技術，例如金光（lustre，圖一、五），穿孔（圖三）以及一種被稱為 mina'i（彩飾）或 haft rangi（七彩）的新類型陶瓷器（圖二、四），後者開啟了前所未見的陶瓷裝飾色彩。根據阿布·卡西姆的專著中描述，卡尚在這個時期是陶瓷生產的重要中心，而且有一些作品上的簽名顯示出它們是出自卡尚工匠之手（人名中的 nisba 部分可以看出籍貫），但由於整個伊朗和中亞廣泛出產金光裝飾器物，因此當時存在有多個陶瓷生產的中心城市也並不出人意料。

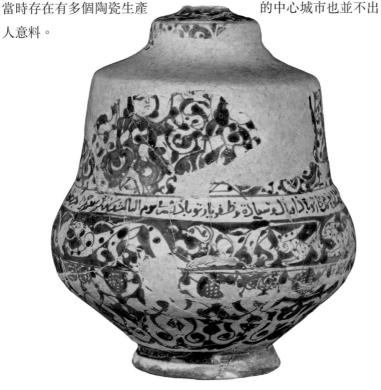

圖一　金光裝飾的瓶罐

這個破損的瓶罐上的裝飾由帶狀呈現的各種坐姿和有光圈的人物、走獸、花卉和植物紋樣以及銘文組成。這種裝飾表現了所謂的「細密畫」風格，這和當時的手抄本插圖有關。這個瓶罐是最早的波斯金光陶瓷器之一，在瓶身中間的波斯文銘文內容是：

哦天穹啊！你為何讓我動情？哦時運啊！你為何在我的傷口上撒鹽？哦敵人啊！你將擊打我多少次？我已被自己的命運和時運擊倒。願喜樂、狂喜和得意與你同在。願繁榮、幸福和勝利與你相伴。

標註為伊曆575年1月（1179年6月/7月）

伊朗，可能是卡尚

石膏，金光上色，不透明白釉

高15公分，直徑13公分，足托直徑6公分

(1920,0326.1)

圖二　「穆哈蘭」碗

這個碗被認為是出於阿布・載德之手，描繪了一個坐在寶座上的王公、周圍的人和一名坐著的訪客。這個場景已經被解讀為描述什葉派的塔濟亞儀式（ta'ziya）的環節。塔濟亞儀式紀念的是先知的孫子胡笙於穆哈蘭月（1月）10 日在卡爾巴拉戰役中殉難（見224–225 頁）。如果解讀無誤，那麼碗上描繪的內容就是這個儀式本身，有一個說書人作為第三人稱敘述者，另有其他人扮演各自的角色。左邊的人物被樹隔開，穿著和王公一樣的長袍，象徵著統治者送給重要的說書人的榮袍。人物下方的波斯文和外緣上的文字是出自不同的詩。透過 X 光和紫外線技術檢測，確定此碗曾用當時的其他陶瓷容器的部件修復並再上色過，但也顯示（下方細部圖）碗上的日期是原封未動的。

標註為伊曆 583 年 1 月（1187 年3 月 /4 月）

伊朗，可能是卡尚

石膏，七彩彩繪技術

釉中孔雀綠和藍色施於一層不透明白釉上，並有紅色、黑色釉上彩

高 9.5 公分，直徑 21 公分，底托直徑 8.8 公分

奧斯卡・查爾斯・拉斐爾遺贈（1945,1017.261）

七彩陶瓷器字面意思的「七」是虛數，實際應用中有更多顏色。這種陶瓷器出現在 12 世紀末，是經過兩次燒製和多次釉上彩或釉下彩的上色而成的。使用釉上彩或釉下彩要取決於器物所要求的燒製溫度。這種器物的裝飾風格強調人物造型，其中包括宮廷生活的場景，例如狩獵、宴飲、娛樂，或是描繪傳說中的神獸，例如斯芬克斯和鳥身女（harpies），但是也出現抽象裝飾的例子，例如這個獵豹形把手器物的表面裝飾（圖四）。金光器（lustre-painted wares）是這個時期中的另外一種高級陶瓷器類型（圖五），燒造技術也出現在 12 世紀末，其中最早的例子之一包括一個瓶罐（圖一），上面標註的日期為伊曆 575 年 1 月。

　　這個時期有兩位聲名顯赫的大師，分別是阿布・載德和阿布・塔希爾，兩人都出身於陶工世家。都以使用七彩陶瓷器和金光陶瓷器的技術而知名，但是阿布・載德是已知唯一一個既燒製器物，也燒製瓷磚的匠人。他的簽名出現在現存的一些製品上，有一些上面標註有燒造的日期，這些例子支持了認為生產這些風格的陶瓷器的工坊彼此聯繫緊密的說法。最有趣的是，阿布・載德親自創作了一些詩歌，並將其裝飾在他燒造的器物上，這顯示出這時期的陶瓷藝術和文藝之間的緊密聯繫。除了展示這些作品的精湛技藝之外，匠人們在器物上的簽名也給這些作品賦予了收藏上的價值。

（本頁，左圖）

圖三　房屋模型

這件作品描繪了一個宅院中，一群人圍繞著一個托盤而坐的場面，宅院表現了中古時期的日常建築。和這件作品一起的還有更大的一組房屋模型，它們之前被認為是杯子、墨水盒、玩具、清真寺模型、吊飾或是佛教徒奉獻物，甚至和中國的墓葬明器有關的器物。近些年來，人們認為這些模型用於範圍更廣闊的社會一文化背景中，如中古時期的宴會、音樂和諾魯茲（波斯新年）慶祝場合或婚禮，它們可作為禮品贈送。中央的托盤可以盛放水果或諾魯茲節的「七喜」（haftsin，即象徵美好寓意的七樣物品）。

12–13 世紀
伊朗
石膏，模製，孔雀綠釉
高 6 公分，長 15 公分，寬 10 公分
G. P. 迪維捐贈
(1886,0803.1)

（對頁，右圖）

圖四　獵豹把手容器

這件七彩陶瓷器作品的兩個把手
是獵豹的造型，出水口則是一個
鹿頭，器物的大致裝飾則是更為
簡單、不具象的綠色、藍色和紅
色的重複花草紋樣。

約 1200–1225 年
伊朗
石膏，釉中（in-glaze）孔雀綠
和藍色附在不透明白釉上，紅色
釉上彩
高 6.5 公分，直徑 22 公分
哈維・哈登捐贈
（1930,0719.65）

圖五　跪坐人物畫像瓶

這個微曲圓柱形的瓶在大部分的
畫面上描繪了 8 個跪坐姿勢的人
物，和與波斯金光器的「紀念碑
風格」特色相反的抽象花紋，這
種樣式表現在 11 和 12 世紀敘利
亞（見 111 頁）燒造的金光器物。
瓶身外的金光裝飾得到了內壁上
的藍釉的平衡，在瓶頸內側還用
金光彩繪了一串無法辨別（大概
是偽文字）的銘文。裝飾人物豐
滿的「月亮臉」是波斯詩歌中美
麗臉型的理想模樣。

約 1170–1200 年
伊朗，可能是卡尚
石膏，不透明白釉上施金光彩
高 30.5 公分，直徑 12.8 公分
伊迪絲・古德曼小姐遺贈
（G.234）

3│11 法蒂瑪王朝

在阿拉伯穆斯林世界裡，埃及的首都開羅是最重要的宗教、文化和政治生活中心之一，這座城市建立於西元 969 年，作為法蒂瑪王朝的宮殿城市，位於福斯塔特（Fustat，老開羅）以北不遠處。法蒂瑪王朝從 909 年起統治北非，是一個宣稱繼承自第四位哈里發阿里和他的妻子——先知的女兒法蒂瑪的什葉派王朝，王朝的名稱就來自於此。作為哈里發和什葉派伊瑪目，他們給兩個主要的遜尼派哈里發國家——阿巴斯的巴格達和伍麥亞的西班牙構成了宗教和意識形態上的挑戰。法蒂瑪哈里發和王公貴冑們修建了令人過目難忘的城門、宮殿、圖書館和清真寺，其中包括愛資哈爾清真寺（意為「光芒四射的」），這座清真寺被認為是埃及最古老的重要教育—宗教機構（圖一）。

法蒂瑪王朝行政機構和金融部門的穩定性、強大的陸軍和海軍及非洲黃金的輸入，讓此時的開羅成了連接地中海盆地和印度洋等地繁榮的商業網絡中心（圖二）。統治者們積極和君士坦丁堡的拜占庭人和西西里的諾曼人展開外交和商業聯繫。在勢力巔峰時，法蒂瑪人控制了將近所有北非、西西里和埃及、部分敘利亞、巴勒斯坦和葉門，並在很長一段時期裡控制著麥加和麥地那。

這時代的藝術里程碑是水晶器物，包括大小容器、燈和棋子。這種材料之所以大受歡迎不僅是因為其透亮的美麗——中古時期伊朗全才學者畢魯尼（-1048）描述其為空氣和水的合體——而且還因為水晶被認為帶有療癒和保護力量。現存的許多伊斯蘭水晶

圖一　愛資哈爾清真寺

西元 971 年完工，是開羅（al-Qahira，即英文的 Cairo）第一座清真寺，這座清真寺的名稱 al-Azhar 是出自先知穆罕默德的女兒法蒂瑪・扎哈拉（光芒四射的法蒂瑪）。在這張 20 世紀初的明信片中，人們一起聚在清真寺的庭院中討論。這個畫面呼應了埃及歷史學家馬克里茲（-1442）描述 10 世紀末的愛資哈爾學問課程的文章，他說：「每個星期五，〔領薪水的法官們〕集中在清真寺，在〔晌午的禮拜〕結束後圍坐成小圈子，直到下午的禮拜。」為婦女專門準備的講解伊斯瑪儀派法律的公共演講在愛資哈爾舉行，哈里發的妻子和宮殿中的貴族女子們也會參加。薩拉丁是法蒂瑪王朝的最後一位軍事統帥，他在很短時間內廢除了愛資哈爾中的課程並解雇了所有伊斯瑪儀派的法官。他終結了國祚 262 年的法蒂瑪統治，在1171 年重新將遜尼派恢復為埃及的國家宗教。他在 1174 年建立了自己的阿尤布王朝，統治的地區包括埃及、敘利亞和葉門，這個王朝一直延續到 15 世紀末。

1900–1920 年
開羅明信片信託基金於埃及開羅印刷
高 9 公分，寬 14 公分
（EPH–ME.2465）

CAIRO - Interior of the Al Azhar Mosquee

圖二 有小鳥裝飾的黃金掛墜

這個黃金細工掛墜的新月造型和鑲嵌的小鳥裝飾,都源自更早時的拜占庭樣式。

11 世紀
巴勒斯坦或埃及
黃金,內嵌掐絲彩飾
高 9 公分,寬 14 公分
(1981,0707.2)

圖三 水晶聖物容器

這個香水或化妝品瓶在製成的三個世紀後,被改造成了帶有銀嘴的教會聖物容器。

10–11 世紀(瓶)
14 世紀(嘴)
埃及(瓶),歐洲(嘴)
水晶,黑金銀嘴
高 9 公分,直徑 12 公釐
奧古斯都·沃拉斯通·富蘭克斯爵士遺贈(AF. 3129)

圖四 大理石建築銘文

白德爾·賈瑪利在這塊牆磚上的銘文寫著:「伊斯蘭之劍,伊瑪目〔al–Mustansir, 穆斯坦西爾〕的助手,穆斯林法官們的助手,信士傳教者們的指導人。」

標註為伊曆 477 年(1084 年)
開羅,埃及
大理石
高 42 公分,寬 107 公分,厚 10 公分
(OA+.355)

製品都進入了中古時期的教堂,被重新使用作宗教聖物的容器。一個上面寫著「祝福擁有者」阿拉伯銘文的香水瓶後來被加上了一個鍍銀嘴,上面用拉丁文寫著「受祝福的瑪麗的頭髮」(圖三)。

法蒂瑪王朝的統治者也曾經歷過困苦和饑荒、軍事叛變、內部分裂、政治爭奪、十字軍的威脅以及外國勢力的介入。所有的這一切都漸漸地削弱著王朝,最終帶來了王朝的覆滅。伊瑪目穆斯坦西爾(1036-1094 在位)的統治受到了饑荒、經濟危機和叛亂的損害,這是尼羅河水位連續 7 年上漲所造成的(1065-1072)。因此,哈里發的突厥衛士們洗劫了法蒂瑪金庫並把裡面的寶藏分散到了市場上。穆斯坦西爾從敘利亞找來了亞美尼亞人軍事長官白德爾·賈瑪利(-1094)來恢復埃及的秩序和穩定。但賈瑪利卻建立了自己的獨裁政權,這件事成了法蒂瑪歷史的轉折點。這個上面有描述他頭銜的銘文磚證明了他曾經握有的權力(圖四)。他的兒子,大臣阿富達打破了哈里發繼位順序,進一步篡奪法蒂瑪王朝的權力,這也繼而導致了伊斯瑪儀派的一次重大分裂。

3│12 中古時期埃及的日常生活

　　我們對法蒂瑪埃及的普通人日常生活的知識，完全仰賴重要的 10 至 13 世紀儲藏室文書（Geniza documents）。這些不完整的手抄本是 19 世紀時發現於開羅的一個猶太教堂。這些文書主要是用希伯來字母拼寫的阿拉伯語（即猶太—阿拉伯語），儲藏室中的文書包括宗教、商業和法律文件、嫁妝禮單、文學文本、繪畫、紙質護身符和與航海商人進行書信往來的個人信件。一幅生動的畫卷在我們眼前展開，描繪了法蒂瑪埃及的宗教多元，以及社會和經濟多樣的居住人口，社會中包括龐大的中產階級，他們通常是從商業和海上貿易帶來的人口、貨物、思想的匯聚中獲利。

　　因為伊斯瑪儀什葉派哈里發並不採行強迫改變宗教的政策，所以他們統治的土地上主要居住的是遜尼派穆斯林和相當多的基督徒和猶太人。王朝經濟繁榮，宮廷禮遇猶太人、基督徒和穆斯林菁英，贊助學者、科學家、詩人、建築師和工匠，從而推動了智識、文學和藝術活動。和這樣的宮廷環境相似，信仰各種宗教的城市富裕中產階級，有能力從帝國的產業首都開羅和福斯塔特（老開羅）的市場中，購買高價紡織品、珠寶、水晶及象牙器物、鑲嵌家具、手抄本、金屬器、玻璃和陶瓷容器。對比在阿巴斯王朝巴格達的私密的哈里發儀式，法蒂瑪人參加盛大的公開儀式和節日遊行，王公貴胄和士兵們伴隨著馬、大象和長頸鹿列隊前進，允許市民直接參與宮廷儀式和接觸宮廷物質文化。

圖一　有彩繪細節的娃娃

埃及曾出土許多骨質的雕刻娃娃，它們的用途是作為玩具，屬於很常見的物品。這個娃娃上有雕刻得凹凸有致的彩繪面部，包括杏眼，小口，小鼻子，雙乳和肚臍。曲線和心型的彩繪圖案是一種海娜（henna，一種天然染料紋身）圖案，被認為具有驅離「惡魔眼」的護身符功效。這一個娃娃本來還有可以移動的胳膊、頭髮和耳環。

980–1180 年代
埃及
動物骨和天然染料
高 15.5 公分，寬 4 公分，厚 2 公分
(1979,1017.203)

圖二　金光彩繪瓶

金光塗色的陶瓷器所閃爍的光芒就像是金或銀，是法蒂瑪埃及生產的最昂貴陶器，十分受菁英階層和中產階級青睞。這項技術既十分耗費人工，也要求很多的材料，常見的裝飾是栩栩如生的具象場景，表現出當時的文化已達到法蒂瑪時期的新高峰。這個繪有花草紋樣的瓶子，是一件家用或陳設的奢侈器物。

11 世紀
埃及
陶土，不透明白釉上金光彩
高 23 公分，直徑 14 公分
(1970,1105.1)

圖三　亮色陶瓷碗

碗上流動的鉛釉用了紫色、碧綠色、淺綠色、赭色和白色，以放射條紋的方式呈現出來，圍繞在兩個疊置的三角形上，並在上面施以透明的釉。在儲藏室文書中，有一封來自亞歷山卓某人的信，他在信中訂購了 50 個陶瓷碗和 10 個來自開羅的彩色裝飾盤。這個碗可以讓我們看到為了配合晚餐服務而特意訂製的容器。

11–12 世紀
埃及

陶土，透明釉下彩繪泥漿
高 6.5 公分，直徑 23 公分
奧斯卡·查爾斯·拉斐爾捐贈
(1932,0615.1)

圖四　水瓶基座

這個基座（kilga）是用一塊大理石雕刻而出，上面裝飾著獅子、神獸和阿拉伯文祈願的浮雕，用來支撐泥製或大理石水瓶。古蘭經反覆地指導穆斯林給口渴者提供飲水，這個基座可能是由某個人作為虔誠的善舉而訂製的，以在公共場所為路人提供飲水。

12 世紀
埃及
大理石
高 40 公分，長 57 公分，寬 40 公分
J. M. 羅傑斯教授捐贈
(1988,1107.1)

3│13 法蒂瑪紡織品：織造工坊生產

隨著阿拉伯人和新統治者的到來，埃及的紡織品生產變成了哈里發和皇家的壟斷產業，由國家的織造工坊（tiraz）控制生產。這個詞的來源是波斯文的 tarazidan，意為「進行刺繡」，織造工坊分為兩種。私人織造工坊是專門為哈里發使用，他的衣物、宮殿裝飾品和代表榮譽的外交禮品衣物都是生產於此。公共的織造工坊提供地方使用、貿易和出口的紡織品。工坊主要位於有紡織傳統的城市中心，例如亞歷山卓或上埃及的艾赫米姆。男性織工是科普特人（源自阿拉伯文 qibti，他們是埃及的主要基督徒人口），他們構成了 10 世紀之前紡織業的主要受雇者，這個現象可以解釋在 7 至 12 世紀之間出現了技術和圖案設計的新一波融合。

在這些工坊中製作出來的紡織品也叫 tiraz（提拉茲），這種織物因為其原創、極具特色的刺繡裝飾而顯得獨樹一幟。它們可以靠邊緣處的庫法體書法辨認出來，這些文字內容中常常出現哈里發的名字、生產地名稱和古蘭經經文，或是一些虔誠祈願的句子。這種織造工坊製品常結合幾何圖形、花草紋樣和動物圖案，都是來自經典的圖案花樣。阿拉伯文字則可見於實用性的紡織品，例如馬鞍衣、居家紡織品如靠墊、掛飾和窗簾，在衣物的袖子和頭巾上也可看到。

圖一　織造工坊織物殘片

最初，埃及工坊織物是在一塊白色亞麻布的底子上以藍色的絲刺繡完成。但自 10 世紀起，主要是用各種顏色的羊毛或絲綢錦緞製成，如同圖中此例。與此同時，更為飄逸的阿拉伯文書體的發展造成了剛勁有力的庫法體書法的減少，織工們轉而採用一種較鬆散、行草風格的字體，見圖中搭配在經典花紋和走獸旁邊的書法。

約 11–12 世紀
艾赫米姆，埃及
亞麻和絲
高 29.5 公分，寬 32.5 公分
(1893,0514.188)

圖二　金光彩陶瓷碎片

除了傳統的 T 形編織長衫以外，法蒂瑪時期的男人、女人和孩童開始穿著東方風格的長衫，這種衣服是用幾塊不同的布剪裁縫合而成。長衫的特點是寬鬆袖子上的提拉茲條帶和彎曲迴轉的花紋交織在一起的圖案。這種樣式和這片金光彩陶瓷碎片上的人物肩膀和上身的圖案相似。

12 世紀中葉
埃及或敘利亞
石膏，不透明白釉上施金光彩
高 13.3 公分，寬 6.3 公分
布魯克・西維爾遺贈
（1986,0415.1）

圖三　哈里里梅卡瑪插圖手抄本書頁

著名的哈里里（al-Hariri，–1122）梅卡瑪（Maqamat，意為「集匯」）插圖為提拉茲條帶提供了視覺證據，在中古時期的伊斯蘭世界裡，這是各地紡織品的共同特色。在這幅出自葉哈雅・伊本・馬赫穆德・瓦西提（Yahya ibn Mahmud al-Wasiti）之手的畫中，主角阿布・載德和他的兒子正在法官面前。畫面中的人身穿不同的衣物，上面不同的顏色標誌著不同的地位，但是他們衣袖和頭巾上都有提拉茲條帶。相似的有字條帶也出現在窗簾和靠枕上。

標註為伊曆 634 年（1236/7 年）
伊拉克
墨水，不透明水彩，黃金，紙
法國國家圖書館
（Ms Arabe 5847, folio 114v）

圖一 瓷磚

這些瓷磚表現的是薩拉丁和獅心王理查（1189–1199 在位）的戰鬥。兩名領袖都參加了第三次十字軍東征的戰鬥（儘管兩人並未見面），這次戰爭被人格化為他們兩人的決鬥。這些瓷磚是英國薩里郡本篤會修道院的地磚。在當時穆斯林的眼中，理查是人們眼中恐懼和尊敬的人物。伊本·阿希爾在 1191 年前後曾將他描述為「一名在他的時代以其勇敢、狡猾、不屈和自制而受到尊敬的人，因為他的關係，穆斯林痛苦地遭受著前所未有的災難折磨。」專門燒製鋪地用瓷磚的做法顯然是由十字軍帶入西歐的，在 12 世紀末和 13 世紀從法國擴散到了英格蘭等地。

約 1250 年
切特西（Chertsey），英格蘭
陶土地磚，鉛釉和鑲嵌泥漿裝飾
H. 滿維英·舍洛克博士捐贈
(1885,1113.9065 9070)

圖二 卡尚七彩碗和拉卡碗

在伊朗（出產卡尚陶瓷器，上圖）和敘利亞北部（出產拉卡陶瓷器，下圖）的陶瓷工坊中，兩者都採用的風格之一是用宮廷人物和場景來裝飾器皿，這種做法很可能是受到了手抄本插圖的啟發。雖然卡尚的器皿是採用釉上彩裝飾和被稱為七彩（見 102–105 頁）的釉下彩裝飾技術，但敘利亞的同樣場景裝飾則只使用釉下彩。

約 1175–1125 年
可能是卡尚，伊朗
石膏，不透明白釉和釉中及釉上彩
高 4.9 公分，直徑 12.8 公分
透過藝術基金會捐贈
(1912,1207.4)

約 1200–1225 年
敘利亞
石膏，透明釉下施以黑色、藍色和紅色彩繪
高 12 公分，直徑 21 公分
(1922,0516.1)

阿尤布王朝和十字軍

後面幾篇所展示的物品，都是製作於敍利亞、巴勒斯坦和位於底格里斯河與幼發拉底河之間的賈茲拉（字面意思為島）地理區域中。在12、13世紀，這個地區經歷了複雜的政治變化：伊斯瑪儀什葉派的法蒂瑪王朝在1171年被薩拉丁（圖一）所建立的阿尤布王朝取代，該王朝又在1250年將統治交給了馬穆魯克（該王朝一直延續至1517年）。西元1099年第一次十字軍攻陷耶路撒冷一事發生得極其突然，給這個被內部衝突撕裂、缺少強力統治者的地區帶來了戲劇性的影響。到1110年時，來自北部和西部歐洲的征服者和定居者已經在中東建立起了四個國家：耶路撒冷、艾德薩（今土耳其烏爾法）、安提阿（今土耳其安塔基亞）和的黎波里（黎巴嫩北部）。雖然在政治層面上有衝突，這些國家的穆斯林被殺害或驅逐，以及一些地方不准穆斯林旅行過境，但在實際層面上，在十字軍、基督徒和穆斯林臣民和他們的穆斯林鄰居之間，存在著緊密的互動。

這個時期的藝術遺產十分精彩。比如在藝術描寫中，所有人都追求和強調騎術和狩獵。來自十字軍控制的安提阿港口的陶器可以在福斯塔特現身，基督教的圖像出現在大馬士革製作的金屬器上，騎士造型出現在彩飾玻璃製品上。一個鍍金玻璃容器的殘片（見115頁）上可能帶有伊瑪德丁·贊吉的名字，他是在1194年從法蘭克人手中攻下艾德薩的統治者；在上面繪製的圖案中包括一隻鷹，反映了地中海地區共有的圖案設計。拜占庭的遺產也在切割玻璃口杯上表現得十分明顯（見114頁）。

在敍利亞和賈茲拉地區製作的金屬器、陶瓷器和玻璃器既展現了延續性，也有創新。這個時期主要的金屬製作中心毫無疑問是摩蘇爾，這裡出產布拉卡斯水壺（見120頁），這種器物在摩蘇爾的統治者白德爾丁·魯魯（1233-1259在位）時期十分著名。有8件屬於他本人或他的宮廷成員的器物保存至今。安達魯斯旅人伊本·賽義德曾在1250年造訪摩蘇爾，他寫道「城裡有許多工藝品，尤其是為統治者進口來的鑲嵌黃銅容器。」鑲嵌金屬器的鑲嵌風格和這些器物本身都在整個地區各處流傳：已知有35件在摩蘇爾、大馬士革和開羅製作的金屬製品和約27名其製作工匠的姓名中出現了後綴「摩蘇利」。

在敍利亞北部，陶器是在好幾個生產中心製作的，其中包括阿勒頗、巴里斯—瑪斯卡納和拉卡。後者曾經是阿巴斯哈里發的一座都城，也以拉卡作為一種由石膏製成的敍利亞陶器的名稱。石膏是一種來自塊狀石英和黏土混合而成的人造纖維，最初是在法蒂瑪時期的埃及發展出來的。在整個地區，石膏都用於陶器生產，其中包括位於伊朗的卡尚，這是陶瓷器生產的主要中心（見102頁）。相比其伊朗近親，敍利亞的纖維更粗糙一些，但是在伊朗和敍利亞的產品間有著十分有趣的風格互動（圖二）。

敍利亞的玻璃工匠也集中在敍利亞的北部，他們精於各種製作技術，其中也包括古代的滾料玻璃（或拉花玻璃）技術。在十字軍統治的地方，玻璃工藝控制在猶太工匠的手中。雖然玻璃是為了在地消費而製作，但是沿著商業和朝聖路線，玻璃技術也被帶到遙遠的異國他鄉。

3│14 玻璃：地中海地區的圖案設計

　　玻璃在地中海東部地區擁有悠久的歷史。在阿拉伯人的征服時，玻璃在中東的生產已經有超過兩千年的歷史了。在十字軍時期，今天的敘利亞、黎巴嫩和以色列／巴勒斯坦海岸地區的玻璃工匠生產出了大量的半成品和成品，既為了滿足當地消費也用於滿足向東和向西的出口貿易。這個時期裡渠道廣泛的文化交流並未嚴重地受到戰爭的中斷，玻璃製品和其他各種商品的貿易延續著，確保了在地中海區域中形成某種程度上的共同文化。

　　這些玻璃製品抵達歐洲後，它們的晶瑩剔透和魅力使其成為稀有的奢侈品，與聖徒和貴族身分產生了聯繫（圖一）。大約同一時期的敘利亞北部，在玻璃上施金光彩的技術被黃金上色所替代，極細的研磨金屬被塗在玻璃表面並經過燒造，可以帶來一層和器皿融為一體的薄色（圖二）。裝飾圖案的細節（例如葉子、羽毛和衣褶）隨後可以用針來展開。

圖一　口杯

海德維希杯（Hedwig beakers），有一組 14 個完整的樣本，長久以來它們就是伊斯蘭藝術領域中一塊難解的拼圖，這些杯子的來源從前伊斯蘭時期的伊朗到近代歐洲，眾說紛紜。它們之所以得名「海德維希」是因為和聖海德維希（St Hedwig，約 1174–1243）有關，她是西里西亞（波蘭西南部）一個聖徒貴族女性，據說她曾經把水變成酒。這些容器上裝飾有獅子、獅鷲獸和老鷹的組合或是花草紋樣。但是，大英博物館的口杯獨一無二，它們上面帶有所有的上述元素。所有的這些口杯都是在歐洲發現的，但大多數學者相信，伊斯蘭和基督教造型混合設計顯示出它們可能出產自西西里或黎凡特地區。化學分析已經證明它們的原材料是來自地中海東部，因為玻璃曾被大量回收利用，所以這些口杯上面可能出現其他地方的時尚。海德維希口杯是中古時期地中海共同藝術文化的實證，上面的花紋可以和拜占庭、諾曼和法蒂瑪藝術風格連結。

約 1150–1220 年
東地中海或西西里
切割玻璃
高 14 公分，直徑 10.8 公分
P. T. 布魯克・西維爾先生出資
(1959,0414.1)

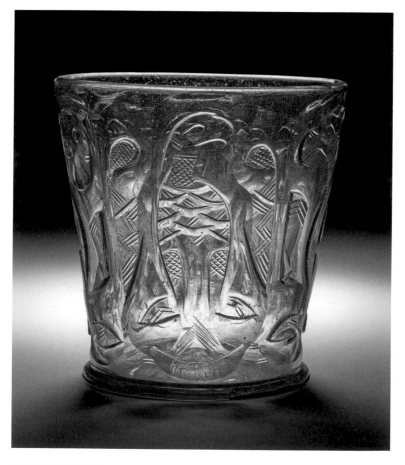

圖二　鍍金玻璃水瓶

儘管如今只剩下殘片，我們仍可以欣賞這個鍍金玻璃水瓶的美。現存的銘文上有題獻給伊瑪德丁的內容，因此一些學者認為這個水瓶是為了 1127 年至 1146 年間統治摩蘇爾和敘利亞北部的攝政王（atabeg）和贊吉王朝的創立者伊瑪德丁‧贊吉製作的。穿著長袖裙子的優雅舞者和遠至西西里和高加索接近同時期的作品形象相似，搭配繁茂的石榴樹，喚起對今世和後世的歡樂想像。較下方的老鷹十分近似於海德維希口杯上的老鷹造型，可以看作是跨地中海文化的標誌，作為皇室和權力的象徵，同樣地被諾曼國王、拜占庭皇帝和塞爾柱蘇丹所珍視。

12 世紀中葉
敘利亞
鍍金玻璃
高 12.8 公分，寬 16.1 公分
(1906,0719.1)

3│15 文化上的互動

在法蘭克人裡，有一些人已經適應了這裡並常常和穆斯林在一起。他們比那些剛從他們的土地上來的人好，但這樣的人只是例外，並不被認為具有代表性。

上面的話是來自於優秀的敘利亞貴族、學者、戰士、文官和獵手烏薩瑪·伊本·孟齊德（1095-1188）關於 11 世紀末時闖入地中海東部的歐洲戰士們的結論。這樣的複雜感情在十字軍和穆斯林中都有體現，因為宗教和政治上的不同無法掩蓋相似的利益、尤其是在那些戰士菁英人士中間。穆斯林和十字軍敘利亞的基督徒貴族擁有許多共同的追求，其中包括以馬為中心的遊獵、馬球和當然不會缺少的戰鬥。雙方之間的器物交流也是司空見慣。從福斯塔特的垃圾堆中發現的繪畫圖像顯示了歐洲式樣的盾牌也獲得穆斯林士兵採用（圖一）。與此同時，敘利亞西北的陶瓷器物在 13 世紀時的地中海地區大量交易，在基督徒和穆斯林的環境中都有仿製（圖二、三）。

圖一　戰鬥場景的繪畫

這張殘紙上精彩地表現著穆斯林和十字軍在一個有圍牆的堡壘前作戰的場面。畫面中央靠下的位置，一個留著鬍子的騎士衝出城，可能殺死了躺在地上的人，死者的馬還在繼續向前衝。兩個弓箭手在堡壘上射擊，兩名拿著長矛的步兵面對著畫面右上角的戰士，後者手持一支大劍和圓形盾牌。這個諾曼風格的盾牌上的細節以及其他人手中拿的風箏形狀的盾牌和兵器、鎧甲，已經足夠明確地說明這幅繪畫完成於 13 世紀，當時由法國國王路易九世領導的十字軍對埃及本土發起了攻擊。

13 世紀
埃及
不透明水彩，紙
高 21 公分，寬 31.4 公分
(1938,0312,0.1)

圖二　刮擦彩繪碗

製作這個碗所使用的刮擦技術（sgraffito）是將上色的泥漿刮除，留出下面更深色的主要部分。這種技術和 12 至 13 世紀的伊朗陶瓷有關，同樣也和來自拜占庭帝國、敘利亞和賽普勒斯的十字軍王國，以及義大利部分地方的作品有關。若不考慮它具體的製作地點，這個碗表現的是中古時期敘利亞和十字軍時期更廣闊世界的交流和互動。

13 世紀
敘利亞北部
陶土，白色泥漿上加以棕色和綠色的切割裝飾，透明釉
直徑 26.3 公分
(1931,0716.1)

圖三　盤

聖西蒙港（Port St Symeon，今天稱薩曼達厄〔Samandağ〕，史稱米納〔al-Mina〕）是十字軍的安提阿城的海上出口。這個聖西蒙碗受到了法蘭克、伊斯蘭和拜占庭的影響。這些陶瓷器的樣子最初是來自伊斯蘭世界東部，但整體的裝飾設計主要反映出當地十字軍的品味和文化多元性。儘管在安提阿城內外，存在著多個陶瓷生產中心，但這個容器可能是在聖西蒙本地製作的。將這種陶瓷類型描述為「十字軍陶瓷」會讓事情變得複雜，因為在馬穆魯克人於 1268 年征服安提阿之後，這個地區仍繼續生產這樣的陶瓷。

13 世紀或 14 世紀初
哈泰省，土耳其
陶土，白色泥漿上加以棕色和綠色的切割裝飾，透明釉
直徑 19 公分
(1937,0317.5)

3｜16 中古時期敘利亞的藝術

　　在阿尤布宮廷和早期的馬穆魯克統治者的贊助下，各門藝術在中古時期的敘利亞繁榮了起來。大馬士革製作的鑲嵌金屬器，如圖二的這個帶有基督教場景的香爐，表現出器物是為了各種各樣的贊助人而製作的，既有基督徒，也有穆斯林。在卡尚和伊朗其他地方製造陶器的同時期（見 102-105 頁），敘利亞北部燒造的陶瓷器是在幼發拉底河沿岸的幾個生產中心製作的，拉卡（圖三、四）就是其中之一，而且敘利亞的工坊也和高級玻璃的生產有關。

圖一　杜利耶羅玻璃瓶

這種可以呈現出對比色和波浪式花紋的滾料拉花玻璃技術，其根源來自羅馬時代末期。在 12 至 14 世紀之間，這項技術在敘利亞的工坊中達到巔峰。圖中這個來自敘利亞的玻璃瓶是這類製品中的佼佼者，據說它是在位於今日土耳其境內的阿達納發現的。在中古時期，阿達納是一個活躍的商業中心。這個瓶子的名稱是來自它之前的擁有者約瑟夫—安吉·杜利耶羅。

13 世紀
敘利亞
玻璃，自由吹製再滾料拉花
高 20 公分，直徑 11 公分（最大處）
查爾斯·費爾法克斯·穆雷和威廉·勞凱特·艾紐捐贈
(1913,0522.39)

圖二　鑲嵌香爐

香爐的造型源自拜占庭時期流行的一種樣式。它加入了豐富的鑲嵌白銀，這種技術是 13 世紀初在摩蘇爾的工坊中發展出的遺產。在蓋子和爐體上有教會人物造型，他們手中拿著香爐和其他與基督教會儀式有關的器物。雖然沒有銘文，但很可能是為了一個基督徒贊助人製作的。

約 1250–1300 年
敘利亞，可能是大馬士革
鑄黃銅，上部有鏤空，鑲嵌白銀
高 20.5 公分，寬 13 公分
約翰・亨德森遺贈
(1878,1230.679)

圖三　拉卡盤

盤子上繪有抽象的葉子圖案，上面有一片模糊的彩色印記，這是因為埋在土中造成釉的表面破損。

12 世紀末 –13 世紀初
拉卡，敘利亞
石膏，孔雀綠釉下黑彩
高 6.8 公分，直徑 25.4 公分
(1926,0423.1)

圖四　拉卡比風格的拉卡盤

盤上繪有一隻人頭鳥（harpy），這個盤子的裝飾風格被稱為「拉卡比」（Laqabi-style），圖案是刻在表面上，然後再用不同的顏色上色。「拉卡比」的波斯語意思是「沾水漬的」，這個名詞是由 1930 年代的骨董商所發明。

這種風格的器皿也在卡尚製作。

12 世紀末 –13 世紀初
拉卡，敘利亞
石膏，以藍色和棕色的切割上色，上面是一層透明釉
高 6 公分，直徑 42 公分
(1923,0217.1)

3│17 布拉卡斯水壺和摩蘇爾的金屬製品

　　位於今日伊拉克境內的摩蘇爾在 13 世紀時，是高級鑲嵌金屬工藝的重要生產中心。金屬器工匠在嵌入白銀和其他種類的金屬方面造詣精湛，這門技術最初是在一個世紀以前的赫拉特發展出來的（見 94 頁）。有很多物品上面都有 al-Mawsili 的人名後綴，而且在 1250 年時，造訪了摩蘇爾的旅人伊本·賽義德提及了這座城市享有金屬工藝中心的盛名。很多器物的銘文中無疑地說它們是在摩蘇爾製作或者和摩蘇爾的統治者白德爾丁·魯魯有關，儘管仍有其他的器物是在大馬士革和其他地方製造出來的，例如一個占卜工具（見 73 頁）和一個星球儀（見 49 頁），但這兩件器物上的工匠簽名都使用了 al-Mawsili（摩蘇爾的）後綴。詳盡的研究已經發現了金屬製品工匠的網絡是透過一個師徒系統來維繫的，這個系統製作出摩蘇爾風格的器物長達近一個世紀。

圖一　布拉卡斯水壺

這個水壺的名字是來自其前任收藏者皮埃爾·路易·讓·杜克·德·布拉卡斯（–1866），水壺上鑲嵌了製作的日期和地點——伊曆 629 年在摩蘇爾製作——以及它的製作者，舒賈·伊本·曼阿·摩蘇利。雖然這個製作者的名字並沒有出現在任何其他現存器物上，但是已知他是來自摩蘇爾的一個重要家族。這個水壺以黃銅製成，是精湛的鑲嵌技術巔峰的最好例子，上面有精細的銀線百轉千回地構成圖案，還有小塊的銀和銅被置入在黃銅雕刻的空隙中。

標註為伊曆 629 年 7 月（1232 年 4 月）
摩蘇爾，伊拉克
黃銅，鑲嵌，水壺的壺嘴和足遺失，把手為替換品
高 30.4 公分
(1866,1229.61)

圖二　鑲嵌黃銅盒

這個黃銅盒是為庫德裔將軍白德爾丁·魯魯製作的，這位統治者不僅是一個偉大政治家，也是一名熱忱的藝術贊助者。這一件器物是他訂製的5件存世金屬製品中的一件。圍繞在邊緣處的銘文寫出了他的全名和頭銜：「讚美我們的主人阿塔貝·馬利克·拉希姆，睿智的、公正的、受真主援助的、攻無不克的、無往不勝的、信士的戰士、伊斯蘭之守護者、白德爾·頓亞瓦利丁·魯魯，信士領袖之利劍。」鑲嵌銀絲的裝飾顯示出了和布拉卡斯水壺的近似之處，嵌銀的效果更因背景的黑色膏狀物得以凸顯。合葉和把手是後來添加的。

1233–1259 年
摩蘇爾，伊拉克
黃銅，鑲嵌裝飾
高 9.8 公分，直徑 11 公分
約翰·亨德森遺贈
(1878,1230.674)

圖三　布拉卡斯水壺上的細節

布拉卡斯水壺上的裝飾描繪了宮廷生活場景：坐在寶座上的統治者、樂手和遊獵者。圖中顯示的是其中的一部分，有一個女人坐在駱駝背上的轎（howda）上，身邊有僕人陪伴。工匠用來自細密畫的手法表現了人物的臉、衣物和動物，用一個尖銳的工具精巧地畫在薄薄的嵌銀表面。

(1866,1229.61)

金出於火：金光的故事

它們燒製均勻，發出紅色的金光，像太陽光一樣閃爍。

（阿布‧卡西姆‧卡尚尼）

在 1301 年，陶匠阿布‧卡西姆‧卡尚尼在他位於卡尚的工坊中寫了一篇關於陶器生產的專著。他出自一個陶工世家，家族中連續幾代人都在他們的作品上簽名。除了描述如何製造石膏（見 102 頁）外，他在專著中也描述了製作金光器皿的細節和過程。這門技術是為了模仿貴重金屬的外觀，也可能是大理石或是寶石，是伊斯蘭世界的陶瓷工匠給世界陶瓷帶來的最重大貢獻。

這種技術包括把銀和銅的氧化物混合在一起，加入一點醋，隨後在已經燒製過一遍的容器或瓷磚表面上色。之後再將容器或瓷磚放入還原窯再次燒製，在窯內的低氧狀態下，含金屬的混合物會分解，在釉上創造出一層含金屬的薄膜。只有在器物從窯中取出並經過清理之後，才會如前文中的阿布‧卡西姆所讚嘆的那樣，呈現出光亮的金屬色澤。這門技術在 9 世紀時的伊拉克陶瓷發展到了完美境界（圖二），透過尋找新贊助人的工匠移動，這種金光彩繪技術在 10 至 14 世紀之間也為埃及、敘利亞和伊朗所採用。經由埃及，這項技術傳入了穆斯林西班牙（見 134 頁），又從此進入義大利（圖三）。

達到金光效果的複雜方法一直被視作神祕莫測，具體工序被當作機密守護。著名的義大利陶匠皮科帕索在他 1558 年的陶器專著中說：「很多人把『窯』建在家中，在嚴密的看護下鎖著門燒製，因為他們把這看作是祕密，並且說整套技藝的奧妙都在於此。」在 19 世紀，這門技術被偉大的英國陶匠威廉‧德‧摩根重新發明出來（圖四），這門技術最知名的當代技師是阿蘭‧凱格─史密斯。

圖一　埃及玻璃碗

伊拉克工匠實現的金光技術和埃及在西元 6、7 世紀運用在玻璃上的技術有關。但是在玻璃上，含金屬的顏料產生的效果不同，創造出的是較暗的色澤。這個碗是在阿特菲（Atfīh）發現，這裡是古代的阿芙蘿黛蒂城（Aphroditopolis）。

約 11 世紀
埃及
模具吹製玻璃
高 8.5 公分，直徑 10.9 公分
(1902,0517.2)

圖二　金光彩碗

伊拉克的陶匠使用許多顏色來呈現光澤，其中也包括鮮豔的紅寶石色。在薩瑪拉哈里發宮殿中曾經找到過金光器皿，這種器物究竟是在伊拉克何處燒造，一直以來都有爭論。例如圖中的碗，模仿的是進口的中國陶器（見 84 頁），但這些陶器又不同於它們的中國原型製品，使用了白錫釉的表面，作為各種彩色花紋的調色板。

約 9 世紀
伊拉克
陶土，不透明白釉上施以金光彩
高 7 公分，直徑 20 公分
阿蘭・巴羅爵士及娜拉・巴羅夫人捐贈 (1956,0728.2)

圖三　金光彩盤

西班牙—摩爾金光器皿，是從 14 世紀中葉開始，在馬尼塞斯和格拉納達這樣的中心製作的，這種器皿獲得了巨大的商業成功。因此從 15 世紀中葉開始，也在義大利流行起來，義大利的工匠們自己掌握了這項技術，關鍵的燒造中心位於德魯塔（Deruta）和古碧歐（Gubbio）。就像圖中的例子一樣，義大利金光器皿的裝飾圖案常出自文藝復興時期的繪畫。

1500–1520 年
德魯塔，義大利
陶土，在不透明白釉上施以金光彩
高 7.9 公分，直徑 41.5 公分
約翰・亨德森遺贈
(1878,1230.376)

圖四　藝術與工藝金光瓷磚

威廉・德・摩根（William de Morgan, –1917）從 1870 年代開始製作金光器物。他十分熟悉伊斯蘭陶瓷並且受其啟發，常常在作品中表現鳥和動物。

約 1888–1905 年
倫敦
陶土，在不透明白釉上施以金光彩
高 15.3 公分，寬 15.3 公分
(1980,0307.173.d)

馬穆魯克王朝和納斯爾王朝

兩個同時期統治穆斯林世界不同部分的王朝，給贊助行為和藝術帶來深遠影響：統治埃及和敍利亞的馬穆魯克（1250-1517）、格拉納達的納斯爾王朝（1232-1492）。

馬穆魯克是一個由年輕奴隸組成的軍事貴族群體，mamluk 的意思是「財產」。這些年輕奴隸最初是被阿尤布王朝的蘇丹們從黑海以北的草原送到埃及和敍利亞。馬穆魯克分成兩個群體，一種是巴赫里馬穆魯克（1250-1382），名稱是源於尼羅河上的勞達島兵營，巴赫里意為「河流的」，在族裔上，他們主要是來自今天烏克蘭領土的欽察人。另外一群是布爾吉馬穆魯克（1382-1517），名稱來自他們駐紮的 burj（意為堡壘），他們主要是來自高加索的切爾克斯人。馬穆魯克以開羅為都城施行統治，他們在這裡修建了宏偉的建築（圖三；見 10 頁）。他們建立的帝國十分強大，領地一直延伸到漢志（今沙烏地阿拉伯境內），並且守護著麥加和麥地那兩大聖城。他們還創立了帳轎的傳統，以帳轎帶領一年一度的隊伍，熱熱鬧鬧地從開羅前往麥加朝聖（圖一）。

馬穆魯克藝術中一個顯明的特色是常常出現紋章標誌，反映出複雜、等級制的政府結構。中古時期的編年史作者指出，在之前的阿尤布王朝中出現的徽章圖案有鳶尾花和雙頭鷹，這給馬穆魯克人使用的紋章帶來了影響。紋章也同樣在歐洲使用，雖然傳統上的觀點認為穆斯林統治者採用徽章的做法來自於西方，然而近年來的學術研究成果顯示，也許更可能的是，西歐的紋章是在第二次十字軍東征（1145-1149）之後發展出來的。像上面提到的那些紋章設計，連同其他的樣式，比如十字軍在抵達這個地區後遭遇的第一個敵人——魯姆塞爾柱旗幟上的紋章，都曾清晰地出現在各種器物上。另外，還有一些用來形容法國紋章的詞彙，例如 guelles，是源自突厥語和波斯語的詞彙 gul，意思是「花」或「玫瑰」。

在伊斯蘭世界裡，正是在馬穆魯克人的統治時期，紋章系統（rang，源於波斯語「顏色」）發展成熟。雖有一些紋章直接與特定的人物有關，例如蘇丹拜巴爾使用獅子作為代表，而其他的紋章則指出特定的宮廷位階。因此，杯子圖案表示侍飲者，筆盒代表文官祕書，餐巾代表掌管長袍的人，而劍則代表侍劍者的身分（見 127，131-132 頁）。

納斯爾王朝是統治西班牙的最後一個穆斯林王朝。1232 年，穆罕默德一世在格拉納達省建立蘇丹國，將這裡的紅色堡壘變成一個華美的宮殿，就是留存至今的阿爾罕布拉宮（圖二）。在基督教西班牙包圍下，納斯爾王朝不僅成功維持勢力，還創造出了一個無與倫比的文化中心，讓來自整個穆斯林世界的學者和詩人都蜂擁而至。伊本·赫勒敦，其歷史著作《歷史緒論》至今仍然被廣為閱讀，他就擔任過納斯爾王朝的大使。

歷經 200 年的國祚之後，阿拉貢和卡斯提爾聯盟給納斯爾王朝押上了終結的印章，這一年是 1492 年，最後一位蘇丹，穆罕默德十二世（阿布·阿布杜拉）流亡到摩洛哥，他的多數穆斯林和猶太臣民也來到了這裡。

3│19 彩飾玻璃

　　13 和 14 世紀埃及和敍利亞的玻璃工匠們的重大成就之一是在玻璃上面加彩飾（圖一、二）。這些器物在阿尤布和馬穆魯克蘇丹的贊助下製作，非常受人喜愛，不只是為地方贊助人製作，而且還出口到歐洲各地，影響了義大利的玻璃製造。在進行彩飾或鍍金之前，玻璃工匠會先給容器定形。顏料是來自於不透明水彩上色的玻璃或黃金變成的粉末和一種油性介質（例如阿拉伯膠）混合而成的。為清真寺製作的燈是工序最繁雜的器物之一，這種燈是為開羅和大馬士革的清真寺或聖陵作為室內照明。

圖一　彩飾玻璃水壺

這個玻璃水壺身上的裝飾是由複雜的圖案設計形式結合起來的。位於兩邊的是頭上有光圈的騎馬者。這些人無疑是基督教的戰士聖徒，他們的衣服和頭飾都是十字軍樣式，尤其是其中一個人物頭上的茶壺樣式頭盔。然而在人物下方，圓章中有一個坐著的女性豎琴演奏者，身邊是一杯紅酒和一盤水果。交織在一起的花草紋樣是另外的一個特色，在葉蔓的盡頭出現了人和動物的頭（見 25 頁）。

約 1275–1300 年
敍利亞或埃及
鍍金和彩飾玻璃
高 22.5 公分，直徑 21.3 公分（最寬處）
菲利克斯・斯雷德遺贈
(1869,0120.3)

圖二　一對清真寺燈

這些燈上寫著一個埃米爾（首領）的名字：賽義夫丁・土庫茲達姆爾，他是敘利亞哈瑪的省長和馬穆魯克蘇丹納斯爾・穆罕默德・伊本・卡拉溫（1293–1341在位）手下的集會首領。燈嘴處的銘文寫著古蘭經「光明章」的經文：

真主是諸天與大地的光，祂的光好似壁龕中的一盞明燈，那燈被玻璃罩著，那玻璃好像燦爛的明星。（古蘭經 24:35）

在歐洲風格的盾牌形輪廓裡有兩個符號，一個杯子和一隻老鷹：杯子象徵著土庫茲達姆爾的位階是侍飲者，老鷹則是他的個人紋章。這對燈本來應該是用鎖鏈串著，掛在清真寺或是聖陵中（見124 頁圖三），在底座內部有一個放油和燈芯的窄管。

約 1330–1345 年
埃及或敘利亞
鍍金和彩繪玻璃
高 33 公分，直徑 25 公分（最寬處）
菲利克斯・斯雷德遺贈
(1869,0624.1–2)

127

3│20 馬穆魯克金屬器物

　　金屬鑲嵌傳統的起源是 12 世紀時的赫拉特（見 94-97 頁），後來在摩蘇爾（見 120-121 頁），13、14 世紀時在敘利亞和埃及（圖一至五）以及伊兒汗國時期的伊朗興盛（見 142-143 頁）。來自 13 世紀末的設計中包括中國蓮花（圖二）和飛翔的仙鶴，這是這個時期在各項藝術門類中都出現的蒙古影響的標誌。各種形制的金屬器物是為本地市場製作，但是這樣的器物在歐洲也十分有銷路，尤其是特別為義大利贊助者訂製的器物（圖五）。

圖一　香爐

這個球形香爐是為一位重要的馬穆魯克埃米爾，白德爾丁·貝薩里製作的，他在 13 世紀中葉侍奉過兩位馬穆魯克蘇丹。他的紋章是一個雙頭鷹，上面的銘文中寫著他的名字和頭銜，明顯地圍繞在球體上。球體的內部有一個平衡環，煤和香都可以放置在有平衡環支撐的容器裡，煙和香氣會從鏤空的表面散發出來。

約 1270 年
開羅
黃銅嵌銀
直徑 18.4 公分
約翰·亨德森遺贈
(1878,1230.682)

圖二　盆

這個漂亮的盆是為這個時期最重要的一位贊助人，馬穆魯克王朝的蘇丹，納斯爾·穆罕默德·伊本·卡拉溫製作的。已知他曾經訂製過大量的器物，也和開羅等地數量眾多的建築物有關係。盆上有令人印象深刻的精彩銘文，寫著他的名字和頭銜，背後的底色圖案是中國蓮花。這個盆上面也有他的題字紋章「榮耀我們的主人蘇丹納斯爾丁」。這種風格的紋章是他所開創的，並且為後來的歷屆蘇丹所沿用。

約 1330 年
開羅或大馬士革
黃銅，內嵌白銀和黃金
高 22.7 公分，直徑 54 公分
(1851,0104.1)

圖三　水壺

水壺上面的粗體阿拉伯文讚美的是一位不具名的蘇丹的美德，優美的字體中每一個字母的末尾都成為火焰的樣子。另一個裝飾上的特點是把手底部的圓章內填滿了飛翔仙鶴的圖案。

1250–1300 年
大馬士革或開羅
黃銅嵌入白銀和黃金
高 28.5 公分
(1887,0612.1)

圖四　午飯盒

這個盒子，關合用的軸已遺失，是由一組不同的容器組成的。密集的幾何圖案裝飾條框是典型的馬穆魯克後期的樣式，並列出現重複的銘文：

欣賞我的美麗的人們，將在我這

裡找到眼中愉悅，我具備的形式乃包含所有優美的精華。

15 世紀
大馬士革
黃銅，雕刻裝飾
高 18.4 公分
(1908,0328.2)

圖五　蠟燭臺

這個蠟燭臺上有義大利的盾徽，可能和威尼斯的波爾度（Boldù）家族有關；這個紋章可能是在歐洲添上去的。在燭臺的周圍描繪了動物打鬥的場面。

約 1400 年
大馬士革
鑄黃銅，嵌入白銀和黃金
高 12.4 公分
約翰·亨德森遺贈
(1878,1230.721)

3│21 馬穆魯克陶器

馬穆魯克時期的埃及和敘利亞有十分龐大的陶瓷器製造業，生產類型廣泛的容器和瓷磚。主要生產中心是福斯塔特（老開羅）和大馬士革。在福斯塔特發現了大量的陶器碎片，有當地燒製的，也有從中國進口的青花瓷和青瓷。這兩樣進口品都對在地的陶工產生了影響，馬穆魯克器物常常展現出生機勃勃的混合風格，將中國的植物元素和在地花紋結合（圖一）。風格上十分不同的是在開羅燒造的實用陶土器皿，這種器皿的特徵是上面帶有和實用作用相關的紋章（圖三）。藍白色的瓷磚用來裝飾世俗和宗教建築，有一組藍白瓷磚仍原地不動地保存在馬穆魯克高官顯要哈爾斯丁·哈利勒·塔烏里茲位於大馬士革的陵墓上，這些瓷磚的年代推測約 1420 年，上有一位自稱哈伊比的陶工簽名，他的名字後綴也是 al-Tawrizi，表示和伊朗的大不里士有關，這也給其他脫離製作背景的類似瓷磚的年代認定提供了框架（圖二）。

圖一　馬穆魯克彩罐

像圖中這樣的瓶子是出口到歐洲的，上面畫滿了藥劑師會使用的草藥植物和香料。這樣的器形在義大利被固定下來，在義大利製作的彩陶（majolica）被稱為 albarello。這個罐子上的圖案巧妙地結合了中國和在地元素：肩部的蓮花花瓣和藍的葉蔓都是直接來自中國瓷器，它們之間穿插著黑色植物，有可能是莎草花或是水草。

約 1430 年
埃及或敘利亞
石膏，在透明釉下施以藍色和黑色彩繪
高 32 公分
(1987,1119.1)

圖二　孔雀瓷磚

如同器皿上的裝飾，15 世紀的敘利亞和埃及的建築上的瓷磚，也都表現出同樣的融合風格。這個瓷磚上的孔雀周圍是中國風的花草細枝。

約 1430 年
埃及或敘利亞
石膏，在透明釉下施藍色和黑色彩
高 26.1 公分
(1905,1128.1)

圖三　刮擦彩繪碗

和馬穆魯克統治下的福斯塔特陶坊有關，這種陶器的風格主要是用綠色和棕色的刮擦圖案，在裝飾中常常包括銘文和紋章。這裡的阿拉伯文重複著一句話，「真主喜愛的一個」，菱形圖案代表著掌管長袍的職位。

14–15 世紀
埃及
陶土，透明釉下有切割裝飾的白色泥漿和棕色、綠色彩繪
高 12.5 公分，直徑 23.5 公分
M. 斯托拉捐贈
(1908,0722.1)

3│22 馬穆魯克紡織品

　　政治、環境和新的馬穆魯克統治者們的品味直接影響了紡織品貿易，導致了埃及紡織品歷史明顯的轉向。從 13 世紀開始，幾次嚴重的尼羅河洪災和對亞麻的過度稅收，造成亞麻減產及在紡織品產業使用的下降，從而使絲和棉受惠。1250 年後，織造工坊的生產漸漸下滑，直到 1341 年私營的皇家工坊正式關閉。和新政權有關的宮廷圖案設計隨後變成了衣物紋章（圖一）。

　　衣著習慣和風尚也面臨著改變。衣著——以材質和顏色而言——成為社會階層和宗教的重要標誌。為了與他們的前任和之前的主人阿尤布王朝保持一致，馬穆魯克王朝選擇黃色作為王朝的顏色，綠色則是先知穆罕默德後代穿著的顏色，猶太人和基督徒穿藍色。襯衫和過臀長衫最早是在法蒂瑪時期出現的，用不同的布匹剪裁並縫合在一起，是這時期男人、女人和兒童最普遍的衣物。顏色鮮豔的各種條紋、幾何圖形是這個時期的時尚（圖二、三）。刺繡是用來生產有馬穆魯克特色圖案的主要技術，因為它極適合用於創造方正、對稱和富有平衡感的設計（圖四）。顧客在訂購衣物和大片居家紡織品時，可以從埃及紡織品製造中心城市裡的大巴扎所提供的樣子中選擇自己喜歡的圖案、材質和織法。

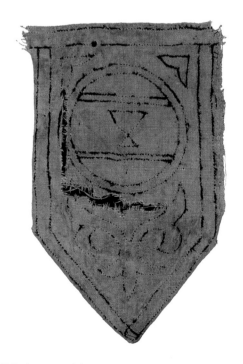

圖一　紡織品三角旗

這個素色棉的三角旗上有一個黑色的刺繡亞麻圖案，是一個侍飲者的紋章：一個無柄的杯子位於一個圓圈中，由棕櫚樹葉裝飾花紋所圍繞。這個旗幟的表面上有亞麻塗層，提供一種閃亮順滑的效果，這是在法蒂瑪和馬穆魯克埃及處理最珍貴紡織品的典型方法。此旗幟是縫製來作為紋章，掛在馬穆魯克埃米爾或軍事指揮官的帳蓬外面。

約 14–15 世紀
開羅或福斯塔特，埃及
亞麻、棉、蠟
高 21 公分，寬 10 公分
(1979,0704.1)

圖二 袖子邊

這個袖子上裝飾了多彩條紋，代表了新的馬穆魯克時尚。這樣的圖案和材質在宮廷中尤其受歡迎，常常出現在象徵榮譽的長袍上。袖子可能屬於一個年輕人的長衫，其樣式和今天埃及人仍在穿著的 gallabiyya 形式類似。

約 14–16 世紀
埃及
棉和絲
高 14.5 公分，寬 22.5 公分
威廉·約瑟夫·邁爾少校捐贈
(1901,0314.42)

圖三 雕刻細部（書封的一部分）

這個僕人手中拿著一個水壺和一張餐巾，身上穿著代表馬穆魯克時尚的衣物。他的長衫上有幾何圖形和風格化的植物圖案，可能是刺繡或是用絲織圖案製成。他的靴子上有一個餐巾形狀的紋章，代表其職務是宮廷中的掌長袍者。

約 1340–1370 年
開羅，埃及
象牙
長長 17.5 公分，寬 3 公分
奧古斯都·沃拉斯通·富蘭克斯爵士捐贈 (1874,0302.7)

圖四 布料殘片

這塊布上的幾何圖形設計是馬穆魯克紡織品生產的典型特徵。用深藍色的棉刺繡在一張亞麻平紋布上，主要的圖案是重複出現的 Z 字形，在頂端有小花，而且在邊緣包括有菱形和有稜角的交織圖案。這樣的布料常常在馬穆魯克墓地中發現，根據它的形狀，有可能是肩帶或是纏頭巾。

約 13–14 世紀
福斯塔特，埃及
亞麻和棉
長 23 公分，寬 12 公分
威廉·約瑟夫·邁爾少校捐贈
(1901,0314.8)

3│23 納斯爾王朝的格拉納達

　　來自北非的阿拉伯和柏柏人在 711 年將伊斯蘭帶入了安達魯斯（今西班牙和葡萄牙）。直到 1492 年納斯爾王朝滅亡，安達魯斯見證了一段興盛繁榮的文化和文明，既影響了伊斯蘭世界，也影響了歐洲。納斯爾王朝的統治者們自 1232 年開始修建位於格拉納達的阿爾罕布拉宮，這是伊斯蘭建築在世界上最知名的例子之一（見 113 頁）。宮殿建築既有器物的裝飾（圖一）也有建築元素的妝點（圖二），表現出納斯爾王朝的力量和財富，甚至當面臨來自北方越來越氣勢洶洶和有攻擊性的基督教統治者的攻勢時也仍舊如此。然而，格拉納達工匠的技藝能夠超越宗教分歧，為所有人欣賞，它的影響甚至超越了西班牙本身（圖三）。

圖一　西班牙罐

這種罐子被稱為「阿爾巴列羅（albarello）」，和存放藥材有關，是源自更早時期的伊拉克、敘利亞和埃及的器物。它們也被西班牙南部的陶匠們大量製作，這些陶匠很多是生活在基督徒控制下的穆斯林，被稱為「順民（mudejars）」，這個名稱源自阿拉伯語的 mudajjan，意為「被馴服的」。圍繞容器頸部的阿拉伯文明顯地將這件器物和穆斯林文化背景連結在一起，人們相信它曾是格拉納達的納斯爾王朝統治者的財產。

14 世紀
馬尼斯或格拉納達，西班牙
陶土，不透明白釉上面施以金光和藍色
高 29.5 公分，直徑 9.5 公分
伊迪絲·古德曼小姐遺贈
(G.585)

圖二　阿爾罕布拉瓷磚

這個瓷磚是一個旅行者在 1791 年從阿爾罕布拉宮取得的。在中央的盾形標誌中的文字是納斯爾王朝歷代統治者的座右銘：wa la ghalib ila Allah（除真主以外，別無勝利者）。納斯爾王朝製作的各種器物，從建築裝飾到錢幣及兵器，上頭都能看到這句話。

14 世紀末
馬拉加或格拉納達，西班牙
陶土，在不透明白釉中切割並在釉上上色
高 19 公分，寬 19 公分
尊敬的安·塞莫爾·達莫女士捐贈
(1802,0508.1.a)

圖三　馬轡頭

這是現存唯一一個安達魯斯時期製作的轡頭，它是一件奢侈品，很可能曾經用在一個位高權重者的馬身上。相似圖案設計的兵器和鎧甲，也曾在伊比利半島的最後一個穆斯林王國格拉納達製作，它們與 15 世紀的末代統治者穆罕默德七世（阿布·阿布杜拉，1482–1492 在位）有關。無疑地，這個馬轡頭和相似的器物是皇家工坊製作的，但擁有這些物品的是穆斯林和基督徒贊助人。上面的圖案與這個時期的格拉納達建築物（包括阿爾罕布拉宮在內）的圖案非常接近。在義大利文藝復興時的威尼斯畫派畫家文森佐·卡特納的一幅畫中，曾描繪過一個非常類似的馬轡頭，顯示出文藝復興時的歐洲人對伊斯蘭器物有極高評價。

15 世紀
格拉納達，西班牙
鍍銅和彩繪皮革
長 38 公分，寬 21 公分
奧古斯都·沃拉斯通·富蘭克斯爵士捐贈
(1890,1004.1)

圖一 刻有賈拉魯丁·花剌子模沙名字的碑石

這塊大石頭上裝飾著葉片狀的米哈拉布（mihrab）拱門和寫有蘇丹賈拉魯丁·曼古博提·花剌子模沙名字的柱子。他是花剌子模最後的重要統治者（1220–1231在位），是阿拉魯丁·穆罕默德（1200–1220在位）之子，這位統治者以招來成吉思汗在1219年對花剌子模的入侵而知名。

標註為伊曆628年（1230/31年）
內沙布爾，伊朗
石頭，雕刻
高50公分，寬29公分，厚32公分，重量35公斤
(1990,0612.1)

圖二 伊兒汗手抄本書頁

書頁上的畫來自於詩人阿布·卡西姆·菲爾多西（–1020）創作的《王書》中的內容，描繪伊朗王子伊斯凡迪亞（Isfandiyar）和父親一起和圖蘭人（突厥）作戰。雖然被圖蘭人古爾薩（Gurgsar）打傷，他仍然成功地用套索套住了對手。這本手抄本屬於最早繪製的一批《王書》，一般認為來自伊兒汗時期。

約1300年
可能是巴格達，伊拉克
墨水，不透明水彩，黃金，紙
高17公分，寬13.4公分
伯納德·艾克施泰因爵士、從男爵遺贈（1948,1211,0.22）

圖三 星形瓷磚

可能來自吉亞希亞經學院，這塊瓷磚上的裝飾使用的是在14世紀以前發展出來的乾繩（cuerda seca）技術，用錳讓顏色在燒製過程中不會滲漫和相互干擾。

約1442–1446年
吉亞希亞經學院，哈爾戈德（Khargird），伊朗
石膏，多彩釉，使用錳和貼箔法
直徑39.5公分
伊迪絲·古德曼小姐遺贈
(G.486)

伊朗和中亞：蒙古遺產

蒙古人在 13 世紀發起的侵略改變了前近代世界的歷史走勢。生活在歐亞草原上的部落一路向西，席捲了中亞、中東、高加索和俄羅斯。他們也向東進入中國，最終打造出一個人類已知最大的陸地帝國。蒙古人的血腥征伐最初是為了報復花剌子模人，烏塔（今哈薩克境內）的執政官曾於 1217 年粗暴對待了蒙古人的使團（圖一）。最初的蒙古軍隊由帝國的建立者成吉思汗率領（1206-1227 在位），1227 年成吉思汗死後，繼任者們繼續他的征伐，導致阿巴斯哈里發國家的都城巴格達在 1258 年被洗劫，最後一位積極統治的哈里發被處死。

雖然在征服的過程中，蒙古人給人類造成了罄竹難書的破壞，但是蒙古人放過掌握手藝、專業的工匠的性命，他們的技藝可以在蒙古政權的新城市中心發揮作用。另外，蒙古統治者們越發意識到需要改變游牧的生活方式，接受他們所征服的定居文明，這些文明中最具影響力的即中國和伊朗。

在蒙古時代，伊朗和中國之間進行了熱絡的交流與文化輸送，這讓伊兒汗國（蒙古統治的伊朗和中亞）的藝術發生巨變。受到中國影響的審美觀從早期便出現在伊兒汗的視覺文化中，顯現在紡織品、手抄本插畫和裝飾、陶瓷器、金屬器和木器上，在建築裝飾上達到了偉大的規模。與其他伊兒汗國的社會——政治及文化遺產一起，這種藝術上的特徵在該王朝滅亡許久之後依然延續，最終成為一個標準化的波斯視覺藝術經典特色，在突厥—蒙古出身的游牧民族軍事領袖的領導下發展到高峰。帖木兒（西方稱為 Tamerlane，是 Timur-i lang 跛腳者帖木兒的訛稱）於 1336 年出生在撒馬爾罕附近的巴魯剌思氏突厥部落，這個部落自從蒙古入侵後就歸信伊斯蘭。他娶了成吉思汗家族的公主，從而形成了與成吉思汗家族的聯繫，建立起帖木兒王朝，並殘酷無情地追求他的蒙古先輩們曾經取得的領土。像先輩們一樣，他也放過有手藝的工匠和藝術家的性命，將他們重新安置在撒馬爾罕和赫拉特。

帖木兒將帝國從中亞擴大到伊朗、伊拉克、敘利亞、土耳其東部和部分俄羅斯南部與印度，他在 1405 年死於征討中國的途中。他的繼任者們，尤其是其子沙魯克（1405-1447 在位），他缺少軍事能力，帶領著一個碎片化的割據帝國，直到周邊勢力的到來，最終在 1507 年滅亡。在西部，土庫曼人的黑羊和白羊王朝占據了伊朗西北部的大不里士，與此同時在東邊，烏茲別克人的昔班尼王朝從帖木兒人那裡獲得權力，構成對伊朗薩法維王朝統治的挑戰。在占領了赫拉特後，烏茲別克人迫使帖木兒王朝的末代王子巴布爾逃向了他在費爾干納和喀布爾的領地（他隨後成為蒙兀兒王朝的建立者）。

波斯化的文化在帖木兒王朝時期十分繁榮，國家建立了包羅萬象的文化工程，將伊朗的、伊斯蘭的和自己的中亞草原傳統融入了建築、書籍藝術和其他的可攜式藝術裡。雖然這個帝國只延續了 100 年，但是其成熟完善的藝術成就創造了後世的藝術家將從中獲取靈感的豐富遺產，分別影響了薩法維伊朗、烏茲別克中亞、蒙兀兒印度和奧斯曼帝國各地工匠。

3│24 伊兒汗金光彩瓷磚

　　金光彩的品質和製造在 1220 年代的伊朗經歷了嚴重衰落，但是 1260 年代開始又再次復興。在伊兒汗時期，金光彩和上釉瓷磚都被大量地用於裝飾宗教和世俗建築物的立面和內部（圖一至三），但只有一座世俗建築保存至今日。這座建築被稱為「蘇萊曼的寶座」，是蒙古人的季節宮殿，建立在薩珊時期的一座瑣羅亞斯德教火寺的遺址上，由伊兒汗國的統治者阿八哈汗（1265-1282 在位）於 1270-1275 年間修建。1959 到 1978 年的德國考古發掘找到了一些不同形狀和大小的石膏瓷磚碎片，表現出了各種各樣的裝飾技術。在這些發現的瓷磚碎片中，一組金光彩牆面磚在室內裝飾設計中扮演了重要角色，上面有來自《王書》中情節的銘文和圖像（圖一）。這種透過視覺和文字方式提及古代伊朗列王，結合宮殿所在的古老地點，很可能都是將伊兒汗國編織進入伊朗歷史中的王朝策略的一部分。

　　在宗教領域中，伊兒汗王朝在 1295 年歸信伊斯蘭，推動了大量清真寺建築的贊助，同時該王朝對於什葉派和蘇菲派的寬容與支持在一些陵墓建築群和聖陵的修建中變得明顯起來，這些建築工程精彩的裝飾包括了金光彩（圖三）。許多年份可以追溯到 1330 年代的瓷磚，證明金光彩陶瓷的生產在伊兒汗王朝期間持續不斷。它們上面標註著製造地點在卡尚，每一片上面都有以阿拉伯文寫的避邪祈願，要求神「保護它免於在時間中損壞」。

（本頁，左圖）

圖一　寫有《王書》詩句的條狀瓷磚

這塊瓷磚是和蘇萊曼的寶座有關的一組瓷磚之一，它可能是一長串瓷磚中的一部分，位於更小的瓷磚上方。有一些的年份是伊曆 670 年代（1270 年代），有許多上面都含有《王書》的詩句。這裡提到的銘文是描寫衰老的，取自《王書》中的〈巴赫拉姆‧古爾之書〉。在蘇萊曼寶座發現的瓷磚模具和窯顯示，有一些在這裡發現的瓷磚一定是在本地燒造的。

約 1270 年代
伊朗，可能是卡尚或蘇萊曼寶座
石膏，上面帶有模製裝飾，在不透明白釉上施以藍色、孔雀綠和金光彩繪
高 29.7 公分，寬 30.3 公分
約翰‧亨德森遺贈
(1878,1230.573.2)

圖二 繪有坐姿人物和隨從圖樣的星形瓷磚

這個八角瓷磚上面有三個區域用當時的材料修補過，描繪了一個蒙古人的享樂場景，三腳架子上擺著一個碗，一位坐著的人正在享用碗裡盛放的水果，同時他的隨從正在為他倒酒。上面的文字包括三位不同詩人的波斯文詩句。主要詩句來自薩奈伊·加茲納維（1080–1131）和伊本·亞敏·法里優瑪迪（1290–1374），還有一個「空白處」則描繪《王書》裡關於吉福（Giv）去圖蘭尋找凱·霍斯洛的部分情節。

標註為伊曆 739 年（1338/9 年）
卡尚，伊朗
石膏，模製，在不透明白釉上施藍色、孔雀綠和金光彩
高 21.2 公分，寬 21.6 公分，厚 1.6
公分
（OA+.1123）

圖三 米哈拉布形狀的墓碑瓷磚

這個碑石被做成了米哈拉布（凹壁）的樣子，缺少了最下面的瓷磚，這一大面瓷磚顯示的是一名哈迪（qadi, 法官）的墓。他的名字是賈拉魯丁·阿布杜·馬利克。瓷磚中央的阿拉伯文銘文描述了法官是 malik al–ulama（淵博者之王）並提供了法官的七代宗譜。在外框部分的文字是特別受喜愛的「寶座經文」（古蘭經2:255）。

1300–1350 年
伊朗，可能是卡尚
石膏，上面有模製裝飾，在不透明白釉上施以金光彩、藍色和孔雀綠
高 131 公分
伊迪絲·古德曼小姐遺贈
（G.499）

3│25 伊兒汗的審美觀

就像是在瓷磚的例子中看到的，在伊兒汗時期，人們對於可攜帶的金光彩器物有著經久不衰的喜愛。這些器物上常常有波斯文的詩歌。波斯文是宮廷語言，帶有波斯文詩歌的作品顯示出宮廷藝術中崇尚的價值（圖一）。伊兒汗王朝宮廷的成員習慣於生活和出入在金碧輝煌的建築物和內部裝潢得十分奢侈的帳篷中，他們穿著質地最好的長袍，樂於獲得最高品質的實用器物。

最能彰顯伊兒汗視覺文化元素的，是一種稱為 khata'i 的受中國或東亞影響的藝術表達特徵，這個波斯語詞彙的意思即中國（Cathay，契丹），尤其用來指中國北部，但也泛指「遠東」。這種藝術表達特徵由中國圖案組成，例如雲團、蓮花、牡丹、鳳凰或龍以及東亞的工藝技術和形式。在陶瓷生產中的兩種重要發展常常凸顯中國風格，一是青金陶瓷器，一是蘇丹納巴德陶瓷器，後者的名字源於伊朗一個傳統上和這種器物有關的地區。而青金陶瓷器被認為是 12、13 世紀的釉上／下七彩或彩繪技術（見 102-105 頁）的後繼技術。但是伊兒汗時期的青金陶瓷器又和之前的器物有所不同，主要是使用深藍色或孔雀綠釉的主體背景，上面加以豐富的金繪，並常用幾何圖案、文字和中國花紋（圖二）。蘇丹納巴德陶瓷器要求一次燒製完成，包含較渾厚的主體，常覆蓋畫有中國花紋的灰色泥漿和厚重清晰的邊緣線（圖三）。它們也可能有孔雀綠釉下的黑色設計或裝飾。

圖一　有波斯文詩歌的水瓶

如同伊兒汗王朝在「蘇萊曼寶座」的宮殿瓷磚上出現了伊朗國家史詩的文字一樣，這個瓶子上也有波斯詩歌，表現了在游牧蒙古人和他們接觸的定居社群之間的視覺關聯：

我在沙漠中遊蕩，和心上人分離。

我在這個瓶上寫下這些詞句，句句述說著我的故事。

在伊曆 669 年。盼望著她——令我更加日思夜想的她，把這個水瓶放到她的唇邊時會想到我，她能明白我的句子，想到我，接受我的愛。

標註為伊曆 669 年（1270/1 年）
伊朗，可能是卡尚
石膏，在不透明白釉上施以金光彩
高 12.3 公分，直徑 9 公分（邊沿），直徑 18 公分（最大處）
伊迪絲・古德曼小姐遺贈
（G.242）

圖二 青金瓶殘片

雖然已經損壞，但是這個瓶子的殘片仍是青金裝飾技術的最上乘例子之一，這種裝飾技術是伊兒汗時期所獨有的。「青金」是指一種稀有的深藍色釉，讓人想到青金石（lajvard）。在先燒造出藍色釉後，陶工們會在上面畫上精細的裝飾圖案，加上色彩斑斕的顏色並在釉的表面留下金葉，隨後再進行第二次燒造。

13 世紀末 –14 世紀初
伊朗
青金陶瓷器；石膏，在鈷藍釉上
繪有紅色和白色以及金葉
寬 20 公分
弗里德里克・杜・肯・古德曼捐
贈 (1891,0625.84)

圖三 飛翔的鳳凰碗

在波斯文中叫做 simurghs，以一對、三隻或四隻飛翔的鳳凰構成的圖案是蘇丹納巴德碗的常見主題。在繁密的蓮花或牡丹的花卉圖案中，這樣的整體創作令人聯想到元朝或宋朝製作相同主題的中國漆器和紡織品。

14 世紀
伊朗
蘇丹納巴德陶瓷器
石膏，灰綠色泥漿上色，在透明
釉下有白泥漿和黑色
高 9.5 公分，邊沿直徑 18.6 公分，
底部直徑 7.5 公分
伊迪絲・古德曼小姐遺贈
(G.280)

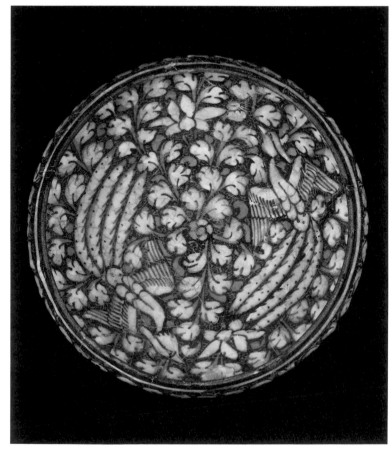

3│26 伊兒汗王朝統治下的地方贊助

儘管有蒙古入侵造成的大災難，但金屬製品的生產繼續興盛，無論是之前已經知名的城市中心，還是在新的城市中心都很興盛。摩蘇爾、舍拉子或赫拉特屬於前者，有工匠從上述城市遷移到其他的伊兒汗王朝都城，例如伊朗西北部的大不里士（圖一）則屬於後者。如同陶瓷製品，透過蒙古和中國的聯繫，伊兒汗金屬器物也在當地已有的傳統中吸收和融合了受到中國影響的藝術特徵。除了精彩絕倫的金光彩器皿和室內裝潢以及青金陶瓷器物，宮廷成員和他們的賓客也使用精巧嵌入白銀和黃金的銅或黃銅器物，這些物品包括儲存罐、洗手盆和托盤、酒瓶以及高足碗（圖一至四）。為器物的主人祈願或是奉獻的銘文常常出現在這些奢侈又昂貴的宮廷物品上（圖一、三），有時候也有標註的日期和製作者的簽名，和器物功能有關的波斯詩歌越來越常見，甚至代替了阿拉伯文的吉祥祈願（圖四）。

圖一　寫有祈願銘文的托盤

這個托盤的製作工藝和圖案設計，例如位於葉片形圓章中捧著新月的坐姿人物，讓人想到在1261年蒙古入侵以前在摩蘇爾流行的風格。托盤的中央描繪著一個坐在王座上的統治者，可能是由來自摩蘇爾，被伊兒汗王朝遷移到大不里士的工匠們製作的。「摩蘇爾風格」向東傳播進入伊朗的說法，從兩個黃銅鑲嵌器物得到了證實，這兩件器物上有摩蘇爾工匠的簽名，是在哈瑪丹附近的一個寶藏窖藏中發現的，其中一件標註有日期（西元1274年）。

13 世紀末
伊朗西北部
黃銅，鑲嵌白銀和黃金
高 5 公分，直徑 46.3 公分
約翰・亨德森遺贈
(1878,1230.706)

圖二　筆盒

這個巧奪天工的筆盒本來有一個墨盒和存放書寫工具的空間。在外面的裝飾上，交錯的花紋變成動物頭部的造型，將畫面進一步填滿的圓盤圖案裡有星座和宮廷人物，其中包括樂手和舞者。這個筆盒精湛的工藝反映出伊朗西部和東部的金屬工藝傳統，並讓這件器物成為伊朗製作的鑲嵌金屬器物中最好的例子之一。製作者馬赫穆德·伊本·桑庫爾的簽名和製作日期都藏在扣鉤上，印證了書法家在伊斯蘭世界所擁有的崇高地位。

標註為伊曆 680 年（1281/2 年）
伊朗
黃銅，鑲嵌白銀和黃金
高 3.1 公分，長 19.7 公分，寬 5.2
公分
(1891,0623.5)

圖三　碗

在 14 世紀和 15 世紀，伊朗南部的法爾斯省（尤其可能是舍拉子）是金屬器生產的重要中心。當時這個地區是被地方性的音居王朝（Injuid）和後來的穆扎法爾王朝（Muzaffarid）統治。法爾斯的金屬器物帶有粗壯的阿拉伯銘文，讚美一位不具名的統治者，他的各個頭銜點綴在宮廷場景之間，讓人聯想到當地插圖手抄本中描繪過的場景。這個碗的形狀和銘文都和同時期的馬穆魯克碗相似。銘文的內容是：

讚美真主超絕萬物，至高至大，
是最公正，最博學的蘇丹，
是駕馭眾民族的國王，眾蘇丹的
主人，阿拉伯人和非阿拉伯人的
主人。

14 世紀中葉
舍拉子，伊朗
黃銅，鑲嵌白銀
高 11 公分，直徑 24 公分
大英博物館館友捐贈
(1901,0606.3)

圖四　高足碗

這個有精美鑲嵌裝飾的高足碗來自 14 世紀的伊朗，屬於當地的一類高錫青銅鑲嵌高足碗，但是其製作的風格門派仍然無法確定。它綜合了中古時期的金屬製作傳統，例如用阿拉伯文書寫著給一名不具名的主人的吉祥許願文字，裝飾描繪了在宴會和其他宮廷活動中享樂的人物，帶有受到中國影響的蓮花和盛開的牡丹背景。上面還有後蒙古時期添加的波斯詩歌（在邊緣下方），以只有內行人才能意會的方式提及了物品的功用：

喔，我們愉悅的甘甜飲料／透明
的歡樂之泉／若亞歷山大未曾看
到你／喔，摩尼的揭示世界的碗
／他怎會想到／生命之泉呢

1300–1350 年
伊朗
高錫青銅，鑲嵌白銀和黃金
高 13 公分，直徑 14 公分
(1891,0623.4)

3｜27 帖木兒王朝的宮廷贊助

如果你對我們的輝煌有所懷疑，看看我們的高大建築吧。

（阿布杜・拉扎克・撒馬爾罕迪，1413-1482）

帖木兒擁有的財富允許他發起宏大的建築工程，修建龐大的建築物既表現其實力，又鞏固了他的權力。在他於 1405 年死後，對建築的贊助繼續著，儘管規模小了一些。以赫拉特為中心，帖木兒的兒子、繼任者沙魯克專注在加固或重建這座首都已有的建築，例如巴扎、堡壘和城牆，同時他的妻子高哈爾莎（1378-1457）延續了女性贊助人的傳統，1417 年於赫拉特城外以自己的名義修建了一個宗教建築群（圖一）。在沙魯克統治時，資金的去中央化讓更多的王公和菁英階層可以在這時期和之後成為藝術贊助者。這推動了更大規模的對可攜式藝術品的支持，這樣的器物能展示出同樣精湛的工藝水準，但是花費較少（仍所費不貲）。

依循波斯文化的宮廷傳統，帖木兒王朝十分強調王子們的教育，他們在宮廷中學習合宜的治國、宗教、哲學、天文、占星和文學知識。如同該地區之前的統治者們一樣，波斯語是重要的宮廷語言和菁英階層語言，是受到喜愛的歷史文本媒介，也是文學和詩歌的語言。帖木兒王朝的王子，如烏魯伯（1394-1449，圖二）、貝松古爾（1397-1433）和蘇丹・胡笙（1438-1506，圖四）都在他們位於撒馬爾罕和赫拉特的領地上成為了著名的藝術贊助者，而且因為自身具有的才能而知名，例如在天文、詩歌和書法的領域

裡。對於當時的宮廷宴會的描述是賓客享受音樂表演、詩歌吟誦和文學方面的討論和競賽，同時享用盛放在奢華美麗的碗盤中的美味佳餚和酒（圖三）。

圖一 12 角星形瓷磚殘片

這個瓷磚是葉特上校（1884–86 年間曾服役於阿富汗邊境委員會）的一組收藏的一部分，它們來自高哈爾莎（沙魯克的妻子）修建的禮拜大廳（musalla）的宣禮塔內，該塔於 1885 年拆除。現存的宣禮塔遺跡銘文中有著名的建築師奇瓦爾丁・舍拉子伊（–1438）的名字以及它的完工日期（伊斯蘭曆 841 年，西元 1437/8 年）。高哈爾莎於 1457 年被埋葬在這裡。

約 1432 年
高哈爾莎禮拜大廳，赫拉特，阿富汗
石膏，白色、綠色、錳 – 棕和孔雀綠釉上色
高 15 公分，寬 18 公分，厚 1 公分；高 21 公分，寬 15.5 公分，厚 1 公分
(1907,1011.1, 1907,1011.2)

圖三　有山羊和葉片花紋的盤

和這個盤子一樣，帖木兒時期的青花（藍白）陶瓷器皿是典型的受到中國審美影響的器物，這種中國風在波斯化的視覺藝術中越發成為標準，即使伊朗的陶工們從來沒有達到中國瓷器的品質。一些圖案，例如盤子邊沿處的波浪紋，盤子中間的牡丹花和雲團圖樣都是接受自中國的紋樣原型，可能是受到了明宣德時期風格的影響。而大角山羊的形象則是當地的主題。

約 1450–1475 年
伊朗
石膏，不透明白釉上施以藍色
高 10 公分，直徑 42.6 公分
（1982,0805.1）

圖二　龍形把手的玉杯

這個玉杯雖不算是工藝最上乘之作，但是它的重要之處在於和帖木兒王朝的王子「女婿烏魯伯」的聯繫，他曾是撒馬爾罕的執政官。玉在後蒙古時期的伊朗和中亞擁有非常重要的驅邪價值，而且這個地區是玉料的產地。它的把手是一個獨特的「螭」（沒有角的龍，中國的一種神話動物）造型，而且杯上還藏有漢字，可能模仿的是源自中國的物品。在銀的修復部分，上面有奧斯曼土耳其文書寫的關於神的慷慨的讚詞，這表示這件物品在幾百年來一直受到不同人的欣賞把玩，並且被帶至各處。

約 1420–1449 年
可能是中亞
軟玉、上有雕刻和銘文，有後代的上銀修復
長 19.5 公分，寬 12.4 公分，高 7.3 公分
布魯克西維爾永久基金會
（1959,1120.1）

圖四　黃銅水壺

這個容器本來可能還有一個連接在龍形把手上的蓋子，是屬於 15 世紀中晚期帖木兒王朝製作的大量這種代表性器皿之一。上面的的銘文中包含有帖木兒王子蘇丹‧胡笙的頭銜，他曾在 1470 至 1506 年間統治赫拉特。水壺的底部有來自古爾（Ghur）的穆罕默德‧伊本‧沙姆士的簽名，該地是呼羅珊地區的一部分，距離赫拉特很近。

標註為伊曆 903 年 8 月中旬（1498 年 4 月 11 日）
阿富汗，可能是赫拉特
黃銅，鑄造並嵌入白銀和黃金；配有金屬掛鏈
高 13 公分，直徑 12.5 公分
（1962,0718.1）

圖一 罐子

這個罐子是一批伊兒汗蘇丹納巴德泥漿上色陶瓷器皿中的一個，它是分區域裝飾的，最寬的區域上有蓮花，每一朵都包在一個可能是受到佛教徒影響的淚珠形外框中。透明的藍釉讓這個罐子的顏色更深，與更為典型的灰綠泥漿上色的器皿形成了對比。蘇丹納巴德器皿中常常有中國風格的圖案，人們相信這樣的影響是借助中國或中亞紡織品作為媒介進入到伊朗社會環境中的。

14 世紀
伊朗
蘇丹納巴德器皿；石膏，在透明的藍色釉下以灰一綠和白色泥漿上色
高 33.3 公分，直徑 15 公分
(1952,0214.5)

圖二 有蓮花裝飾的清真寺燈

在藍色底色上以紅色描邊，這個清真寺燈上的蓮花和伊兒汗蘇丹納巴德罐上表現的蓮花相似。在比較不常見的無銘文清真寺燈中，這一件是質量最上乘的之一。通常清真寺燈上會有製作的日期和馬穆魯克蘇丹或埃米爾的名字（見 127 頁），但是這一件上面標記的是位於開羅的蘇丹哈桑（1347–1351，1354–1361 在位）的瑪德拉沙（madrasa，宗教學院）。

約 1350–1360 年
埃及
金色玻璃，吹製，以紅色、藍色和白色顏料上色；以製玻璃用的鐵棒（pontil）為工具完成
高 38.5 公分，直徑 25.5 公分（最大處）
奧古斯都・沃拉斯通・富蘭克斯爵士捐贈 (1881,0909.3)

（對頁）

圖三 中國和伊茲尼克葡萄紋盤

從至少西元 9 世紀時開始，中國瓷器就已經出口到各地，到 16 世紀時，中國影響的藝術表現風格在伊斯蘭世界裡越發地標準化。明朝的青花瓷（左）在薩法維和奧斯曼宮廷中都有收藏並且十分受到喜愛。這個中國盤上的三串葡萄圖案啟發了伊茲尼克（Iznik）的陶工，他們在 1530 和 40 年代用藍白色的熔塊陶瓷器（fritware）仿製（右）。和中國的原型不同，奧斯曼的盤子上有孔雀綠色裝飾和捲曲的藤蔓。

1403–1424 年
景德鎮，江西省，中國
瓷，在透明釉下施藍色
直徑 41 公分
沃特・西芝維克女士遺贈 (1968,0422.27)

約 1530–1540 年
伊茲尼克，土耳其
石膏，透明釉下施藍色和孔雀綠色
高 8.9 公分，直徑 41 公分
艾西・維尼弗瑞・紐貝瑞女士捐贈 (1949,1115.10)

後蒙古時代的伊斯蘭和中國

　　雖然穆斯林居住的地區和東亞之間的交往至少可以上溯至西元前 1 世紀，但是給中國和伊朗之間的重要關係奠定基礎的是伊朗和中亞的伊兒汗國，他們和大汗有盟約，在忽必烈汗（1260-1294 在位）統治時期，大汗國家的中心從蒙古遷到了中國。這種聯繫也許不僅是因為蒙古的大傘將這些地區囊括在內，而且也因為蒙古人——作為游牧民族——仍然認可和定居社會之間進行貿易的重要性。例如，在蒙古和平（Pax Mongolica）之下，商人是受到保護的，他們可以沿著連接中國和中東的所謂「絲綢之路（事實上是由不同的路線構成，攜帶的商品也遠不止絲綢而已）」安全地旅行和貿易。蒙古人的宗教寬容促進了他們融入中國和伊朗，也允許了身懷技藝的穆斯林在兩帝國中占有重要的職位。

　　中國和伊斯蘭世界之間文化交流的最精彩證據呈現在兩地的視覺藝術圖案和設計中，其中包括動物圖樣，例如龍、鳳凰、仙鶴，以及雲團、雲圈圖案，牡丹花和蓮花等花卉圖案；東亞的器物形式與工藝技術和材質，例如中國紙、青瓷和青花瓷和淡色器皿也在穆斯林社會中出現（圖一至三）。然而，這些圖案、形式和風格背後的寓意通常並沒有一起從一個文化環境傳入到另一個。相似的圖像可以在不同地區同時出現，但是寓意各有不同，或是在跨越地理邊界的傳播過程中被過濾掉了。

　　這樣的傳播並不是單向的：貿易商品也從伊斯蘭地區進入中國，這其中包括有一些伊斯蘭金屬和玻璃器物上帶有受中國影響的裝飾（圖四）。值得注意的是，靈感也是雙向互動的，正如一個在大馬士革發現的明代青花瓷托盤底座採用的是馬穆魯克鑲嵌黃銅器物的器形（圖五）。在中國江西省的景德鎮窯也發現類

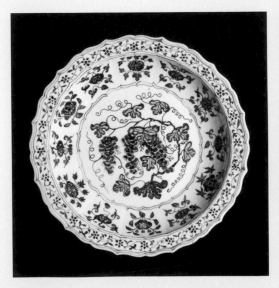

圖四 高足碗

這個高足碗是在中國發現的大量馬穆魯克玻璃器皿中的一件,它很可能是在製成的不久後就出口到了中國。這個碗是由朱利烏斯·斯皮爾(Julius Spier)帶到倫敦的,他當時曾經營著一家在中國有業務的貿易公司。上面的阿拉伯文字重複地呈現 al-alim(淵博的)一詞。圓章中的蓮花造型表現出了在這個碗抵達中國以前就已經存在的中東和東亞的交流。

13 世紀中葉
敘利亞
金色玻璃,吹製,以紅色、藍色、綠色和白色顏料上色並鍍金,以以製玻璃用的鐵棒為工具
高 29.8 公分,寬 20 公分,深 21.5 公分
康斯坦斯·斯皮爾經由藝術基金會捐贈(1924,0125.1)

圖五 中國製和馬穆魯克製托盤底座

受到例如這一個馬穆魯克托盤底座的啟發,景德鎮的陶工們以青花瓷重現了它的器形和裝飾設計。中國的瓷器定期出口至中東地區,這一個青花托盤底座(左)是在大馬士革發現的。這件馬穆魯克托盤底座(右)上帶有蘇丹穆罕默德·伊本·卡拉溫的名字和頭銜。

1403–1424 年
景德鎮,江西省,中國
瓷,透明釉下藍彩
高 17.4 公分,寬 18.4 公分,深 17.2 公分
布魯克西維爾遺贈資金購入(1966,1215.1)

約 1320–1341 年
埃及或敘利亞
黃銅,白銀鑲嵌
高 23.7 公分,直徑 23.2 公分
(1897,0510.1)

圖六　書法〈啊！慈憫的主！〉

在這幅當代的捲軸書法作品中，
中國書法家米廣江（哈吉‧努倫
丁，1963–）以他自己的設計融
合了中國和伊斯蘭書法傳統，將
神的 99 個尊名之一（正中央，
Rahim）和作品的日期、藝術家
的印章（左）結合在了一起。作
為知名的阿拉伯文書法大師，米
廣江於 1997 年成為第一個被授
予埃及阿拉伯書法證書的中國穆
斯林。

2000 年
墨水，紙，卷軸
高 230 公分，寬 102 公分
布魯克西維爾永久基金會
(2005,0117,0.1)

似的明代托盤底座碎片，在這裡，為本地和外
國市場生產高質量瓷器已經有幾千年了。

　　而且，在蒙古統治下的中國，居住了非
中國商人和社群，穆斯林商人構成了最大的群
體，同時也有基督徒、猶太人、婆羅門和摩尼
教徒，他們定居在福建省的泉州。在北京的明
朝宮廷中，穆斯林少數群體掌握著強大勢力；
許多清真寺在北京建造起來，有青花瓷和銅器
上寫著阿拉伯文詩歌或是古蘭經的經文，使用

的是流動飄逸的中國書法風格的阿拉伯書體。

　　在今日，中國穆斯林阿拉伯文書法大師米
廣江（哈吉‧努倫丁，Haji Noor Deen）以他自
己的設計融合了中國和伊斯蘭書法傳統，創作
出了精彩的當代作品（圖六）。

時間表

1501–1722年	薩法維王朝；伊斯瑪儀一世（1501–1524年在位）；薩法維王朝開始統治伊朗；宣布十二伊瑪目什葉派為國教；確定大不里士為首都
1514年	查爾迪蘭戰役（battle of Chaldiran）；奧斯曼軍隊戰勝薩法維軍隊
1517年	埃及和敘利亞併入奧斯曼帝國疆域
1520–1566年	蘇萊曼大帝在位統治；奧斯曼帝國的疆域範圍達到頂峰
1524–1576年	塔赫馬斯普一世（Shah Tahmasp I）統治；薩法維王朝將首都遷往加茲溫
1526–1828年	蒙兀兒王朝；巴布爾統治（1526–1530）
1529年	奧斯曼軍隊第一次圍困維也納
1533–1603年	伊莉莎白一世在位
1557年	建築大師錫南（Sinan）設計的蘇萊曼清真寺建築群在伊斯坦堡揭幕
1578–1603年	阿赫邁德・曼蘇爾（Ahmad al-Mansur）在位統治摩洛哥
1579–1627年	比賈普爾的易卜拉欣・阿迪勒・沙二世（Ibrahim 'Adkl Shah II）在位統治印度
1588–1629年	沙・阿巴斯一世（Shah Abbas I）在位；薩法維國力的巔峰；首都從加茲溫（Qazvin）遷至伊斯法罕
1591年	摩洛哥軍隊占領廷巴克圖（Timbuktu）
1605–1627年	賈漢吉爾（Jahangir，蒙兀兒帝國皇帝）在位統治
1628–1658年	沙賈汗在位統治
1638年	摩洛哥大使祝達爾（Jaudar）造訪英格蘭
1652年	倫敦的第一家咖啡店開業
1658–1707年	奧朗則布（Awrangzeb，蒙兀兒帝國皇帝）在位統治
1666–1694年	沙王蘇萊曼一世在位統治
1683年	奧斯曼軍隊第二次圍攻維也納
1722年	阿富汗人入侵伊朗並占領伊斯法罕；此後的薩法維王朝只有名義上的統治
1732–1747年	納迪爾・沙・阿夫沙爾（Nadir Shah Afshar）統治；1732年薩法維沙王塔赫馬斯普二世（Safavid Shah Tahmasb II）由納迪爾・沙攝政，自1736年起開始自己掌握統治權力
1739年	納迪爾・沙洗劫德里
1750–1779年	卡利姆・汗・贊德（Karim Khan Zand）在位統治大部分伊朗，舍拉子為首都
1779–1925年	卡札爾王朝，1779年從伊朗北部和中部崛起，隨後在1794年獲得了伊朗南部，1796年獲得了呼羅珊地區
1789–1807年	塞利姆三世（Selim III）在位統治（奧斯曼帝國），開始了受歐洲啟發的改革
1797–1834年	法提赫・阿里沙王（Fath Ali Shah）在位統治
1808–1839年	馬赫穆德二世統治；坦志麥特（tanzimat，改革）時期，接受了費茲帽和歐洲風格的服飾
1812–1813年	奧斯曼帝國戰勝了阿拉伯半島上的第一個沙烏地國家；重新獲得了麥加和麥地那
1848–1896年	納斯爾丁沙王（Nasir al-Din Shah）在位統治
1851年	技藝之屋（Dar al-Funun）成立，這是伊朗第一個西式科技學院
1858年	蒙兀兒王朝在1857年印度起義後被英國廢除
1873年	納斯爾丁沙王第一次造訪歐洲
1887年	衣索比亞軍隊占領哈勒爾（Harar）

4 帝國時代

1500–1900年

從 1500 年代一直到 20 世紀初，伊斯蘭世界主要是由三個重要的帝國所統治，它們是奧斯曼帝國（1281-1924）、薩法維帝國（Safavids, 1501-1722）和蒙兀兒帝國（1526-1858）。奧斯曼蘇丹穆罕默德二世（Mehmed II, 1444-1481 在位，圖一）在 1453 年從拜占庭帝國手中奪取了伊斯坦堡（當時的君士坦丁堡），此後的奧斯曼歷代蘇丹——遜尼派伊斯蘭的支持者們，一直在這座都城中施行統治，直到 1922 年蘇丹制度被廢除為止。在蘇萊曼大帝統治時期（1520-1566），奧斯曼帝國到達了巔峰，握有遼闊的領土，包含了大部分近東、北非和東南歐。

和奧斯曼帝國東部邊境接壤的是強敵伊朗薩法維王朝，這個以什葉派為國教的王朝是沙王伊斯瑪儀（Shah Isma 'il, 1501-1524 在位）建立的，其第一個首都是大不里士。薩法維帝國曾統治的地域包括今天的伊朗、伊拉克、部分土耳其東部地區、敘利亞、巴林、高加索、中亞、阿富汗和巴基斯坦。薩法維帝國為了應對其西邊（奧斯曼帝國）和東邊（昔班尼汗國）的邊境威脅，於是將首都遷往了更靠近內陸的加茲溫，後來在阿巴斯一世（Shah Abbas I, 1588-1629 在位）統治時期又遷都到了伊斯法罕。在沙王塔赫馬斯普一世（Shah Tahmasp I, 1524-1576）和阿巴斯一世的統治下，帝國迎來了巔峰時期，伊朗經歷了藝術贊助的繁榮，藝術贊助行為受到了宮廷文化中和政治策略交織在一起的宴飲、娛樂活動的補助並延續了下去。在 1722 年，伊斯法罕遭到阿富汗部落的攻占，薩法維王朝逐漸江河日下，伊朗進入了一段政治動盪期，直到卡札爾王朝（1794-1925）崛起才穩定下來。卡札爾王朝特徵鮮明的皇室肖像畫十分與眾不同，尤其在法提赫·阿里沙王和納斯爾丁沙王的統治時期特別興盛。

在印度，這個時期重要的伊斯蘭勢力有德里蘇丹國（Delhi Sultanate）、孟加拉蘇丹國（Bengal Sultanate）和德干蘇丹國（Deccan Sultanate）以及偉大的蒙兀兒人，他們延續了伊朗和

圖一　穆罕默德二世銅牌

在 1453 年征服君士坦丁堡的過程中，穆罕默德二世非常積極地保存拜占庭的城市遺產，出於這個目的，他也收集希臘文手抄本和基督教聖物。他對西方的興趣也包含義大利在內，這促成了藝術家們造訪他的宮廷，包括畫家貝里尼。從 1479 年至 1481 年，貝里尼在伊斯坦堡停留了兩年，為穆罕默德畫了肖像畫（收藏於倫敦國家畫廊）並製作了一個肖像銅牌。貝里尼製作的銅牌啟發了圖中的這一個，由貝托多·迪·喬瓦尼（約 1420–1491）製作。人們認為貝托多的銅牌可能是為了與穆罕默德同時期的佛羅倫斯人美第奇（1449–1492）訂製的。

1480–1481 年
佛羅倫斯，義大利
銅，鑄造
直徑 9.3 公分
亨利·范·登·博格透過藝術基金會捐贈
(1919.1001.1)

中亞帖木兒帝國的突厥—蒙古和波斯化遺產，蒙兀兒帝國統治
的地域包含大部分的今日印度、孟加拉和巴基斯坦國土，直到
這些地方成為大英帝國的一部分為止。

　　這三個在 17 世紀時互相競爭的王朝，奧斯曼、薩法維和
蒙兀兒，有時候被稱為「三大火藥帝國」，因為新的軍事技術
允許了後繼的統治者們控制住他們遼闊的疆域。然而，每一個

圖二　帖木兒家族的王子們（局部）

這幅畫作是由不同世代的蒙兀兒藝術家所完成（可能是米爾·賽義德·阿里和阿布杜·薩瑪德），描繪的是蒙兀兒皇帝胡馬雍（Humayun）身邊圍繞著他的帖木兒家族祖先們，正在接見他們的子孫後代，其中包括蒙兀兒皇帝阿克巴、賈漢吉爾和沙賈汗。這個弘大場景描繪的是帖木兒—蒙兀兒譜系，強調了蒙兀兒人對於他們祖先的崇敬。

約 1550–1555 年
喀布爾，阿富汗（有一部分添加是在印度完成的，約 1605 和 1628 年）
墨水、不透明水彩、黃金、棉
藝術基金會
(1913,0208,0.1)

帝國內部都存在著複雜的，有時候是單獨的政治和社會結構，而且伊斯蘭雖然為主要宗教，但是其他宗教族群——包括基督徒、猶太教徒、瑣羅亞斯德教徒、印度教徒、佛教徒、耆那教徒、錫克教徒等——仍繼續參與和繁榮著社會。

在這三個大帝國中，鉅額財富與開明贊助者的結合帶來了恢弘的建築資產和各門藝術的燦爛繁榮。藝術家、工匠經常往來主要的城市中心，例如伊斯坦堡、伊斯法罕、德里（以及德干高原一帶），在奧斯曼、薩法維和蒙兀兒等社會的視覺文化可以反映出工匠和藝術的聯動影響，但每一個帝國也有獨特的宮廷和都市風格，反映出在地和外來思想的獨特融合。

圖三　沙・阿巴斯一世和獵鷹

對蒙兀兒藝術家而言，薩法維王朝的沙・阿巴斯一世是一個受歡迎的創作主題，他們若不是將他描繪成一個不如他的蒙兀兒同時代統治者賈漢吉爾皇帝的角色，就是像這個例子中那樣，將他描繪為一名威猛的統治者，伴隨著各種皇家地位和權力的標誌，例如獵鷹、寶劍、精美的衣物，以及頭後的光環。

17 世紀末
印度
單頁繪畫，裝裱在畫集單框中
墨水、不透明水彩、紙、黃金
高 45.8 公分，寬 31.8 公分（冊頁）
高 17.1 公分，寬 9.6 公分（畫面）
(1920,0917,0.44)

4 | 1 奧斯曼時代

奧斯曼帝國（另譯為「鄂圖曼」帝國）的名稱來自領導者奧斯曼（1281-1324 在位），他領導著位於小亞細亞的突厥部落聯盟之一，這些部落聯盟長期與拜占庭人衝突不斷。這些戰爭持續了200多年，直到1453年「征服者」穆罕默德發動的君士坦丁堡之戰為止。穆罕默德進入君士坦丁堡之後，首要行動之一便是將基督教世界過去的堡壘聖索菲亞教堂，改成了清真寺。

奧斯曼人十分關注擴大帝國的領土。1517年，「冷酷者」塞利姆一世（1512-1520 在位）從瑪穆魯克人手中取得埃及和敍利亞，在1526年的莫哈赤戰役後，其繼任者蘇萊曼大帝（圖三）將匈牙利大部分地區納入統治（儘管他西進的下一步動作，1529年的維也納圍城戰失敗了）。在義大利南部，奧斯曼人也建立起立足點，柏柏海盜則將奧斯曼的統治帶入北非。在伊朗，1514年的查爾迪蘭戰役使其薩法維對手慘敗，這場戰役的勝利讓奧斯曼人得到了大量戰利品，包括中國瓷器。奧斯曼人的征服不僅帶來了財富，也帶來了工匠和藝術家，包括聲望很高的伊朗畫家沙庫魯，他在1526年被塞利姆一世從大不里士連同瓷磚工匠們一同帶走，隨後成為伊斯坦堡的宮廷藝術家首領。

後文提供了一系列關於奧斯曼藝術不同面向的簡單印象（見157-173頁），奧斯曼藝術的一大特色是宮廷風格的建立，這是一種連貫的設計語彙，運用在帝國各個地方，從陶瓷到行政公文，再到刺繡紡織品的各種器物上。這些器物也反映出了帝國人口的多元族裔和帝國對其他宗教的寬容特徵：作為工匠和贊助者，亞美尼亞人十分重要；在伊斯坦堡生活著希臘貴族；還有猶太社群，他們在奧斯曼社會中的人口因為西班牙和葡萄牙在15、16世紀的迫害而增多，他們在銀行業中扮演了重要的角色。18世紀，歐洲人擴張到了奧斯曼人控制的疆域，塞利姆三世（1789-1807年在位）也進行了行政和軍事改革，內容包括將法國的織工引進至玉斯屈達爾的工坊中（見165頁圖三）。在奧斯曼時期，日常生活中和藝術有關的兩個重要面向是澡堂和咖啡（見172-173頁）；人們對咖啡的喜愛後來風靡到了歐洲，最終將不起眼的咖啡豆變成了全球貿易中的重要商品。

圖一 旗幟

這個被帶上戰場的精美旗幟中央是一把叫做「祖力菲卡」的劍，按照穆斯林傳統說法，它是624年的白德爾之戰的戰利品。這把劍和先知的女婿阿里尤其有緊密的關係。阿里是最後一位正統哈里發（656–661 在位）也是什葉派的第一位伊瑪目（見60–61頁）。奧斯曼時期對這把劍的描繪的特點是它內彎的柄是龍頭的形狀。旗幟上有粗體阿拉伯文字，有一些是倒寫；在劍刃上寫著古蘭經中的經文（4:95–96）：「憑自己的財產和生命而奮鬥的人，真主使他們超過安坐家中的人一級……」奧斯曼人是遜尼伊斯蘭的追隨者，為了符合遜尼派的教義，在旗幟邊緣處的圓章裡寫著先知穆罕默德和繼任的四位「正統哈里發」，分別是：阿布·巴克爾、歐麥爾、奧斯曼和阿里。

17 世紀末
奧斯曼土耳其
絲質旗幟，金屬線
寬 204 公分，長 335 公分
(As1980,0.211.a)

圖二 墓碑

除了記錄和紀念亡者以外，奧斯曼的墓碑石匠也會透過石碑頂端的頭巾樣式，表明亡者生前的社會地位。圖中的墓碑來自賽義德·阿赫瑪德·貝的陵墓，他曾是庫提的港口頭領，在石碑的頂端有一個纏頭巾。以奧斯曼土耳其文書寫的碑文內容是：

〔他〕為奧斯曼國家兢兢業業效力了 60 年，在退休中，奉蘇丹之命，配合帝國海軍在地中海上清剿希臘社群正在叛亂的叛徒們。當帝國海軍抵達敵人的海岸時，他以殉道者之身罹難。

標註為伊曆 1238 年 12 月 20 日（1823 年 8 月 27 日）
奧斯曼土耳其
石灰石
高 195 公分（最高處），寬 39 公分
(OA+.7403)

這是蘇萊曼大帝用作皇家簽名的漂亮花押（tughra），上面寫有名字「國王蘇萊曼（Süleyman Shah）」，與其父的名字「塞利姆」，以及「戰無不勝者」的內容。它本來是附在一份文件的開頭，作為奧斯曼公文 diwani 前的首行介紹性文字。每位蘇丹在登基日時都會從事先準備好的樣本中挑選屬於自己的花押。簽名的設計中包括有百轉千迴的金色和藍色花樣，這是奧斯曼宮廷風格的一個元素。同樣的花押也出現在標註為 1529 年的一個伊茲尼克瓶上（見 169 頁）。

1520–1566 年
奧斯曼土耳其
墨水，不透明水彩，紙，黃金
高 43.5 公分，寬 62 公分
E. 貝西安捐贈
(1949,0409,0.86)

這個盒子很可能是為一名學者或是書法家用來存放書和書寫工具而製作的。這是為奧斯曼菁英階層製作的一種典型的家具：木質結構中鑲嵌著各種對比效果強烈的材料以突出優美的幾何圖形花紋。作為奧斯曼工匠高超技藝的代表，鑲嵌部分是用珍珠母貝、龜甲和象牙製作的。類似這樣的盒子也用來放置古蘭經。

17 世紀
土耳其
木頭、龜甲、珍珠母貝、金屬、象牙
高 36.5 公分，寬 66 公分
(1991,0717.2)

在奧斯曼宮廷中，用鑲嵌寶石來裝飾的中國瓷器特別受歡迎。在這門複雜的技術中，瓷器表面會被鑿去，然後將準備好的紅寶石和黃金墊片嵌入到瓷器裡。大多數的類似器物都可以在托普卡匹宮殿的金庫中找到。此碗由奧斯曼蘇丹阿布杜哈·米德二世（1876–1909 在位）於 1877 年贈送給時任駐奧斯曼帝國大使的考古學家奧斯騰·亨利·雷亞德爵士。

1540–1590 年（碗）；1570–1600 年（奧斯曼裝飾）
嘉靖瓷器
高 6 公分，直徑 12 公分
喬治·掃亭捐贈
(1904,0714.1)

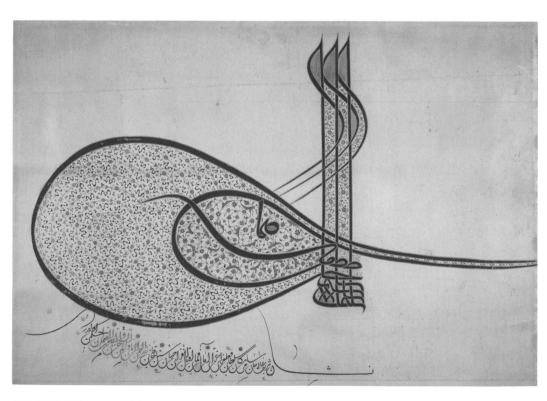

4｜2 伊茲尼克：陶工和贊助人

伊茲尼克位於伊斯坦堡東南方，是奧斯曼陶瓷生產的主要中心。1480 年代至約 1700 年前後，有大量高品質的器皿以不同的風格，在一層透明釉下塗上色彩繽紛的顏料製成（圖一至四）。對陶器的需求一開始來自於宮廷。最早的奧斯曼陶瓷器受到中國進口瓷器的影響。蘇丹們非常喜愛陶瓷器，在 1514 年查爾迪蘭戰役中從薩法維帝國劫掠了大量的中國瓷器。16 世紀中出現了不同設計和顏色的陶瓷器，在 1550 年前後到達頂峰的是一種富含鐵的亮紅色，稱為亞美尼亞紅（圖三）。這段時期的陶瓷和其他藝術類型中，一個關鍵的奧斯曼設計元素是將兩組傳統上稱為「魯米（rumi）」和「哈塔伊（hatayi）」的圖案元素故意並置在一起。魯米圖案是以花草或「阿拉伯花紋」裝飾為特徵，出現在魯姆（安納托利亞）的塞爾柱藝術中（塞爾柱人於 1077 至 1307 年統治魯姆）。哈塔伊（泛指中國）圖案著重中國風的裝飾，如雲朵和牡丹。

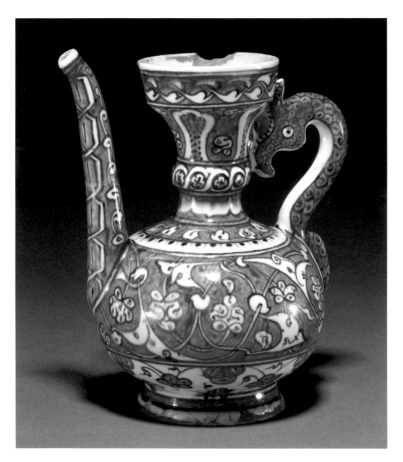

圖一　庫塔亞的亞伯拉罕水壺

水壺上標註的日期是亞美尼亞曆 915 年 3 月 11 日（1510 年），這是伊茲尼克陶瓷歷史上的一個關鍵器物。該水壺以藍色和白色為裝飾，這種風格被稱為巴巴納卡什器（Baba Nakkaş ware），得名自一位在穆罕默德二世的書屋（kitabkhana）中工作的藝術家，他因為用這種風格上色而知名。在水壺的底部有亞美尼亞文，表明這個器物是為了紀念一位叫亞伯拉罕的人，「來自庫塔亞的亞伯拉罕，神的僕人」。位於安納托利亞的庫塔亞（Kütahya）是一個重要的拜占庭城鎮，11 世紀時被塞爾柱人攻占；後來在奧斯曼時代，這裡成為一個重要的多元文化城市，有大量亞美尼亞基督徒居民。作為 18 世紀的一個陶瓷生產中心，庫塔亞可能早在 16 世紀時就已經開始製作陶器了。

標註日期 1510 年
伊茲尼克，土耳其
石膏，透明釉下施以藍色
高 17.1 公分
伊迪絲・古德曼小姐遺贈
（G.1）

圖二　伊茲尼克盆

大盆，例如圖中的這一個，稱作 ayak tasi，可能曾和水壺搭配成組，是奧斯曼宮廷成員清潔身體所用的器物。設計的主要元素由鋸齒邊的葉子組成，這種葉子稱為 saz，和以中國牡丹為原型的花團和花草圖案組合在一起。這種風格和帶有雅致的藍色、綠色的色彩樣式，是典型 16 世紀中葉的伊茲尼克陶瓷，這時期的作品也可以參考製作於伊曆 956 年（1549 年）的聖石圓頂清真寺燈（見 65 頁）。

約 1540–1560 年
伊茲尼克，土耳其
石膏，透明釉下施以藍色和綠色
高 27.3 公分，直徑 42 公分
伊迪絲・古德曼小姐遺贈
（G.66）

圖三　伊茲尼克盤

從大約 1550 年開始，伊茲尼克陶瓷出現了劇烈變化。寫實的花卉設計中被帶入了一種亮眼的紅色。包括鬱金香在內的花卉，是由奧地利駐奧斯曼宮廷的大使歐吉爾・吉賽琳・德・布斯貝克帶入歐洲的。鬱金香連同牡丹、菊花和風信子一起，構成了獨特的奧斯曼視覺語言的元素，被運用在陶瓷器、紡織品和其他媒介的藝術品上。這個碗邊緣處的圖案是源自中國的「石頭和波紋」，是一種「中國風」（hatayi）元素。

約 1500–60 年
伊茲尼克，土耳其
石膏，透明釉下彩，藍、綠和紅色染料
直徑 31 公分
約翰・亨德森遺贈
（1878,1230.497）

圖四　有希臘文字的盤

17 世紀，當陶瓷產業不能再單獨依賴宮廷時，贊助人的來源開始出現變化。圖中的盤子就是希臘贊助人訂製的容器，上面的希臘文寫著：「主啊，主啊，不要讓你的臉遠離我們。」

標註為 1666 年 5 月 25 日
伊茲尼克，土耳其
石膏，在透明釉下施以綠色、黑色和紅色
直徑 26.1 公分
奧古斯都・沃拉斯通・富蘭克斯爵士捐贈（1887,0211.3）

4│3 奧斯曼瓷磚

直到 1550 年代中期，奧斯曼的瓷磚生產十分有限（圖一），伊茲尼克的陶瓷工坊主要專注於器皿的製作。1557 年，蘇萊曼大帝的首席建築師錫南設計的蘇萊曼清真寺建築群揭幕了，施工期間的瓷磚訂單讓伊茲尼克的陶瓷工坊經歷了一次重大改變。建築物中的瓷磚最初是被謹慎低調地放置在門廳或窗戶處，或者用來突出清真寺中的米哈拉布（mihrab，指示禮拜方向的凹壁）。然而隨著風尚的改變，瓷磚很快鋪滿了整面牆壁（圖二），托普卡匹宮殿的後宮或是魯斯坦帕夏清真寺就是這樣的例子。各地對伊茲尼克陶瓷工坊的需求量很大，瓷磚的使用在帝國全境都能見到，成為了奧斯曼建築的標誌，無論是在伊斯坦堡、阿勒頗，或是巴爾幹城鎮，例如斯科普里和塞拉耶佛都是這樣。雖然瓷磚生產的主要中心依然是伊茲尼克，但是在耶路撒冷、大馬士革（圖三）、安納托利亞的迪亞巴克爾等地也有地方性的工坊。

圖一　六邊形瓷磚

這塊瓷磚是已知曾裝飾過伊斯坦堡的瓷屋浴室（Çinili Hamam）的一組瓷磚之一，這座建築是奧斯曼帝國海軍主帥海雷丁·巴巴羅薩（–1546）出資贊助，由錫南設計。這種配色的瓷磚十分稀少，上面畫的鴨子和鋸齒形樹葉顯示了宮廷藝術家參與了瓷磚的設計。

1540 年代
土耳其，可能是伊茲尼克
石膏，在透明釉下施以藍色
高 28.5 公分，寬 24.5 公分
奧古斯都·沃拉斯通·富蘭克斯
爵士捐贈
(1892,0613.69)

圖二　四塊瓷磚的組合

這些瓷磚是在伊茲尼克陶瓷產業最高峰的時候製造的，它們曾經是更大的牆面瓷磚組合的一部分，裝飾過某座未知建築物。這些瓷磚的裝飾圖樣用了完美的融合方法，展示了魯姆風和中國風兩種元素的結合：花草「阿拉伯花紋」，飽滿的牡丹和無處不在的 saz 葉。富含鐵的閃亮紅色泥漿黏稠地附在瓷磚表面上，從而有了可觸感，成為色彩搭配的主角。

1550–1600 年
伊茲尼克，土耳其
石膏，在透明釉下施以綠色、藍色和紅色
高 21 公分，寬 21 公分（每塊）
伊迪絲・古德曼小姐遺贈
（G.77）

圖三　大馬士革瓷磚

高級陶瓷和瓷磚曾在 12 至 15 世紀中葉在敘利亞製作（見 119，130–131 頁），但在此之後就一直衰落，直到 1517 年的奧斯曼征服後才被賦予了新的生命。大馬士革成為重要的帝國省會城市，蘇萊曼在 1550 年代翻修了耶路撒冷的聖石圓頂，給敘利亞瓷磚產業帶來了催化劑。人們認為瓷磚工匠完成了耶路撒冷的工作後，就搬到了敘利亞，因為那裡有大量新建築物興建起來，刺激了瓷磚需求量。雖然這些敘利亞瓷磚在設計上和伊茲尼克瓷磚相近，但是敘利亞瓷磚的不同之處在於精彩地使用綠色和孔雀綠色，而不加入紅色。

約 1550–1600 年
大馬士革，敘利亞
石膏，在透明釉下施以綠色和藍色
高 29 公分，寬 37.5 公分（每塊）
伊迪絲・古德曼小姐遺贈
（G98.a–d）

4│4 塞利姆三世和改革

　　塞利姆三世（1789-1807 在位，圖一、二）是一個對歐洲有極大興趣的改革者，他登上王位後，於 18 世紀末發起了大量有眼光的改革，目的將奧斯曼帝國的行政和經濟現代化。他下達了名為 nizam-i-cedid（新命令）的規定，對行政、金融和軍事進行改革。軍事改革包括建立新的步兵部隊，以歐洲的方式訓練、裝備和穿著，修建新的軍營和船塢，開設陸軍、海軍和土木工程學校。

　　面對越來越多的外國進口商品，塞利姆在位期間還經歷了重振地方製造和產業的渴望。政府下達了促進使用在地紡織品和規定各階層人民服飾的命令，有現代標準的新工廠成立，其中包括貝克茲的造紙和玻璃工坊，和玉斯屈達爾的紡織品工坊（圖三）。

　　塞利姆也是一名熱情的藝術贊助者、天才詩人，和優秀的音樂家及作曲家。在他統治時期，音樂提升到更高的地位；奧斯曼帝國的第一場歌劇演出出現在 1797 年，新的樂譜標記系統也被委任制訂出來並一直沿用至今。

　　塞利姆對於神祕主義的傾心也很出名。他和梅夫拉維（Mevlevi）教團的關係密切，這個教團的創立者是 13 世紀時的波斯詩人、伊斯蘭神學家和蘇菲大師賈拉魯丁‧魯米。塞利姆翻修了梅夫拉維教團在加拉塔的道堂（tekiye），還創作了一些音樂作品並在教團活動中使用。

　　塞利姆的改革和西方勢力對奧斯曼事務越來越強的影響力惹惱了傳統的新軍（janissary）部隊、保守派烏里瑪和享有終身薪俸的要員，引發政治動盪，他也因此被推翻、入獄，最終在繼任者穆斯塔法四世的命令下被謀殺。

圖一　馬刀

這把精美的馬刀或 kilij 有嵌金的刀刃，曾為塞利姆三世的父親穆斯塔法三世（1757–1773 在位）蘇丹所有。上面的銘文是塞利姆所訂製書寫的，目的是表達他對父親的敬重，並祈願神祐助他的國土繁榮昌盛：

> 願這把水紋鋼（watered steel，大馬士革鋼）打造的劍，穆斯塔法汗的聖物，作為黃金寫成的句子的福報，成為祝福的來源。

> 蘇丹塞利姆，天性堅毅，心胸健康，是諸皇後裔，可一直追溯至亞當的時代。

> 因為他看重這個他父親的紀念物。哦真主啊，讓您的祐助如風一般，在蘇丹塞利姆的花園中吹拂吧，願他好運的風信子和他的希望永遠盛開。

1789–1807 年
伊斯坦堡，土耳其
鑲嵌動物角和金屬
長 95.2 公分
P.T. 布魯克‧西維爾先生出資
(1953,0515.1)

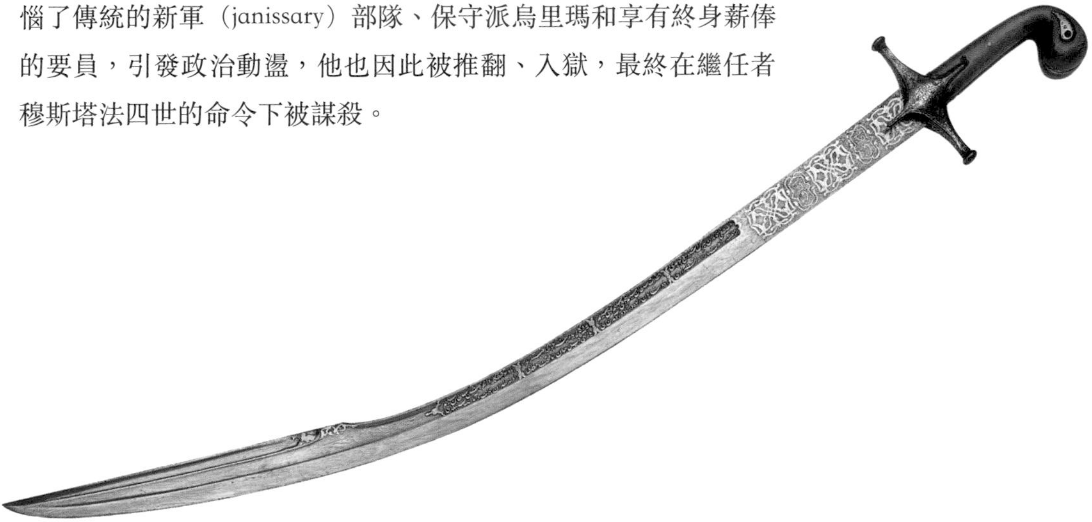

圖二　塞利姆三世畫像的明信片

在奧斯曼世界裡，為蘇丹畫肖像畫是一項固有的傳統。像圖中的這張明信片一樣，奧斯曼蘇丹們的肖像畫常常出現在 19 世紀末、20 世紀初的伊斯坦堡市場中，出售給當地人和外國旅客。這張肖像畫的作者是馬克思・弗赫特曼，他是一名自 1867 年起就生活在伊斯坦堡的奧地利企業家。肖像畫中的塞利姆三世穿著一件有皮草邊的長衫，頭戴有羽飾的纏頭巾。肖像的周圍有橢圓形的邊框，用法文和奧斯曼土耳其文寫著日期、他的生日和登基及死亡日期。

20 世紀初
伊斯坦堡，土耳其
印刷紙
長 14 公分，寬 9 公分
萊拉・因格朗捐贈
(EPH–ME.878)

圖三　女式長衫

這件「三式條紋」（üçetek entari）長衫有波浪式的邊緣和長袖，使用花樣繁複的絲綢布面，上面有交替出現的條紋、花草紋樣和鍍銅線（gilt-copper thread）組成的寬條帶。這種稱為「塞利米耶（Selimiye）」的布面材質是以塞利姆三世命名，他在伊斯坦堡亞洲區的玉斯屈達爾街區建立了紡織品染色、編織和刺繡工坊，並且從法國帶來了織工，創造出一種帶有歐洲風格的新輕量布，以此來和外國進口品競爭。

18 世紀末 –19 世紀初
伊斯坦堡，土耳其
絲，棉，鍍銅包裹的線
長 134 公分，寬 212 公分（包括袖子）
(As1974,16.2)

4│5 奧斯曼刺繡

紡織品在奧斯曼人生活的各個面向都扮演著重要角色，無論是在帝國宮廷中還是在普通居民家中都是如此，出現在衣物、飾品、家居織物和動物配具上。在節日和慶典場合中，紡織品的角色也十分重要。許多紡織品都顯示著精湛的技藝。刺繡在奧斯曼世界中的地位崇高，相比一門工匠手藝，刺繡更被看作一門藝術。

根據紡織品的用途、材質、編織者和主人的財富和社會地位、城市或鄉村出身、社會和宗教職業的不同，紡織品上的圖案和針法也各不相同，而且也體現出個人品味和喜好。雖然大多數的刺繡是使用彩色的絲和棉，縫製在棉布或亞麻布上，但是也會使用金屬線和用玻璃、珊瑚、綠松石和珍珠製成的亮片和珠子，刺繡的紡織品本身材質也包括皮革、絲綢和羊毛。

圖樣主要由花草紋樣組成（圖三）。但圖案和顏色風格會隨著時間而改變，和其他奧斯曼藝術形式一同演化，在技術上和設計上都融入新的元素（圖一）。比如在 18 世紀時，紡織品上出現了建築元素的表現和透視、陰影的概念，在 19 世紀時則加入了金屬線的使用。刺繡工藝出現在家用和商用範圍。女人們在家中刺繡，製作出自己使用或出售的作品，而男人則是在工坊中製作出用於帳篷、馬具、靴子、武器套和器皿上的裝飾材料。宮廷工坊生產各種各樣的刺繡用於蘇丹的宮殿內部，作為禮品或用於慶典場合（圖二）。

圖一　無袖外套

這件紫色天鵝絨外套（džube）上裝飾著穗辮和包裹金屬線的挑繡裝飾，是為科索沃普里茲倫（Prizren）一個東正教新娘製作的結婚禮物。這件衣服將會由新郎送給新娘在婚禮上和接下來的慶祝場合中穿著。19 世紀中軍隊風時尚越來越流行，充滿各種穗辮和挑繡，這樣的技術在傳統上也用在基督教會的紡織品上。類似的風格被稍加改動以適應當地的服飾傳統，得到了菁英階層的接受，使用價格不菲的金屬線絕對是明顯的地位象徵。

19 世紀中葉
普里茲倫，科索沃
絲，棉，銀（從背面和兩側、正面處的挑繡細節中可見）
長 111.5 公分
(2012,8037.1)

圖二　為麥地那先知清真寺製作的罩幕

這塊工藝精湛的絲綢罩幕是蘇丹馬赫穆德二世（Mahmud II, 1808–1839 在位）在他 1812/13 年重新從沙烏地人手裡光復麥加和麥地那之後，特意為麥地那的先知清真寺訂製的。為麥加和麥地那訂製奢華的紡織品是一項悠久的傳統。透過刺繡上明顯的蘇丹花押和精心挑選的古蘭經經文，這個罩幕也發揮政治效果，意味著蘇丹作為全體穆斯林的正統哈里發的正當性，並且重申他作為兩大聖地守護者的身分。

1808–1839 年
奧斯曼帝國，伊斯坦堡或開羅
絲、白銀和黃金
長 251 公分，寬 206 公分
哈里里家族信託捐贈
(2016,6030.2)

圖三　禮拜用布

這塊布曾被一個女子用來指示麥加的方向，因此它被稱為「朝向布」（qibla cloth）。它是由一塊舊物再利用的花草紋樣精緻刺繡布組成的，外圈加上了多彩的編織寬條帶和碎緞帶。和禮拜毯不同，這塊朝向布並不是放在地上，而是掛在牆上。紡織品在使用中總是不可避免地磨損變舊，然而刺繡圖案特別珍貴，人們捨不得丟棄，而用新的方式再加以利用。舊物身上具有的價值不僅是經濟上的，而且還有象徵意義。人們相信舊物會將福分（baraka）傳遞到新的物件上，也給物品的主人帶來福分。

約 1860–1880 年縫補
製作地點未知
絲和棉
長 138 公分，寬 84 公分
(2016,6016.1)

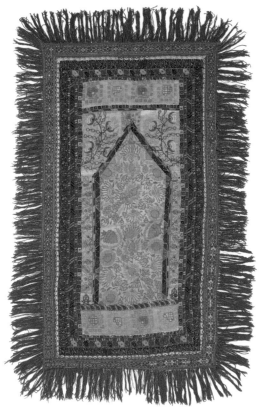

4│6 奧斯曼統治下的亞美尼亞社群

　　對非穆斯林的寬容是奧斯曼帝國顯現出的特徵之一。非穆斯林被稱作 dhimmis（齊民，受保護民），原則上是指猶太人和基督徒，他們在穆斯林社會中享有特殊的法律地位。亞美尼亞人就是享有此地位的重要少數宗教人口社群之一（圖一）。不僅是因為亞美尼亞人在商業上扮演要角，也因為他們深入參與伊茲尼克和庫塔亞的陶瓷產業。前文中所提到的 1510 年為庫塔亞的亞伯拉罕製作的水壺（見 160 頁），以及 1529 年為提爾—馬提洛斯主教製作的一個水瓶殘片（圖二），都是在庫塔亞工作的亞美尼亞陶工的作品。在拜占庭和奧斯曼時代，庫塔亞有相對龐大、興旺的亞美尼亞人口（圖三）；一份標註日期為 1391 年的亞美尼亞手抄本上顯示那裡曾有亞美尼亞教堂。

圖一　描繪著一群翻譯者的瓷磚

瓷磚上描繪的是西元 413 年，一群譯者將聖經翻譯成古典亞美尼亞文。四位亞美尼亞聖徒出現在畫面中：薩哈克（Sahak）、尼爾瑟斯（Nerses）、葛利格（Grigor）和美斯洛普（Mesrop），他們在 406 年時創立了亞美尼亞字母。畫面中他們手執羽毛筆和刻寫板，上面寫著最早的亞美尼亞字母。這個場面是 1734 年在威尼斯印刷的《亞美尼亞語言字典》的首頁畫。

18 世紀
庫塔亞，土耳其
石膏，在透明釉下施以多彩顏色
高 26 公分，寬 19 公分
奧斯卡・查爾斯・拉斐爾捐贈
(1932,0615.2)

圖二　水瓶

水瓶上的裝飾使用了蘇丹的花押（見 158 頁），在瓶頸和底部寫有亞美尼亞文，大意是：

提爾—馬提洛斯主教給寇塔伊斯帶去訊息。願聖母為你調解：送一個水瓶。願提爾—馬提洛斯欣喜地握住它……

願這個水瓶是寇塔伊斯送給聖母修道院的禮物。

標註為亞美尼亞曆 978 年（1529 年）
伊茲尼克，土耳其
石膏，在透明釉下施藍彩（頂部損壞）
高 23 公分，直徑 18 公分
伊迪絲·古德曼小姐遺贈
（G.16）

圖三　婚禮服裝樣式

這一組由 87 件服裝組成的婚禮嫁妝樣式，是一位亞美尼亞裁縫為客戶展示的訂做樣品。裡面有各式符合富裕的都市新娘品味的服飾，包含亞美尼亞、伊朗和喬治亞時尚。這些嫁妝中有內衣、褲子、長裙、外套、披肩、腰帶和面紗，以及床單被罩和小件飾品。亞美尼亞人在奧斯曼帝國、波斯帝國和俄羅斯帝國的社會中扮演著重要的角色，其服飾傳統融合了不同的地方服飾元素，創造出一種多元的都會風格。

1850–1900 年
亞美尼亞或伊朗
絲，棉和羊毛
盒子：長 26.5 公分，寬 18 公分，高 11 公分；
最大件的紡織物：長 37 公分，寬 73 公分；
最大的裙子：長 22 公分，寬 24 公分
（As1934,1023.1）

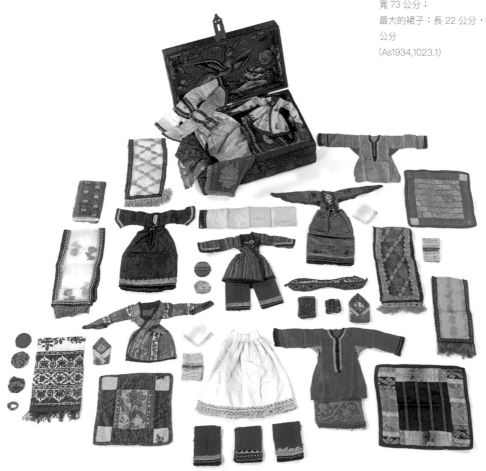

4│7 澡堂日常

　　土耳其浴室（hammams）延續了羅馬浴的傳統，在整個伊斯蘭時代中持續新建。它受歡迎的原因可能是因為澡堂可以在週五聚禮日前為穆斯林提供全身清潔。許多澡堂事實上都建造在和清真寺及宗教聖墓咫尺之遙的地方，或是作為宗教和教育建築群的一部分，土耳其浴室的收入構成了建築群的重要收入來源。奧斯曼帝國時期，在伊斯坦堡和重要的區域行政中心城市，與建了許多澡堂並且得到捐獻人的供給和維護。傳說大馬士革有 365 個澡堂，每一座澡堂對應著一年中的一天。

　　奧斯曼澡堂和羅馬浴場的不同之處在於它強調的不是蒸氣，而是流動的活水。典型的土耳其澡堂有三個房間：熱室，用來蒸氣浴和搓澡按摩；暖室，用肥皂清洗並用流水沖淨；冷室，通常是一個有凳子的大廳，人們在此更衣、喝飲品、放鬆和社交活動。

　　澡堂並非專屬男性：有一些建築群裡有專門為女人和小孩準備的浴室（圖三），其他的則有不同的開放時間。去澡堂這件事也具有重要的社會功能，並且在所有重大人生儀式的準備工作中都參與一腳，例如生小孩、割禮和婚禮，而且也和所有的宗教性大餐和慶祝有關。澡堂用品包括毛巾和木拖鞋（圖一、二）等。奧斯曼澡堂讓歐洲人十分羨慕：19 世紀造訪這一地區的作者，全都不忘描寫上澡堂的經驗。他們的這些描繪無論是準確或是獵奇的、積極的或消極的，都是受異國想像的驅動，並且讓大量描繪澡堂的視覺表現出現在東方主義繪畫中，並致使不同的歐洲城市裡出現了土耳其澡堂。

圖一　一雙澡堂木拖鞋

木質的澡堂拖鞋在土耳其語中是 nalin，或是阿拉伯語中的 qabqab。這樣的拖鞋是避免澡堂裡的人們踩在溼地板上摔倒。男式的木拖鞋相對較樸素，鞋跟也更矮，女士們的拖鞋則可以非常精美。例如圖中的這一雙，上面有花紋和鑲嵌，通常標誌出女子的高社會地位。加上穿上這樣的木拖鞋很可能需要有隨從攙扶才能走路，這也凸顯出女主人的社會階層。

19 世紀
土耳其
木頭、錫、珍珠母貝、皮革、絲絨，鍍金屬包裹的線
高 26 公分，長 24.5 公分，寬 19 公分
亨利·克里斯蒂遺贈
(As.1553.a–b)

圖二　刺繡圖案毛巾

不論是在澡堂中用來擦身體或是圍起來保護隱私的大毛巾，或是在家中或澡堂的冷室中送上飲料後擦手的小手巾（peşkir），兩端都有精美的刺繡圖案。精細的刺繡成品作為新娘的嫁妝，有的出自工坊，有的則是家中手製。澡堂中擺出來的毛巾和餐巾給年輕姑娘們一個機會展示她們的針線活，讓熱中於牽線搭橋的紅娘們可以瞧見。

約 1830–1850 年
土耳其
棉、絲、銀線
長 163 公分，寬 60 公分
(2014,6013.10)

圖三　女子帶著小孩去澡堂

畫中一個女子帶著一個小男孩去澡堂，她帶著一個以紅布遮蓋或是包裹的容器，紅布上繡了金屬絲線。容器裡放有進澡堂要用的物品：各種浴巾（每個澡堂房間需要一件，圍繞身體的浴巾叫做peştemal）、換洗衣物、浴室拖鞋、用來沖洗的浴碗、肥皂、鏡子和梳子，以及盛放海娜染料、香水和其他化妝品的容器。

1620 年
土耳其
奧斯曼服飾冊（見 240–241 頁）
墨水，不透明水彩，紙，黃金
高 20.7 公分，寬 13.7 公分（頁面）
漢斯．斯隆爵士遺贈
(1928,0323,0.46.122)

4|8 咖啡和咖啡館

14 世紀時，沙奇里亞蘇菲教團的一位長老阿里·伊本·歐瑪爾·沙奇里從衣索比亞回到位於葉門的摩卡，他向同伴們介紹了一種用煮過的咖啡粉末製成的飲料。這種飲料可以幫助教團的成員提神醒腦，在「讚主」（dhikr）活動中加強他們的心智狀態。逐漸地，咖啡越過了宗教教團的界線進入到世俗領域中，受到社區百姓們的喜愛。咖啡的飲用隨同奧斯曼帝國各地的貿易和朝聖路線傳播，在 16 世紀初抵達了伊斯坦堡。在帝國的邊界以外，咖啡館也在 17 世紀初出現在伊斯法罕和加茲溫。

咖啡館是一個讓來自不同的社會、種族和宗教背景的人以平等地位見面的場所。宗教和政治權威並非都能欣然接受咖啡，曾經以其有害健康、道德以及人群聚集會對現有秩序造成威脅為由，多次頒布咖啡禁令。但咖啡的風潮依舊繼續擴散，因此禁令被收回了，人們繼續在公眾場所和私下聚集起來享受咖啡。與咖啡有關的器物也應運而生，如烘豆盤、咖啡杯和咖啡壺（圖一至三）。

透過奧斯曼人的傳播，咖啡很快引起歐洲人的興趣，首先是出於科學或是植物學上的好奇，隨後則是作為貿易商品以及作為異域文化的一個面向，吸引了很多人對咖啡的接受。對咖啡的喜愛迅速遍布歐洲各地，咖啡館於 1615 年出現在威尼斯，隨後是 1644 年的馬賽，1651 年的維也納和 1652 年的倫敦。歐洲列強為了掌控咖啡這項利潤極高的貿易，在他們所控制的那些氣候和土壤適宜的地方，尤其是今天的爪哇、哥倫比亞和巴西，建立了種植園。咖啡的生產和出口持續擴大，最終奧斯曼人喪失了對咖啡貿易的壟斷，咖啡豆成為全球性的商品。

圖一 烘烤和攪動咖啡豆的工具

咖啡豆的烘烤是準備咖啡過程中的關鍵。咖啡豆是現點現烘，在烘烤的過程中伴隨著每一次攪拌都飄來濃郁的香氣，這是感官體驗的一部分。這個烘豆工具（mahmassa）的形狀像是一個有長柄的大勺子，下面有輪子，可以讓它在地表高度的火苗中方便移動。咖啡豆烘烤完畢後，會晾在一邊直到冷卻，然後放入一個搗臼或是研磨器中磨碎和沖泡。

20 世紀初
阿勒頗，敘利亞
鐵和銅合金
烘豆盤：長 78 公分，寬 22 公分；
攪拌工具：長 67 公分，寬 7 公分
(As1975,07.17.a–b)

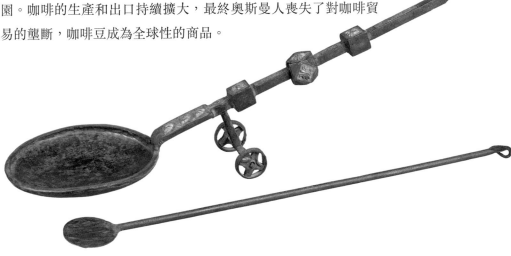

圖二　咖啡師傅的繪畫

這幅畫描繪了一名身著圍裙、下中端著兩杯咖啡的咖啡師傅（kahveci）。在奧斯曼帝國的宮廷裡，有一個人專門負責為蘇丹製作咖啡。準備和沖泡咖啡有許多不同的方式，每一位蘇丹都各有偏好。這幅畫來自於一本由124張畫組成的畫冊，這名未具名的藝術家在畫中表現了奧斯曼歷代蘇丹、王公大臣和軍隊中的人物（171頁的圖3是來自同一本畫集）。這種畫冊稱為服飾畫冊，製作目的是為了滿足歐洲人對於奧斯曼社會組織、習慣和風俗的強烈興趣和著迷。

1620年
土耳其
墨水，不透明水彩，紙，黃金
高20.7公分，寬13.7公分（頁面）
漢斯・斯隆爵士遺贈
(1928,0323,0.46.98)

圖三　咖啡壺

這個咖啡壺生產於庫塔亞，是18世紀尤其流行的一種樣式。這樣的咖啡壺可以盛放一或兩份咖啡，它的裝飾圖案受到了中國和日本陶瓷器的啟發。包括咖啡壺、咖啡杯之類的實用器物曾在庫塔亞大規模地生產，以出口到歐洲並滿足歐洲人對咖啡以及相關器物越來越多的著迷。

18世紀
庫塔亞，土耳其
石膏，在透明釉下施以多彩顏色
高15.8公分
約翰・亨德森遺贈
(1878,1230.554)

4 | 9 各種文化的結合

1600 年成立的英國東印度公司與 1602 年成立的荷蘭東印度公司，讓這兩個國家能夠直接從許多印度洋周邊的港口直接取得例如絲綢、瓷器、茶、象牙和香料的奢侈品，並且為各自國家的政府財庫積聚起前所未有的財富。在這樣的背景下，奧斯曼人、薩法維人和蒙兀兒人與歐洲夥伴形成了貿易關係和外交聯盟，以推動各自的政治目標。一雙伊朗的藍白陶瓷鞋（圖一）可能就是為了因應歐洲對中國瓷器越來越高的需求所製作的，但是它們也暗示出了薩法維伊朗在 17 世紀時具有的重大文化影響力，以及在與歐洲進行的全球貿易中所扮演的重要角色。而右頁這件伊拉克猶太人的結婚禮服（圖二）則講述了一個不同的奧斯曼帝國末期的貿易故事，像時間膠囊一樣留存著 19 世紀中、末葉的全球化風氣。許多巴格達猶太人是富有的企業家，他們透過東印度公司進入了世界貿易網絡，並在蘇拉特（Surat）、孟買和加爾各答的貿易港口建立了社群。正是在這些地方，女子們接受、採納了沙麗上衣作為她們在婚禮和儀式上穿著的伊拉克服飾。

圖一　藍白陶瓷鞋

這些真實尺寸的陶瓷鞋是在 17 世紀的薩法維伊朗為歐洲市場燒製的，它們並沒有以歐洲人的時尚為設計基礎，而是採用了在當時的首都伊斯法罕和其他伊朗城市裡的上層人士穿的有鞋跟的樣式。造訪伊朗的西歐人著迷於這種款式，將有鞋跟的皮鞋和靴子帶回了歐洲母國，這一潮流很快就在荷蘭、英國等地的男士時尚中風靡起來。然而，這樣的陶瓷鞋不是用來穿的。在 17 世紀的荷蘭，精美上色的陶瓷鞋是送給新婚夫婦的結婚禮物，以祝福夫妻好運，所以這一雙可能就是為此用途製作的。

1610–1640 年代
克爾曼，伊朗
石膏，在透明白釉下施以藍色
長 24 公分，高 13 公分，寬 8 公分（每隻）
奧古斯都·沃拉斯通·富蘭克斯爵士捐贈
(1887,0617.3)

圖二 猶太結婚禮服

這套衣服曾在 1865 年左右被艾斯特・馬納塞赫穿過，她是一個生活在奧斯曼巴格達的塞法迪猶太（Sephardic Jewish）新娘，這套衣服顯示出了多元文化樣貌和高調外顯的渴望。使用了昂貴的敘利亞或法國錦緞，並且用了鍍金線鑲邊，這件顯露身材的長裙有百褶裙撐、低領口和華麗裝飾的袖口，反映出了當時奧斯曼帝國的時尚。更不尋常的是，艾斯特還在半透明的紗衣（此處展示的紗衣並非原物）下面穿了一件沙麗（sari）胸衣，這是在印度的巴格達猶太人穿的慶典服飾樣式。艾斯特一定是下了專門的海外訂單來購置她獨一無二的結婚禮服，搭配一條寬鬆的褲子和頭飾。

1860–1865 年
巴格達，伊拉克
絲，棉，鍍金線
長 131 公分，寬 147 公分（長裙）；
長 29 公分，寬 55 公分（胸衣）
R. E. 瑞雅女士捐贈
(As1971,09.2–3)

圖一　沙・阿巴斯一世的肖像畫

阿巴斯一世的這幅肖像畫被認為
是出自碧珊達斯之手，他是來
自蒙兀兒皇帝賈漢吉爾（1605–
1627 年在位）宮廷的一位非常
受尊敬的藝術家，這是一幅十分
稀有的描繪這位薩法維君主當時
樣貌的肖像畫。人們認為這幅畫
是一幅記錄 1613 年至 1619 年蒙
兀兒大使汗・阿拉姆在伊斯法罕
的薩法維宮廷駐節的更大作品的
習作。這樣的肖像畫是一種重要
的外交工具，它提供了對外國統
治者和使節們的身體和心理樣貌
的解說。

單頁畫作，裝裱在單頁畫冊頁中
約 1618 年

印度
墨水，不透明水彩，紙，黃金
高 36 公分，寬 23.8 公分（頁面）；
高 18.1 公分，寬 9 公分（畫面）
(1920,0917,0.13.2)

圖二　納斯爾丁沙王的肖像畫

這幅卡札爾王朝的納斯爾丁沙王
（1848–1896 在位）的肖像畫出
自穆罕默德・伊斯瑪儀之手，他
是 19 世紀中葉時的著名藝術家
也是漆畫家。這幅畫的重要性可
以在它有三張 1850 年代的複製
品上看出來。對比自然但是經過
巧妙裝飾渲染的沙・阿巴斯一世
肖像（圖一），這幅作品喚起的
是像照片一樣的現實主義，一種

對於沙王魅力的著迷。在沙發的
金色邊上，畫家在落款中寫著：
「最謙卑的汗納札德・伊斯瑪儀
繪」。

單頁畫作
畫作上落款的日期為伊曆 1270
年（1853/4 年）
伊斯法罕，伊朗
墨水，不透明水彩，紙
高 33 公分，寬 21.1 公分
(1947,0210,0.1)

伊朗：從薩法維到卡札爾

薩法維王朝的到來在伊朗不僅意味著古老的土地上崛起了一支新勢力，更是永久地改變了這個國家的宗教面貌。雖然薩法維王朝是遜尼派謝赫薩菲丁（1253-1334）的後代，但他們接受了十二伊瑪目什葉派，並在其第一個首都大不里士宣布十二伊瑪目什葉派是國家的官方宗教。王朝的建立者，沙王伊斯瑪儀一世借助奇茲爾巴什（意為「紅頭」，指的是他們戴的紅色帽子）勢力消滅了伊朗西北部的白羊王朝從而獲得了權力，奇茲爾巴什是同樣追隨十二伊瑪目什葉派的土庫曼部落。在 10 年時間裡，伊斯瑪儀一世繼續擴張，其領土包括了今天伊朗全境。

在巔峰時期，薩法維人也統治今天的伊拉克、巴林、高加索、中亞和部分的土耳其、敘利亞以及巴基斯坦，但是薩法維帝國的邊境從西邊和東邊分別受到奧斯曼人和烏茲別克昔班尼王朝的威脅。這致使薩法維人決定把都城搬到更靠近內地的地方，首先是伊斯瑪儀的兒子塔赫瑪斯普一世（1524-1576 在位）將都城遷去加茲溫，後來又在沙王阿巴斯一世（1588-1629 在位）期間遷到伊斯法罕。他的新城市中心透過輝煌的清真寺、宮殿和市場建築設置以及獨樹一幟的瓷磚工藝，表現出了薩法維認同。另外，他把亞美尼亞人從亞塞拜然的舊朱爾法遷移到伊斯法罕的新居住區域，他們在這裡可以壟斷絲綢貿易，而且能和歐洲、印度和東亞產生全球貿易。這些新方案形成了薩法維工藝生產審美中的多元文化樣貌，在手抄本、單頁繪畫、可攜式藝術品和建築物中都是如此，多數的這些作品都來自皇家書屋，藝術贊助最終也擴展到了包含都市菁英和商人階層。

沙王阿巴斯的統治結束後，在阿巴斯二世（1642-1666 在位）和蘇萊曼一世（1666-1694 在位）期間建造了兩個著名的皇家亭台（40 柱廳、八天堂宮），顯示出重要的裝飾設計。薩法維王朝在 1722 年滅亡，來自阿富汗的部落侵入了伊斯法罕。後來，納德爾·汗·阿夫沙爾成為實質的伊朗統治者，直到他本人遭到暗殺，卡利姆·汗·贊德（1750-1779 在位）崛起，統治著從舍拉子到伊朗南部的地方。1794 年，對手卡札爾部落崛起，他們自從 1779 年起就在伊朗北部積累著實力。他們暗殺了最後的贊德統治者，以阿伽·穆罕默德（1794-1797 在位，於 1796 年加上了呼羅珊地區）為首建立了卡札爾王朝，阿伽·穆罕默德在 1797 年遭到暗殺，繼任的是他的侄子法提赫·阿里沙（1797-1834 在位）。他從德黑蘭開始施行統治，修建了無數宮殿和官方建築，但最為人所知的是他在真人大小的油畫中的樣子。雖然伊朗有悠久的手抄本繪畫傳統，但是面對新近流行的大尺寸皇家肖像、印刷媒體和攝影技術的發展，手抄本繪畫縱使沒有滅亡也衰落了。在著名的納斯爾丁沙王的統治時（圖二），攝影技術傳入伊朗，沙王於 1851 年在德黑蘭創立了首座技術學院，並在 1873 年首次去歐洲旅行。在卡札爾人的統治下，其他類型的藝術也很繁榮，例如滿足宮廷和宗教性背景的漆器和其他可攜式器物，它們反映出了不同的品味和主題，並且展現出早期時代的延續性。

4 | 10 伊朗的什葉派

　　十二伊瑪目什葉派是在薩法維王朝統治的伊朗鞏固下來的，直到今日仍然是伊朗的官方宗教。作為藝術和建築的偉大贊助者，薩法維人建造了數不勝數的宗教和世俗紀念物，並且給什葉派聖陵捐獻了重要的器物，這其中特別明顯的例子是阿巴斯一世給謝赫薩菲丁（Safi al-Din，薩法維王朝的名稱即從「薩菲」而來）在阿爾達比勒的陵墓捐獻了一批中國青花瓷。宗教和世俗的圖像在薩法維藝術中，以各種方式併入到了一起，也以相似的視覺語言分別或一起表達宗教和世俗感情，例如在同一個器物或建築物表面上，同時出現古蘭經的經文和波斯文的詩歌（圖二、三）。

　　自從薩法維時代以來，對先知一家（先知穆罕默德、女兒法蒂瑪、女婿阿里和孫子哈桑及胡笙）表示崇敬的最強烈什葉派表現就是阿舒拉日儀式，這一天有紀念先知的孫子胡笙殉難的宗教遊行和表演。胡笙的殉難發生在伊曆 61 年的 1 月 10 日（680 年 10 月 10 日）反抗伍麥亞哈里發亞齊德的卡爾巴拉戰役中（圖一）。紀念胡笙殉難的遊行在伊朗各地舉行，由男人舉著稱為 alam 的儀仗（旗）。桿的造型使用各種象徵性的形狀，例如阿里之劍（圖二）、代表先知之家五名成員的手，或是像卡札爾時期的孔雀儀仗（圖四）。在卡札爾時期，人們都有機會參加的儀式遊行和劇場表演越來越受歡迎，這種表演常常有一個說故事的人，背襯著一個可以輕易移動到另一個地方的幕布（見 224-225 頁）。

圖一　水壺

雖然這個有稜面的水壺很可能是歐洲器物被波斯陶工複製的例子，但它的結構和黑、藍配色則是中國青花器物的影響在波斯器物上的體現。這件水壺內裡的波斯文字反映出了強烈的什葉派反伍麥亞哈里發亞齊德的情感，上面這句波斯文的意思是：「喝些水，然後詛咒亞齊德」。

標註為伊曆 1109 年（1697/8 年）
伊朗
石膏，在透明釉下施以黑色和鈷藍色
直徑 8.8 公分（底圈），高 11.5 公分
伊迪絲・古德曼小姐遺贈
(G.324)

圖二　儀仗

象徵著阿里之劍（Dhu'l faqar）的形狀，這根旗是在什葉派宗教遊行時，尤其是在一月的阿舒拉日時舉著的。它是大英博物館的一對藏品中的一個，上面的銘文寫著「十四個完美無瑕的人」的名字，即穆罕默德、法蒂瑪以及十二位伊瑪目。在頂部的圓章中，用阿拉伯文寫著「真主無所不能」（Allah Jalla）。

17 世紀末
伊朗
鍍金黃銅，銘文和裝飾
高 127.5 公分，寬 26.7 公分，厚 4.5 公分
奧古斯都·沃拉斯通·富蘭克斯爵士捐贈（1888,0901.17）

圖三　繪有吊燈和米哈拉布圖案的瓷磚

瓷磚上裝飾著一個清真寺吊燈和一個米哈拉布尖拱，這塊瓷磚可能曾是一個墓碑。有古蘭經的

「寶座經文」（2:255）和什葉派伊瑪目的名字環繞著瓷磚，在底部，阿拉伯文上面有一個波斯文的條框，裡面的詩句是來自於詩人哈菲茲（Hafiz）：「在墓碑和死亡面前沉思和觀察，從我胸中的火焰中，煙霧是如何從裹身的白布中升起的。」

17–18 世紀
伊朗，可能是克爾曼
石膏，不透明白釉上施以藍色和黑色
高 69 公分，寬 41 公分
（OA+.10639）

圖四　孔雀儀仗

在這個孔雀造型的金屬儀仗上，有一個坐在寶座上、遮著臉的人，還有各種其他的人物、精靈和動物。這樣豐富多樣的生命圍繞著一個中心人物，暗示了他可能是所羅門王（蘇萊曼王），他在古蘭經中也是一個先知和公正的統治者，有和鳥獸講話的能力。

19 世紀
伊朗
鋼，刻有一些鍍金和金鑲嵌物；綠松石眼睛
高 89 公分
艾慕瑞·施瓦格透過藝術基金會捐贈（1912,0716.1）

4│11 王道和權威

　　如同之前的統治者們，伊朗薩法維王朝和卡札爾王朝的統治者們也透過視覺表現的方式，在器物和建築物的裝飾中將他們的權威和古老的神話先王聯繫起來以獲得正統性。這樣的主題持續出現在波斯化的視覺藝術題材中，在菁英階層和大眾文化中都能看到。隨著什葉派被鞏固為國家宗教，像蘇萊曼（所羅門）這樣被所有「有經人」尊崇的人物，成為了理所當然的王道和公正統治的榜樣。在古蘭經中，蘇萊曼是一名會和鳥獸說話的先知，他以智慧和公正統治所有生物。在薩法維沙王蘇萊曼一世的統治末期，有一段雕刻在鋼牌上的古蘭經文提到了蘇萊曼，策略性地透過他們共通的名字達到政治目的（圖二）。蘇萊曼也出現在一個金匠盒的蓋子上，這很可能是用來獻給王公貴族（圖三）。

　　19 世紀末的伊朗，阿契美尼德和薩珊的圖案興起一股強勁的復興，呈現在瓷磚上，以及陶瓷器、金屬器、地毯和建築設計，這可能直接反映了卡札爾統治者納斯爾丁·沙（1848-1896 在位）時期的興趣。大英博物館收藏了兩塊瓷磚，描繪傳說中的波斯王賈姆希德坐在寶座上。這兩塊瓷磚屬於同一類建築裝飾，是直接雕刻石頭或模製後以釉下上色而成（圖一）。藝術家和工匠可能利用當時的古代紀念物重新生產模具並複製其圖像。仍在原地的最著名例子是橙樹宮和阿菲法巴德花園，這兩個住宅都屬於在舍拉子政治中十分活躍的卡瓦姆家族，時間可追溯至 1800 年代末。

圖一　繪有坐姿統治者的瓷磚

透過寶座下方的文字可以知道這個坐姿統治者是傳說中的賈姆希德，《王書》描述他為世界的第四位國王。這塊瓷磚以和波斯波利斯的阿契美尼德浮雕有關的仿古風格呈現，屬於建築物裝飾中的「復興」類別，這種風格在德黑蘭，尤其是舍拉子的私人住宅中出現（瓷磚左上和右上方的建築物可能就代表了這些地方中的某個地點）。大英博物館收藏的另一塊瓷磚描繪了相同的畫面，但是方向相反，是從雪花石膏（alabaster）中雕刻出來的。

約 19 世紀末
舍拉子或德黑蘭，伊朗
石膏，模製，在透明釉下施以彩繪
高 30 公分，寬 31 公分，厚 2.5 公分
沃德瓦德遺贈
(1981,0604.2)

圖二　裝飾板，可能是門上的裝飾

在這個裝飾板上的三一體書法說的是古蘭經中蘇萊曼和碧麗齊斯（Bilqis，即示巴女王）的故事，女王在這時候收到了蘇萊曼的訊息（27:30）：

這封信是蘇萊曼寄來的，內容是：
奉至仁至慈的真主之名。

這樣的雕透工藝鋼飾板代表了 16 和 17 世紀時金屬器物生產中的重要發展，這樣的器物出現在陵墓的門上或墓碑上。它們也被用在什葉派的儀仗上。

標註為伊曆 1105 年（1693/4 年）
伊朗
鋼，雕透工藝
高 34.3 公分，寬 25.4 公分
（OA+.368）

圖三　金匠的盒子

這個精美的盒子顯示出 19 世紀人們對於漆器的喜愛，它裡面有每一件都同樣精雕細琢的鑲金工具，這些鋼製的工具是金匠用來給珠寶稱重的，有剪刀、鑷子、量匙、三個不同大小的秤，一把可以延長的尺子，一把銼刀和一套砝碼。盒蓋上描繪了蘇萊曼王坐在寶座上，周圍圍繞著 peris（有翅膀的靈）、精靈、大臣和動物，以及他的信差戴勝鳥。盒蓋內側，波提乏（Potiphar）的妻子和身前的優素夫（約瑟夫）和其他的坐姿人物一同出現。在蓋子的裡面，有一個上了合葉的鏡子，兩邊的玻璃上有先知穆罕默德的女婿阿里和他的兒子，哈桑和胡笙以及天使們。

約 1840 年
伊朗
木頭，彩繪和上漆，鋼製天秤、砝碼和鑲金工具
長 64.5 公分，深 37 公分，高 16 公分
富蘭克·庫克律師捐贈
（1927,0525.1）

4│12 宮廷生活

17 世紀時來到伊斯法罕的歐洲旅客，曾驚訝於薩法維統治者們在皇宮空地上的亭台樓閣中舉行的奢華盛會。有兩個這樣的場所，一個是 40 柱廳（1647 完工，1706 重修），另一個是八天堂宮（建於 1669），它們分別建於沙王阿巴斯二世（1642-1666 在位）和沙王蘇萊曼（1666-1694 在位）時，這些美麗的建築物被一直保存至今，見證了波斯─什葉派的王道觀念和權威如何透過改編的波斯宴飲和宮廷娛樂傳統彰顯出來。賓客除了享受一道又一道的奢侈美食和飲料以外，還有宮廷樂師和舞者帶來的娛樂，四周圍繞著富麗堂皇的紡織品、家具和流光溢彩的鋪陳，建築的設計確保了座次也有尊卑之分，所有的一切完美組合起來，向外國的達官顯要強調沙王的財富和權力。

受到當時插畫手抄本和大壁畫啟發的繪畫出現在凹壁和瓷磚上，妝點著這些建築物的牆壁。根據地點的不同，這些畫會表現歷史上的重要會面或戰役，以及文學或是表現出愛和慾望的圖像（圖二）。在伊斯法罕的宮殿裡，由乾繩瓷磚組成大面積畫面表現出帖木兒王朝的傳統繼續在薩法維時代延續，但是又帶有新的特點，對圖像的關注更勝過抽象主題（圖一、二）。到卡札爾時期時，宮殿亭台的視覺圖像已經發展成一種延續了建築凹壁中的傳統圖像，但是尤其喜愛實體尺寸的皇家肖像畫的風格，這些圖像被特意安排在它們要傳達最強烈的權力訊息的地方（圖三）。

圖一　繪有獵人的瓷磚

這塊瓷磚是更大面積的瓷磚的一部分，描繪的是戶外場景（與圖二的拱肩相似）。它參照的是 17 世紀初的當代書本、紡織品或地毯藝術。完整的畫面場景很可能曾經用於裝飾一座宮殿或是私人宅邸。

約 1600–1650 年
伊斯法罕，伊朗
石膏，在乾繩技術的瓷磚上施以黃色、松石綠色、鈷藍色、綠色、黑色和加有錳紫色的不透明白色
高 22 公分，寬 17.5 公分，厚 3 公分
艾西‧維尼弗瑞‧紐貝瑞女士捐贈（1949,1115.8）

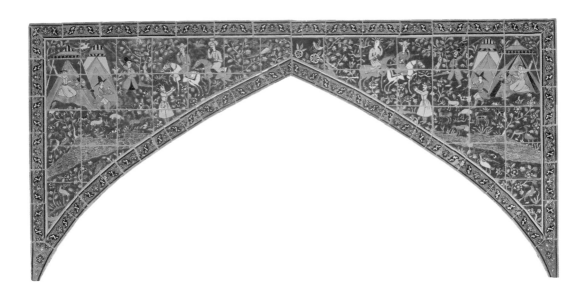

圖二　宮殿或私人宅邸上的「拱肩」

建築構件——拱肩（spandrel），包含左右兩個部分，兩邊的圖案相互對應，描繪的是宮廷的戶外場景，有紮起來的帳篷和王公隊伍。左右兩端，各有一名女子正在紡織，一個男子吹奏豎笛（ney），其他人正在歡迎一個頭戴王冠的人物，他騎著馬，在隨扈的簇擁下走近帳篷，另有兩人頭戴歐洲的寬邊帽。雖然這個建築構件和阿巴斯二世於伊斯法罕宮殿中的皇宮馬廄有關，但是它的具體背景仍然有待確定。

約 17 世紀和後來的修復
伊斯法罕，伊朗
石膏，以黃、松石綠、鈷藍、綠、黑、不透明白色和淺灰一藍釉上色，配以乾繩瓷磚上的錳紫色
高 167.7 公分，寬 350.5 公分
查爾斯‧哥倫威第一代男爵捐贈
（1937,1217.1）

圖三　一位卡札爾王子及其男僕的肖像畫

在這張肖像畫中，有一位王子穿著軍裝，他的精美長袍、勳章和裝飾品十分顯眼。他身旁的男僕手裡拿著一把有裝飾過的槍托和槍栓的火繩槍。雖然我們無法辨認出這位王子的身分，但是他可能是卡札爾王朝統治者法提赫‧阿里‧沙（1797–1834 在位）的 50 個兒子之一。在帆布上用厚重但不鮮豔的顏色繪製的真人大小的王公貴族肖像畫在卡札爾王朝時期十分流行，這些肖像畫常常在私人宮殿或宅邸的建築凹壁中展示。

約 1840 年
德黑蘭，伊朗
帆布，油畫
高 183 公分，寬 91.5 公分
T. 賽義德－勞特先生和女士遺贈
（1947,1108,0.1）

4｜13 宴飲和打獵

一件標註日期為伊曆 1088 年（1677/8）的釉下彩瓷盤，上面的文字說明它是一個上菜盤並且祈願在座的賓客都能幸福安康（圖一）。數量眾多的現存薩法維時期的陶瓷和金屬器物顯示出，宴飲是宮廷生活的重要面向，也是源遠流長的波斯文化傳統。bazm u razm（宴飲和打獵）是一種平衡的概念，戰鬥帶來勝利，勝利值得盛大慶祝，而宴會反過來可以鞏固君主的權力和正統。

在 17 世紀的薩法維伊朗，宴飲扮演了關鍵的政治角色，幫助君主將古伊朗的王道傳統和什葉派的中央權威融合起來。公開展示或私下收藏的那些奢華而令人眼花撩亂的鑲嵌工藝金屬器、釉下彩、金光彩陶瓷容器，描繪出一幅色彩繽紛的伊朗菁英階層的宴飲場面。這些器物上的文字和圖像、形式和技術也揭示伊朗當時的多元文化傳播，從東亞、歐洲和印度之間往來流動（圖三、四）。這時期的繪畫顯示這類器皿不僅在宮廷菁英人士中頻繁使用，蘇菲托缽僧也會使用（圖二），他們中有一些人可能和薩法維家族有關聯，薩法維家族本身就是蘇菲長老（謝赫）阿爾達比勒的薩菲丁的後代。

圖一　繪有絲柏樹和雉雞的盤子

這個盤子上的裝飾反映了各種其他陶瓷器皿元素的集合，例如那些在克爾曼製作的器皿上的尖尖的花草；而上面的絲柏樹和雉雞則是反映出了當時的書籍和地毯藝術中的元素。文字框由黑底白字構成，代表了 16 世紀期間的一種流行風格。文字大意是：

願盤中永遠盛滿了來自合法〔清真〕財富的福分，願它總是陪伴在幸運的人們左右，願盤中永遠不會缺少福分，在一年各月份中，無論是哪一位進食，願他們的身體健康，遠離病痛。

標註為伊曆 1088 年（1677/8）
克爾曼，伊朗
石膏，在透明釉下施以黑、藍、綠、紅色的泥漿
直徑 22 公分（底圈），直徑 40.5 公分（外沿）
伊迪絲・古德曼小姐遺贈
（G.308）

圖二　一群托缽僧聚集在野外

在這幅集合了使用鮮豔色彩的著色畫元素的繪畫創作中，有各種處於不同狀態中的托缽僧，有人酒醉中，有人在禮拜，有人在冥想，有人在清潔，有人在準備酒和喝酒。和這一主題先前版本的最大不同之處在於，這一幅裡描繪了青花瓷，在柔和的景色中十分鮮明。這可能是在暗示薩法維統治者阿巴斯一世曾給位於伊朗阿爾達比勒的薩菲丁陵墓捐獻過中國青花瓷器，這表明蘇菲可能也使用青花瓷。

裝裱在畫冊頁中的單頁繪畫
約 1640 年
伊斯法罕，伊朗
墨水，不透明水彩，紙
高 41.9 公分，寬 26.9 公分（書頁）；高 26.9 公分，寬 19.3 公分（圖像）
(1920,0917,0.300)

圖三　瓶子

雖然明顯受到中國瓷器的影響，許多 17 世紀在伊朗燒製的藍白（青花）陶瓷器都顯示出了適應在地波斯人品味的審美設計。圖中此瓶是 20 個同類瓶子其中之一，它們都有相似的形狀，只是在裝飾主題上略有不同。此瓶描繪的是宮廷主題：一個穿著歐洲服飾的年輕人正從女子手中接過酒，瓶子另一側則是一個穿著歐洲服飾的男子正在用步槍打獵。這樣的人物可能顯示出了伊斯法罕的多元城市環境。

17 世紀（瓶子）；19 世紀（瓶嘴）
馬什哈德，伊朗
石膏，在不透明白釉上方繪有藍色和黑色
高 34.8 公分，寬 20 公分，直徑 12 公分
約翰・亨德森遺贈
(1878,1230.618)

圖四　水壺

水壺的造型和裝飾表現出 17 世紀的波斯品味、中國青花瓷和印度金屬器物的融合，上方尖的花苞形狀、外展的足部和高把手，正是印度金屬器物的影響。這個水壺被認為是來自馬什哈德，因其製作者馬赫穆德・米瑪爾・雅茲迪和賈瑪爾丁・馬赫穆德・雅茲迪有關聯，後者的名字出現在位於馬什哈德的什葉派伊瑪目禮薩的陵墓穹頂上（他曾進行穹頂的修復）。負責為這個器物上色的很可能是馬赫穆德的同事札里（Zari），器物上的裝飾反映出受到當時中國出口瓷器的影響。中國出口瓷器被荷蘭人稱為「克拉克瓷」（Kraak porcelain），在荷蘭非常受歡迎。瓷器上的簽名證明了製作它們的藝術家的天分和受尊敬的社會地位。

標註為伊曆 1025 年（1616/7）
瓶嘴為 19 世紀製品
馬什哈德，伊朗
石膏，在透明釉下施鈷藍色；金屬瓶嘴
高 24.8 公分，直徑 18 公分
(1902,0521.1)

185

4│14 蘇菲和愛

和愛人的約定永遠在我心中
像我的生命一樣，我緊緊地抓住街道上的為人許願的人
在赤吉勒絲柏樹的旁邊，我按捺住心中的純粹慾火
來自和闐的月亮，我擁有雙眼的絢爛和內心的光芒
哦！飽學的導師（蘇菲大師）啊！不要禁止我的酒館
丟棄美酒的碗，我的心一定會粉碎
那有一棵絲柏樹，給我的房子遮陰
我不求花園裡的絲柏，也不求牧場上的黃楊
它和我正相適，我應像蘇萊曼那樣誇口，讚美你紅寶石般的唇印
當真主的名字在此，我何懼撒旦
但經此長久的禁慾，哈菲茲變成了惡貫滿盈的放蕩漢子
我錯得多深，在這世上，我就是阿米爾丁‧哈桑。　（哈菲茲，Hafız）

　　愛——各式各樣的愛，可能是人類最普世的感情了——長久以來在伊朗的視覺文化中展現強烈特色。在蘇菲派的「道乘（tariqa）」中，愛是重要的一個階段，在道乘中存在有更進一步的不同層級，有肉慾、同情和激情之愛（ishq）。在波斯化文化中，蘇菲和愛之間的界線十分微妙，充滿愛情故事的文學作品可以為證，這些故事有的是完美結局，但是更常見的是無緣之愛、報恩之愛，或在尋愛的過程中犧牲自我（圖三、四）。這些故事反覆出現在手抄本和器物、紡織品和建築上，其中最優秀的作品，是改編自中古時代口頭文學或古蘭經傳統故事，例如詩人內札米（1141-1209）和學者、蘇菲大師賈米（1414-1492）的創作（圖三）。在短篇押韻情詩體 ghazals 作品中，常常探討愛的世俗與神祕維度，上文所摘錄的伊朗名詩人哈菲茲（1315-1390）的作品即為一例，這首詩也出現在右頁的鑲嵌黃銅水壺（圖四）上。

圖一　漆器筆盒

卡札爾王朝時期（1794-1925），蘇菲派在伊朗再次獲得了支持，在漆器上，蘇菲托缽僧的日常生活、受崇敬的蘇菲聖徒和蘇菲大師的肖像成為受歡迎的裝飾主題，圖中的筆盒（qalamdan）就是這樣的例子。人們相信裝飾的主題會帶著福分（baraka，祝福、保護）進入到器物當中。在這個筆盒上，有兩個青年和一個年紀較大的托缽僧正在拜訪一位蘇菲大師尋求指導。

19 世紀
墨水，混凝紙（papier-mâché），塗漆裝飾
高 4 公分，寬 4 公分，長 23 公分
(1964,1218.5)

圖二　天鵝頸玻璃瓶

這種有圓肚，修長、旋轉、流線形頸部的玻璃瓶名叫「淚瓶（ashkdans）」——名稱源於瓶嘴處的淚滴形狀。在波斯民俗故事中，這種瓶子的用處是讓人們存放遠去愛人的淚滴和悲傷。

18-19 世紀
伊朗，可能是舍拉子
透明藍色玻璃，自由吹製，以製玻璃用的鐵棒完成
高 38.5 公分，直徑 10.5 公分（最寬處）；高 26.8 公分（頸部）；直徑 8.7 公分（底部）
奧古斯都‧沃拉斯通‧富蘭克斯爵士捐贈
(1877,0116.44)

圖三　描繪波斯情人的皇家紡織
品殘件

這塊飽滿但是殘損的紡織品上描
繪了波斯三大愛情悲劇文學中的
人物和情節，這三部作品源自阿
拉伯民間文學的《萊拉與馬傑
農》；出自內札米《五卷書》中
不同部分的《霍斯洛與席琳》；
以及源自古蘭經、以賈米改編版
本最為知名的優素夫和祖萊卡的
故事。在圖像之間間隔的文字是
詩人哈菲茲的詩歌，內容和君王
的條幅或旗幟（raya）和「象徵
君權的斗篷（qaba）」有關。這
塊品質優良的紡織品很可能是為
皇室成員製作的，或許曾用於阿
巴斯一世的宮廷中。

16 世紀
伊朗
紅色和白色絲綢雙層布
高 32.5 公分，寬 17.5 公分
艾德蒙・德・翁格律師先生出資
（1985,0506.1）

圖四　有波斯文詩句的水壺

這個小小的水壺，或稱 mashraba，
有圓肚和矮而寬的足圈。它的器
形是現存的帖木兒時期金屬器物
中最常見的樣貌。這件作品製作
於 16 世紀，顯示出赫拉特的帖
木兒風格工藝生產的延續性超過
帖木兒帝國的時間。它原本附有
一個受中國影響的龍形把手和蓋
子。沿著瓶身的條帶中寫著哈菲
茲的詩句（見前文），暗示其功
用是盛放酒。

標註為伊曆 919 年 1 月（1513 年
4 月）
赫拉特，阿富汗
黃銅，鑲嵌白銀和黃金
高 13 公分，直徑 12 公分（最大
處）；直徑 8.4 公分（邊緣）
約翰・亨德森遺贈
（1878,1230.732.a）

4│15 卡札爾伊朗的紡織品

在卡札爾王朝時（1779-1925），都市人的服飾風格隨著宮廷風尚而不時變化，在納斯爾丁沙王統治時期裡的改變尤其明顯，這位君主是該王朝統治時間最長的一位。他曾到過歐洲外交旅行，從此便成為西方審美品味的積極提倡者，他將各項新事物引進伊朗，例如郵政服務、護照、電車、煤氣照明、照相、博物館、軍樂、歐式衣著（圖一）、煙火和現代家具。這些做法也促進了歐洲旅客、裁縫、商人、設計師更頻繁地在伊朗出現。兒童服飾也受到當時時尚風潮的影響，就像是時下成年人所穿的衣物的縮小版（圖二）。在服飾上的影響也來自東方；例如，被熱烈追捧的喀什米爾披肩早在1780年代就從印度進口而來，而且它們的圖案是模仿伊朗東南部克爾曼的織工和刺繡藝人的作品樣式（圖一）。

在卡札爾伊朗的宗教少數群體中，例如主要生活在克爾曼省和亞茲德省的瑣羅亞斯德教徒，他們被要求以服飾作為辨識身分的方式。瑣羅亞斯德教徒中的男子只能穿黃色、棕色和暗色服飾，穿緊褲子和戴扭編的纏頭巾。女子的衣服十分獨特，由條紋和小片的布定製成，這是因為在當時的法律下，她們不被允許以每碼（大尺寸）為單位購買紡織品（圖三）。

圖一　女式長款罩裙和釦子細節

這件絲綢罩裙是以受到西方風格影響的樣式剪裁的，有量身訂製的肩線、袖子和腰。起到平衡作用的是完全以伊朗品味呈現出的大花，這種用紅色和粉色絲綢刺繡呈現出的捲曲圖案被稱為boteh，意為漩渦紋（paisley）。漩渦紋和花草圖案可能是受到喀什米爾披肩的啟發，而喀什米爾披肩則是模仿了伊朗東南部克爾曼的織工和刺繡藝人的作品樣式。我們並不能確認這件罩裙的最初主人身分，只能推測它是由一個喜愛歐洲風格的伊朗女子所裁製，或者是由一名住在伊朗，喜愛伊朗刺繡的歐洲女子所為。

約1900年
克爾曼，伊朗
絲
長156公分，寬145公分
(As1966,01.530)

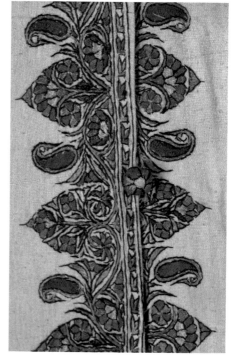

圖二　童裝

這件童裝由上衣、裙褲和緊身褲組成，是為3歲的小女孩製作的，它反映的是伊朗在卡札爾統治者納斯爾丁沙王在位期間的時尚變化。裙子，儘管仍然較長，但已經在19世紀裡變得越來越短。當沙王本人在1873年去巴黎看了一場芭蕾舞後，他還在宮廷中推出了一種芭蕾舞裙的修改版。

1880–1900年
伊朗
棉、絲和金屬扣子
長40.5公分，寬92公分（上衣）；
長29公分，寬23公分（腰線）；
長45公分，寬19.5公分（緊身褲，每條褲腿）
(As1981,19.12)（上衣）
(As1981,19.10)（裙）
(As1981,19.19.19.a–b)（緊身褲）

圖三　瑣羅亞斯德教徒女裝

這件有刺繡的衣服可能是當作嫁妝而製作的，由一件寬鬆的長衫和一條寬大的褲子組成，褲子使用七種不同顏色的絲綢製成。長衫的綠色和紅色絲綢被認為是吉利豐裕的顏色，一直是瑣羅亞斯德教女性在特殊場合中的穿著，這一習慣一直延續至今日伊朗。1936年，禮薩·巴勒維國王（1925–1941在位）強迫所有女子改穿西式服飾。

1850–1900年
亞茲德或克爾曼，伊朗
絲和棉
長100公分，寬97公分（上衣）
(As1966,01.556)
長92公分，寬63公分（褲子，每條褲腿）
(As1966,01.559)

4│16 部落和氈房：土庫曼人

土庫曼人是突厥人和伊朗人混血的後代，主要生活在土庫曼和相鄰的烏茲別克、塔吉克、伊朗和阿富汗。他們曾主要是游牧民族，但在 1920 年代末，有許多土庫曼人開始居住在城市、小鎮和集體農莊中，他們的移動自由在蘇聯統治下受到限制。土庫曼人由許許多多的部落組成，如帖克、尤穆特、鄂薩里、朝杜、薩利爾，薩利克和果克倫等。

游牧的土庫曼女子負責組裝和拆卸氈房（帳篷）的外部結構，以準備進行定期的季節性遷移。她們用編織、毛氈和刺繡紡織物來作氈房裡的家居裝飾，這些物品上的圖案會強調部落認同感，也是家族榮譽感的一個來源。在一個土庫曼氈房裡，空間是按照性別分隔的。女眷的部分包括廚房區域、餐具、為製作衣物準備的羊毛垛（圖三），以及放在地氈（圖一）上面的床墊被褥。男人的區域裡有食品和家當，例如穀物、米、鹽和女子用的織布機。

土庫曼小孩在 4、5 歲前會穿上有保護作用的罩衫，由他們的母親親手縫製，以抵禦「惡魔眼」或「嫉妒之眼」（圖二）。衣服邊緣故意不收邊，他們相信這樣可保小孩長壽及母親多產。有些罩衫背面有三角形護身符，有時還包含寫有古蘭經經文或禱詞的紙條。其他保護元素還包括嵌著紅玉髓和瑪瑙貝的金屬護身符。

圖一　尤穆特雙面地氈

土庫曼地氈是由來自不同家庭的婦女以及年紀最小到 8 歲的女孩們所集體製作。一個有經驗的地氈織工會作為管理者，負責在單獨的地方設計出圖案。伊朗北部的土庫曼人部落，例如尤穆特部落，會製作雙面的地氈。一面是叫做「節日」或特殊日子的一面，另一面則是日常使用的一面（圖中有山羊角圖案的一面）。

1960–1970 年
伊朗
羊毛
長 156 公分，寬 96 公分
(As1973,09.66)

圖二　帖克兒童罩衫

縫在這一件罩衫（kurta）上的扭編黑白棉線，代表的是一種原生於土庫曼卡拉庫里沙漠的蛇，作為防止蛇咬的護身符。在旁邊縫上的纏結的人的頭髮也是為了護身符的功用，因為頭髮具有生長力，象徵著一個人的生命力。保護性質的棉三角形（dogha）也是這樣，是用來抵禦「惡魔眼」的。

1930–1950 年
土庫曼
絲、棉、人頭髮（展示的是背面）
長 37.5 公分，寬 43 公分
(2008,6025.22)

圖三　帖克慶典斗篷

這是一件用假袖遮蓋肩膀或頭部的女式斗篷（chyrpy），上面有豐滿的刺繡花紋，像這樣的斗篷是在婚禮和其他的特殊場合中穿戴的。年輕女子穿暗色、包括藍、黑和紅。中年已婚女子穿黃色的斗篷，身穿白色斗篷則是老人的特權。上面的刺繡圖案是羊角和鬱金香，後者象徵著豐裕、多產和生命。

1880–1930 年
土庫曼
絲和棉（展示的是背面）
長 119 公分（包括穗）
寬 65 公分
(As1993,27.16)

圖一 〈賈漢吉爾為慶祝 16 歲生日的王子胡拉姆稱體重〉

這張手抄本書頁描繪的是西元 1607 年 7 月 31 日的一場典禮，這件事被描述在蒙兀兒帝國皇帝賈漢吉爾（Jahangir, 1605–1627 在位）的回憶錄《賈漢吉爾之書》（Jahanjirnama）中。這是一種新的皇家慶典，皇帝或是他的兒子用貴重金屬、紡織品或是珠寶來稱體重，然後分送給窮人。這個典禮舉行的時間是占星家計算出的吉時，有聖徒拉著天秤的繩子並念誦祝福和禱詞。這張畫中出現的年輕王子胡拉姆就是未來的皇帝沙賈汗，他坐在天秤的一端，賈漢吉爾正在用幾袋黃金來計算他的體重。

約 1615–1625 年
蒙兀兒印度
墨水，不透明水彩，紙，黃金
高 44.3 公分，寬 29.5 公分（書

頁）；高 30 公分，寬 19.6 公分（畫面）

帕希瓦爾・查特・馬努克和 G. M. 柯爾斯小姐透過藝術基金會遺贈（1948,1009,0.69）

圖二 蘇丹易卜拉欣・阿迪勒・沙二世手執響板

這幅描繪比賈普爾的什葉派蘇丹國（1579–1627 年）的統治者易卜拉欣・阿迪勒・沙二世（Ibrahim Adil Shah II）的肖像畫被認為是出自阿里・禮薩（Ali Riza）之手，後者是一位在 17 世紀上半葉十分活躍的藝術家。在墨綠色的場景中，背後的遠景有一個白色宮殿，這樣的創作暗示了他對音樂的喜愛和他對藝術的贊助。易卜拉欣的左手裡拿著響板（kartals, castanets），這種樂器本來是在印度教寺廟的音樂中使用的。他右手拿的綠色布

可能是手帕（mandil），也在薩法維和奧斯曼的宮廷圖像中被描繪過。他身穿華麗的衣服，可能是古吉拉特進口而來的紡織品製作而成的，這更進一步凸顯了他的皇家身分。

單頁繪畫，裝裱在畫冊頁中
約 1610–1620 年
比賈普爾，德干，印度
墨水，不透明水彩，黃金，紙
高 17 公分，寬 10.2 公分
（1937,0410,0.2）

伊斯蘭在南亞

伊斯蘭在南亞地區最早的傳播可以追溯至西元 7 世紀，那時候的阿拉伯商人抵達了印度的西海岸。我們所說的南亞地區包括今天的印度、巴基斯坦、孟加拉、斯里蘭卡、尼泊爾和不丹，當時這裡的統治者和人民主要是佛教徒、印度教徒和耆那教徒。在接下來的 100 年中，伍麥亞王朝的軍隊來到了信德和旁遮普（今天的巴基斯坦），但是伊斯蘭教牢固地在印度次大陸（包括今日的印度、巴基斯坦和孟加拉）扎根還要等到西元 11 世紀的加茲尼王朝到來的時候，以及在加茲尼人之後的 12 世紀古爾王朝。這兩個王朝都來自中亞，前者是突厥出身，後者是伊朗或塔吉克出身，兩個王朝都熱烈推行波斯化的文化，這份遺產也傳遞給了他們在印度的後代手中。在這些後代中，最主要的是在德里的統治者，從 1192 年一直到 1526 年，這裡建立了五個蘇丹國。

漸漸地，德里的蘇丹們將他們對印度的掌控範圍從信德擴大到了孟加拉和德干（Deccan）；在突厥—印度出身的圖格魯克王朝（Tughluq dynasty, 1320-1414）時，德里蘇丹國的實力到達頂峰，他們控制下的領土幾乎涵蓋了大部分的印度。然而在 14 世紀時，一些邊疆地方的執政長官宣布獨立，並組成了各自的國家。在孟加拉，三個這樣的國家在 1338 年脫離了德里蘇丹國，並且聚集在一個被稱作孟加拉蘇丹國（Bengal Sultanate）的單一政治大傘下。他們的領導者是沙姆士丁·伊利亞斯·沙（Shamsuddin Ilyas Shah, 1352-1358 在位，中間有短暫中斷）。在德干高原上，巴赫曼尼蘇丹國（Bahmanid Sultanate）1347 年成立；在 15 世紀末，這個蘇丹國分裂成了五個更小的王國，分別是阿赫瑪納加（Ahmadnagar）、比賈普爾（Bijapur，圖二）、貝拉爾（Berar）、比達爾（Bidar）和高孔達（Golconda）。這些王國都成為了重要的藝術贊助和生產的中心，尤其是手抄本和金屬器物。波斯化的文化也在這些蘇丹國中十分普遍，他們中有大量什葉派信徒，而且和薩法維波斯（1501-1722）有著緊密聯繫。

與此同時在德里，一名叫做巴布爾的中亞王子從費爾干納（今日阿富汗境內）一路席捲而來，占領了德里並在 1526 年建立起了蒙兀兒王朝（圖一）。他們將血統追溯至帖木兒王朝和蒙古（「蒙兀兒」即「蒙古」的意思），蒙兀兒人統治著印度次大陸上的廣闊領土，直到 1858 年成為大英帝國一部分為止。

伊斯蘭時代中的南亞視覺和物質文化就像是該地區的歷史一樣，可以反映出多層次的視覺傳統，由當地的和外國的藝術家們在幾個世紀的地方和外國統治者的藝術贊助時期中創造出來，許多這樣的藝術家的宗教和文化背景也同樣多元。因此，突厥—蒙古、波斯、歐洲、佛教、印度教、什葉派、遜尼派和基督徒的傳統，以及其他的各種傳統，都能在該地區的文學、音樂、藝術和建築中找到。

4│17 蘇丹國裡的權力和權威

穆斯林於西元 1198 年征服了孟加拉北部和西部之後，隨著德里蘇丹國的崩解，一些新王朝出現了。卡爾吉王朝的統治者（1290-1320）曾是德里蘇丹國的納貢附屬之一，他們選定高爾作為都城。1338 年，孟加拉蘇丹國在伊利亞斯·沙希王朝的領導下崛起，該國是從德里蘇丹國中分離出來三個國家之一。以他們位於潘杜阿（位於西孟加拉）的宮廷為中心，孟加拉蘇丹國統治地區包括今日孟加拉國、印度西孟加拉邦和緬甸若開地區。高爾的繁榮一直延續至 1575 年，其建築顯示出獨特的區域風格（圖一）。

「德干」一詞是源自梵文，意指「南」，這裡的中南部之前由印度教國王所統治，德里蘇丹國的卡爾吉和圖格魯克王朝的征服都沒有成功。德干高原上的巴赫曼尼蘇丹國是圖格魯克王朝的指揮官扎法爾·汗在 1347 年建立的，隨後蘇丹國在 15 世紀末分裂成 5 個更小的國家，為 16 和 17 世紀在阿赫瑪納加、比賈普爾、貝拉爾、比達爾和高孔達豐富的文化成果打下基礎。1600 至 1687年間，蒙兀兒人統治此區，直到阿薩夫·賈赫王朝在 1724 年為德干重新獲得了自治並在海德拉巴施行統治，直到 1948 年。

一些德干統治者和薩法維波斯保持著密切聯繫，他們的宮廷有強烈的波斯化審美取向和文學、音樂傳統。如同當時的蒙兀兒、薩法維、奧斯曼統治者們，德干的蘇丹們也尋求重要的蘇菲大師或其他神秘主義者提供精神指導，並藉此給他們的權威賦予正當性（圖二）。在德干和孟加拉的蘇丹國裡，多元文化和宗教在視

圖一 銘文長條石

建築長條石上的阿拉伯銘文內容很可能是紀念一座清真寺的修建，讚美了優素夫·沙（1474–1481 在位），他是孟加拉蘇丹國的伊利亞斯·沙希王朝的統治者之一：

崇高、偉大的蘇丹，巴巴克沙王的兒子，馬赫穆德沙王的孫子，願真主讓他的王國和君權永垂不朽……

孟加拉書法風格展現了誇張的垂直字母，每一個字母的收筆處都有箭頭般的筆法。這個建築部件有可能是來自於潘杜阿的庫特布·沙希清真寺或者是高爾的坦提帕拉清真寺的立面。我們不清楚這個銘文長條石在建築物中最初的位置，因為它是在 18 世紀城市被遺棄之後被人拆卸而收藏，沒有留下任何紀錄。

標註為伊曆 885 年 1 月 14 日（1480 年 3 月 26 日）
印度，可能是庫特布·沙希清真寺或高爾的坦提帕拉清真寺
雕刻玄武岩
高 49.5 公分，長 265.5 公分
威廉·富蘭克林上校捐贈
(1826,0708.2.a–e)

這幅出自阿里‧禮薩（活躍於
1600–1650）之手的畫作中，比
賈普爾的蘇丹易卜拉欣‧阿迪
勒‧沙二世，也就是前文中提過
的同一人（192 頁圖二），正以
徒弟的身分將盛滿珠寶的金盞和
一個有文字的鍍金水壺交給他的
蘇菲導師（pir）。後者是畫面
的主角，坐在一個有華蓋的臥榻
（takht）上，旁邊還有搧扇子的
僕人，他身上戴著珠寶吊墜。這
名蘇菲大師有可能是賽義德‧穆
罕默德‧胡塞尼‧葛素‧達拉茲
（1321–1422），易卜拉欣蘇丹
就是他的門徒。這幅畫暗示出重
要的蘇菲大師與宮廷之間的密切
關係（儘管很多蘇菲也質疑這種
與世俗世界統治者間的聯繫）。

覺主題中隨處可見，他們接受或是融合了當地以及外來的元素，
包括遮婁其、帖木兒、波斯、阿拉伯、馬拉塔、哈比什、納亞克
瓦利、婆羅門，以及什葉派、遜尼派、印度教和基督教信仰。

這裡呈現的兩件器物上，保存著一些可以在德里蘇丹國和蒙兀兒印度的視覺和物質文化中找到的有趣複雜背景。第一件是印度洋貿易中的一件商品，講述了一個由古吉拉特港口城市坎貝的石匠製作出來的墓碑的旅程，它被出口到葉門，在葉門進行客製化加工並被獻給亡者（圖一）。這件墓碑是一組在坎貝為外國贊助人製作的銘文紀念碑石中的一件，這種商品的客戶包括來自伊朗、阿拉伯半島和近東的王公貴族、宗教要人、官員和富商。墓碑上的雕刻反映出坎貝之前為耆那教和印度教贊助人製作的大理石雕刻傳統。第二件器物，是一個聲望極高的客戶，可能是一名蒙兀兒贊助人所訂製的玉龜，上面顯示出印度教和伊斯蘭特徵，讓人推測這件玉龜是蒙兀兒王朝的一名印度教徒貴族為一個寺廟訂製的，或者是一名蒙兀兒王子為自己的皇家花園所製（圖二）。

在時間、空間和媒介的流轉中，繼承了一層層的文化傳統，這些器物作為真實的文化紀錄，講述或暗示出關於王公貴族和平民百姓、信仰和民俗，以及藝術家和工匠的動人故事——無論是真實或想像的。這些工匠和藝術家可以同時為不同信仰和文化的贊助人服務，這些作品也讓我們思考它們是在什麼背景下製作的。

圖一 墓碑

這個雙面的銘文墓碑雖然據說是發現於葉門，最初卻是在位於印度西部古吉拉特邦的港口城市坎貝（Cambay, Khambat）所製作的。上面的銘文中包括用阿拉伯文書寫的古蘭經經文和祝福，許多內容常見於陵墓建築。墓中的亡者名叫阿布‧哈桑‧阿里‧伊本‧奧斯曼，他的名字出現在碑的一面，但是日期已經無法辨認。這個墓碑顯示出了許多和「坎貝風格」有關的特點，尤其是清真寺燈的圖案。在坎貝雕刻的碑石在海外十分流行，特別是13和14世紀的阿拉伯和葉門。

1300–1500 年
在印度古吉拉特的坎貝製作
大理石，平刻浮雕
高 86 公分，寬 38 公分
梅瑟斯‧紐曼、亨特和克里斯托弗斯捐贈
(1840,0302.1)

圖二　玉龜

這個雕刻玉龜是原生於亞穆納河的雌性三線棱背龜（Kachuga dhongoka），亞穆納河在印度教聖城普拉亞（Prayag）匯入恆河，這座城市在蒙兀兒皇帝阿克巴（Akbar, 1556–1605 在位）時成為了堡壘城市，並重新命名為阿拉哈巴德（Allahabad，意為「神的城市」）。根據玉龜的高超雕刻技藝和非同一般的實物大小，推測是由蒙兀兒菁英贊助人訂製的，有可能是獻給一座當地的印度教寺廟，這座寺廟的建造者是齋浦爾（Amber/Jaipur）的米爾札·拉加·齋·辛格一世或其子齋·辛格二世，這兩個蒙兀兒貴族都透過婚姻和宮廷有聯繫；這件玉龜也許曾被放置在一個鐘的下方，此鐘是用來向崇拜者宣布向濕婆敬拜的。另一個可能性是這個玉龜是由沙·薩利姆王子贊助的，他就是未來的蒙兀兒皇帝賈漢吉爾，一名熱情的玉雕的贊助者和收藏者，他對於自然現象非常著迷。

17 世紀初
蒙兀兒印度，在阿拉哈巴德發現
玉髓
高 20 公分，長 48.5 公分，寬
32 公分，重量 41 公斤
湯瑪士·威爾金森透過詹姆士·
納恩先生遺贈
(1830,0612.1)

4│19 蒙兀兒帝國

作為在伊朗和中亞的最後的帖木兒王朝王子之一，巴布爾把烏茲別克費爾干納的家鄉，連同撒馬爾罕城，一起輸給了烏茲別克人。他從喀布爾發動了對德里蘇丹國的征服，在 1526 年擊敗統治者易卜拉欣·洛迪，占領了從比哈爾到印度東部的地區。在巴布爾的孫子和繼任者阿克巴的統治下，蒙兀兒人成為印度的主要統治者，將他們的領土擴張到了東邊的孟加拉，西邊的古吉拉特和德干的阿赫瑪納加。蒙兀兒人是藝術和建築的多產贊助者。作為突厥—蒙古王朝和波斯—伊斯蘭遺產的繼承者，蒙兀兒的視覺文化反映了這些傳統和歐洲—基督徒、地方文化的融合。

阿克巴皇帝出名之處在於他雖然是文盲，但非常啟蒙開化。他擁有一個巨大的圖書館，並透過別人的朗讀對館藏的書籍內容十分了解。他對來自不同文化的哲學、歷史和宗教感興趣，吸引了作家、思想家和藝術家來到他的宮廷。他對其他人的觀點有開闊心胸，從他的統治菁英階層包括突厥人、伊朗人、印度的印度教徒和阿富汗人可以看出。他的「神教」融合了印度教、佛教、伊斯蘭教和基督教（耶穌會士在 16 世紀時帶入印度）不同方面的世界觀。1605 年阿克巴去世後，兒子賈漢吉爾繼承了帝國，他也是一名熱忱的藝術贊助者和鑒賞家，對於記錄自然界有強烈興趣。他的繼任者兒子沙賈汗是泰姬瑪哈陵的贊助者，在他的統治下，蒙兀兒帝國的邊界延伸到了德干高原。這個地區最終被奧朗則布收入囊中，他是最後一位「蒙兀兒偉大君主」，在他之後，帝國開始衰弱，並且在 1858 年被大英帝國吞併。

圖一　刻有賈漢吉爾名字的銘文玉瓶

蒙兀兒帝國的統治者都非常喜歡玉，其中賈漢吉爾皇帝更是一名熱忱的帖木兒時期器物的收藏家。這個玉瓶，和後來加上的銘文中包含著一段詩文，內容暗示了生命之泉和古蘭經中的人物黑澤爾（Khizr），銘文中還提到這件器物是皇帝在蒙兀兒前都城法提赫普爾希克里（Fatehpur Sikri，勝利之城）得到的。這個玉瓶的器形仿照了被稱為 mashraba 的金屬瓶，這種水瓶深受帖木兒王朝的喜愛，從而也啟發出了用其他材質，例如玉和瓷來製作的想法。另外在其他文化中，也仿製過這樣的器物，例如在明朝中國和薩法維伊朗分別用瓷和鑲嵌金屬製作類似器形的水瓶。

瓶上的文字內容是：

這個玉杯，千挑萬選之寶，是沙王阿克巴之子，沙王賈漢吉爾的杯子。祈願生命之水，那永生的，黑澤爾的水，充盈此杯。

15 世紀，帶有 17 世紀的銘文，雕刻日期為伊曆 1028 年（1618/9）
伊朗或中亞
軟玉雕刻
高 10.3 公分，直徑 13 公分
奧斯卡·查爾斯·拉斐爾遺贈
(1945,1017.257)

圖二　長凳上的一塊石板

這塊有銘文的石板，符合了賈漢吉爾皇帝所訂製的一塊石板的描述，那是為了裝飾兒子沙賈汗在古吉拉特的阿赫瑪達巴德（Ahmadabad）住處一個長凳的外觀。他在他的回憶錄中記載，當他在阿赫瑪達巴德的一處皇家花園中陷入沉思的時候，一首詩出現在他的腦海中，於是他要求石匠在石板上刻上這首詩，並將它安裝在那座花園的長凳上。這首詩以波斯文的懸掛體（nasta'liq）書法呈現在石板的中央：

七世界的沙王賈漢吉爾之座，萬王之王，阿克巴之子。

詩的寫作背景和日期出現在石板的上端和下端，並且用帖木兒王朝風格的花草圖案裝飾中間空隙。

標註為伊曆 1027 年（1617/8）
蒙兀兒印度
雕刻大理石
高 56 公分，寬 33.5 公分，厚 7.3 公分
租借自倫敦骨董協會
（1956,0519.4）

圖三　寫有沙賈汗名字的杯子

這個玉杯雕刻成瓠的形狀，上面刻著蒙兀兒皇帝沙賈汗的名字，並分別在邊緣下方和另外一邊寫有如下文字：

一件萬王之王的器物，征服世界者，沙賈汗，第二位天地交匯之君，1057 年

上面的銘文強調了沙賈汗承啟自帖木兒，即帖木兒王朝的創立者，他曾經使用過「天地交匯之君」的頭銜。

標註為伊曆 1057 年（1647/8 年）
蒙兀兒印度
玉雕
長 17.8 公分，寬 12 公分，高 6 公分
奧斯卡·查爾斯·拉斐爾遺贈
（1945,1017.259）

圖四　〈我愛細密畫〉，拉施德·拉納（巴基斯坦人，1968–）繪

這幅沙賈汗的肖像畫，將歷史上君主的正式肖像畫用一種當代的創新技術呈現出來，並且放在歐式的鍍金畫框中，作為多重現實之間的臨界。組成圖像的畫素或是「點」讓人們回想到近代的點描畫派（pointillism），但也有傳統的 par dokht 細密畫技術，這是藝術家在位於拉合爾的國立藝術學院就學習過的技術。如果更近看的話，每一個畫素都表現一個拉合爾的商業廣告看板，激發出傳奇的蒙兀兒統治者和今天的普通人之間的對話或衝擊。

2002 年
Diasec 數位印刷，鍍金畫框
高 55.3 公分，寬 46.4 公分，深 5.4 公分（含畫框）；
高 35 公分，寬 25.5 公分（畫面）
布魯克西威爾永久基金會
（2011,3053.1）

4│20 檳榔和香菸

在印度的宮廷和菁英階層中，對刺激品的消費，例如喝酒、嚼檳榔和抽菸，是十分常見的行為。檳榔和菸草反映出了本土行為的延續性和對新的、外來的元素的接納，這兩種物品都進入了印度北部和德干高原的禮俗中。把檳榔仁切成薄片，再用萊姆膏及香料混合起來包裹在檳榔葉中，檳榔成為印度宮廷慶典的一部分，將檳榔或者檳榔盒（pandan）送給某一位大臣是一項極高的榮譽。檳榔盒，以及酒碗、酒瓶和水果，都曾出現在描繪宮廷露天聚會的畫作中。在更晚近的時期，給觀眾送上檳榔所表達的是一項活動的結束落幕。

菸草是在 16 世紀末由葡萄牙人從新世界（即美洲）帶到印度的果阿。到 17 世紀時，抽水菸（huqqa 或 hookah）是一項隨處可見的習慣。水菸的熱水罐最初是用椰子殼做的，後來開始用裝飾精美的玻璃或金屬。一個伊朗人出身的貴族，曾代表蒙兀兒皇帝造訪比賈普爾，在記載中寫下了第一次遇到菸草的狀況並且描述了水菸。

圖一 檳榔盒

這個多邊形的有蓋容器或檳榔盒曾用來存放檳榔仁。這種器物的名字 pandan 在印度的歷史可以追溯至德里蘇丹國和蒙兀兒時代，它包含印地語詞彙 pan 和波斯語的表示承納的後綴 –dan，儘管伊朗沒有吃檳榔的習慣。容器的表面有捲曲的花草紋飾，有一個穹頂形的蓋子，可以用一個金屬扣合起來。

約 1650–1700 年
蒙兀兒印度
黃銅，經過捶打，用玻璃漿雕刻並鑲嵌白銀
高 10.2 公分，寬 14.6 公分
P. T. 布魯克．西維爾律師出資
（1956,0726.18.a–b）

這個圓肚的水菸筒底座有一個稍有外展的頸部，曾托著一個炭火盤和菸管。它的形狀和當時用比德里（bidri）技術製作的基座相似（見 202–203 頁），但是它以刮除表面和金繪的方式表現出的罌粟花裝飾反映出了源於德干和蒙兀兒印度的經典裝飾圖案。將罌粟花作為一種圖案的流行是和一種把鴉片和菸草混合起來的抽菸方式有關。

約 1700 年
蒙兀兒印度
綠色玻璃，鍍金
高 19 公分
路易斯·克拉克遺贈
(1961,1016.1)

4│21 比德里器皿

　　比德里（Bidri）器皿是德干地區最突出的一種藝術形式，這個名字指的是在宮廷器物上出現的鑲嵌金屬工藝，這類器物有瓶、壺、盆、托盤、檳榔盒、水菸底座和其他表示身分地位的徽章（圖一、二）。比德里器皿是用鋅混入銅、錫、鉛的合金所做成。這些器皿的表面有雕刻裝飾，例如花卉、植物或幾何花紋，而且嵌入薄層或細線的白銀或黃銅。最後，表面再塗上一種含有鹵砂（sal ammoniac）的膏狀物，然後再將其清除；顏色變暗的金屬基底會顯示出特有的黑色光澤，襯托出鑲嵌部分的閃亮光彩。

　　雖然比德里器皿是以巴赫曼尼王朝的首都比達爾命名的（bidri 意為「來自比達爾」），但是其起源地一直不為人所知；有一些紀錄暗示這種器皿是透過北印度和伊朗有關聯。對比德里器皿的年代認定主要是比對德干畫作和紡織品的風格。比德里器皿也展現出了在德干建築中常見的形狀和裝飾，這讓它們帶有更加地方化的風格，不同於蒙兀兒宮廷中的藝術。

圖一　慶典權杖

雖然有時候被描述成一個抓背桿，這件器物更像是一個曾屬於一個大臣或是地位很高的蘇菲的慶典權杖。有一些 17 世紀的繪畫中包含了可以折疊的手形杖頭，而圖中的這個權杖的頭則是一個在拇指和小指上戴了戒指的手。權杖的另外一端是一隻印度教中的海洋生物「馬卡拉」（makara）。權杖的兩端都連著一把可以從柄中抽出來的短劍。

18 世紀
比達爾，德干，印度
鋅合金與金、銀鑲嵌，表面鑲有紅寶石和翡翠
高 39 公分，手形裝飾寬 2.5 公分，厚 2 公分
奧古斯都·沃拉斯通·富蘭克斯爵士捐贈
(1895,0603.96)

圖二　長頸瓶

從形狀和裝飾上看，這個長頸瓶展現了蒙兀兒或波斯化的靈感元素。這樣的器物以及上升花朵的裝飾也出現在蒙兀兒繪畫中描繪的壁龕上，或是在蒙兀兒建築物的貴重石材中的鑲嵌物上看到。長頸瓶的輪廓也出現在薩法維王朝宮殿建築中的壁龕，例如位於伊斯法罕的阿里卡普宮。這些花卉圖案可能反映了來到比達爾的蒙兀兒贊助人的口味，也可能啟發了比達爾工匠製作出既能吸引到蒙兀兒客戶，也符合當地市場的器皿樣式。

18 世紀
比達爾，德干，印度
鋅合金，黃銅和白銀鑲嵌
高 30 公分，寬 17 公分
約翰·亨德森遺贈
(1878,1230.758)

4│22 珠寶藝術

伴隨著軍事行動和大規模的文化贊助，印度北部和德干高原的印度統治者們透過一個重要的慶典 darbar，來表現自己的財富、權力和地位。參加慶典的來賓可能包括政府高階官員或是外國政要，他們會親眼目睹極其奢華盛大的慶典活動和各種器物的展示，對於器物的積累和收藏更進一步強調了君主所擁有的財富。如果不是在皇室內部使用的話，這些器物可以作為禮品送給貴賓（常常是以紡織品或是衣服的形式，例如 khil'at，榮袍）或是捐獻給寺廟或清真寺。

對玉石的喜愛也是蒙兀兒人從帖木兒王朝身上繼承的遺產之一，蒙兀兒和印度教的拉吉普特統治者們（Rajput rulers）的宮廷都很喜愛玉。因為印度次大陸本身就出產玉石，擁有古老的珠寶玉石傳統，因此也具備處理的技術。在突厥—蒙古傳統中，玉的地位非常高，被視為「勝利之石」，玉在印度則被當作護身符；透過蒙兀兒皇帝名字的銘文，帖木兒時期的玉被置入到了蒙兀兒王朝的背景中（見 198 頁），新的玉石也會有技藝高超的工匠雕鑿並且常常鑲上寶石（圖一）。在宮廷作坊中有出身背景十分多元的工匠，他們有本地人，也有外國背景的人，他們全都為宮廷藝術品生產效勞，許多人都依靠精湛技藝獲得了很高的位階。這些工匠中也包括金匠，他們負責將寶石鑲嵌到黃金上的 kundan（金鑲石）技術（圖二、三）。

圖一　鳥頭匕首

這個裝飾用的慶典匕首的特色是它的玉雕鑲寶石鳥頭圓刀柄，柄上的葡萄串和藤蔓是用紅寶石、翡翠和琥珀以金箔墊著，鑲嵌在玉裡。

17 世紀
蒙兀兒印度
鋼，玉，琥珀，紅寶石，翡翠，黃金，帶有絲穗的絲絨刀鞘
高 42 公分，寬 9 公分；穗長 79 公分
匿名人士禮品
(2001,0521.40)

圖二　有「耳」的「雙瓣」柄匕首

這把匕首帶有凹口的金手柄，上面裝飾以紅寶石和翡翠做成的花、一隻獵豹、一個鳥身女和一頭鹿，在另外一面，有三朵花，一隻獅子和一頭鹿，兩邊的護手（quillon）處各呈現龍頭的造型。絲絨的刀鞘上裝飾了雕金和鑲了紅寶石與翡翠的墊片。鑲嵌珠寶的技術叫做「金鑲石」。在賈漢吉爾皇帝統治期間，有「耳」和「雙瓣」的匕首柄出現在蒙兀兒繪畫中，常常是由皇帝本人親自佩帶。

17 世紀
蒙兀兒印度
鋼，紅寶石和翡翠，黃金；絲絨刀鞘
長 35.5 公分
匿名人士禮品
(2001,0521.35)

圖三 項鍊

這個項鍊上裝飾的鑽石墜飾和淚珠形狀的翡翠，都受蒙兀兒藝術中的上瓷釉（enamelling，如右圖所示，位於項鍊的背面）和古老的金鑲石技術（下圖）的影響。在金鑲石技術中，寶石被鑲進高度精煉過的黃金（這種黃金被稱為 kundan）中，中間隔著一層天然膠脂（lac）。隨後，將更多的黃金沿著邊緣處放入，從而完成塑形步驟。瓷釉和金鑲石的結合在本質上是來自蒙兀兒王朝的現象，然而這副項鍊，是在蒙兀兒王朝之後的作品，在齋浦爾製作，這裡在 19 世紀時是上瓷釉技術的區域中心。

19–20 世紀，可能更早
齋浦爾，印度
金，瓷釉，珍珠，紅寶石，翡翠和鑽石
直徑 18 公分
匿名人士禮品
(2001,0521.34)

4│23 巴基斯坦的紡織品

今日巴基斯坦的紡織傳統可以追溯至 1000 年前，是許多展覽和出版物品的主題。如同南亞的其他地方，該地區的移民潮和征服影響和塑造了紡織品製造和裝飾的不同技術，包括簡單和複雜的織法，染色和人工印花，以及製氈和刺繡。在此篇中，我們只能特別介紹兩種巴基斯坦女性的衣服，其中的一種是來自西部的俾路支斯坦，另一種則是來自北部的開伯爾─普什圖省。

1870 年，廣闊的俾路支斯坦歷史地區正式被分入了阿富汗、伊朗和印度。今天，俾路支斯坦是巴基斯坦西部人口最稀疏的地區，也有一部分位於伊朗東南部和阿富汗西南部。俾路支斯坦的沙漠和乾旱山地的居民主要是游牧民族和半游牧民族，由許多族群和部落組成。雖然女性的衣著風格在整個俾路支斯坦都很相似，但是透過不同的配色和布片的形狀和位置，在家中和專業工坊中製作出來的密集刺繡花樣，可以區分不同地區和部落（圖一）。

相較之下，開伯爾─普什圖省是山地，有陡峭的山谷之間的平地，這樣的平地上有小塊的農地和零星分布的高原村莊。在這樣的村子裡，紡羊毛、製氈和精巧的刺繡（圖二）都有悠久的傳統，在印度河谷和斯瓦特河谷尤其如此。就像其他地區一樣，刺繡衣物、飾品和家飾是在家中作為嫁妝準備的，這些作品也是社會地位、地區認同和部落歸屬的符號。

圖一　俾路支人的衣服

這件鮮豔奪目的開心果綠及膝長衫（pashk）上有刺繡得十分精美繁複的袖口、前襟和縫在下部的 A 字形口袋。這樣的長衫搭配寬鬆褲子和頭巾的衣著風格在整個俾路支斯坦隨處可見。這件以塔菲塔綢（silk taffeta）製成的長衫上裝飾有各種精美的紅色刺繡、對稱花樣和亮片，在沿著脖領的金線上，縫著彩色珠子和珍珠。在過去，口袋中會放女紅用的線、零錢、鼻菸和俾路支老人們吃的藥品。在今日，口袋裡可以放女士們的鑰匙、信用卡和手機。

1900–1950 年
俾路支斯坦，巴基斯坦
絲，包裹了鍍金屬的絲線，金屬和玻璃
長 112 公分，寬 158 公分
(As1966,01.604)

圖二 來自斯瓦特河谷地區的衣物

用顯眼的粉色刺繡搭配黑色棉布底色，這是斯瓦特河谷地區典型的服飾傳統。這件精美的實例，據說是一件搭配褲子穿著的婚禮衣物。它由用絲線刺繡的布片組成，刺繡圖樣中包含了一點點的淺粉色、紫色、奶油色和黃色的輪廓。幾何圖形和山羊角的圖案延續了中亞紡織品的傳統，上面的平滑織補（darning）和直針腳則和鄰近的旁遮普和阿富汗的刺繡相似。這件衣服的背後沒有圖案，因為所搭配的刺繡花紋頭巾披下來會遮住背後部分。

1900–1950 年
斯瓦特—科希斯坦，開伯爾—普什圖省（即之前的西北邊境省），巴基斯坦
棉和絲
長 98 公分，寬 151 公分
(As1986,09.43)

4│24 東南亞的伊斯蘭

東南亞各國有大量的穆斯林人口，構成印尼、馬來西亞和汶萊的人口多數，也作為菲律賓、泰國、柬埔寨、緬甸、越南和東帝汶的少數族群。伊斯蘭可能早在 9 世紀時就已傳入了東南亞，最初是透過和印度、中國和中東地區進行的海上貿易，還有一些旅行至此的蘇菲和宗教學者，以及在當地形成的商業社群。第一個歸信伊斯蘭的東南亞王國是 13 世紀時的八昔，伊斯蘭教自此便穩定地向東傳播。最後一個主要橋頭堡是 17 世紀初在蘇拉威西島南部的諸王國。從彩色裝飾的古蘭經抄本（圖一）到色彩斑斕的紡織品以及兵器，東南亞穆斯林的藝術和物質文化呈現出地區多元性，反映出東南亞群島上的多文化、多宗教和多種族分布。

這裡所呈現的三種藝術形式，儘管來自印尼，但幾個世紀以來在馬來群島各地都有生產，也都被視若珍寶，並呈現出各區域的不同特色。第一個是蠟染，在染色之前先在棉布或絲綢上塗一層蠟，這是馬來世界中十分著名的紡織品藝術（圖二）。第二個是典禮用途的波紋短劍（keris），這種短劍有裝飾得十分精細的刀鞘和護手處，作為祖先傳家的武器和具有精神力量的器物佩戴（圖三）。最後，是過去在宮廷和村子裡的重要慶典場合上，提供公共娛樂的傳統皮影戲（wayang，圖四）。

圖一　古蘭經

在所有馬來半島的彩色裝飾古蘭經中，來自半島東部的古蘭經通常是在審美上和技術上最精美的。圖中的這一本打開的古蘭經所展示的是第 36 章〈雅辛〉，這本古蘭經是在馬來西亞東北沿海的吉蘭丹或是泰國南部的北大年製作的，書頁上以紅、黃、綠和深藍色組成了兩個漂亮的外框。

1850–1900 年
馬來西亞或泰國
多彩墨水，紙
高 22.3 公分，寬 16.5 公分（單頁）
大英圖書館
(BL3702686，BL3702687)

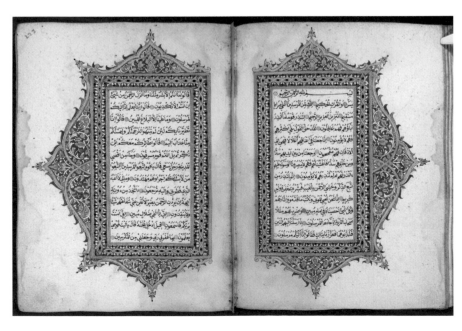

圖二　男士的蠟染頭巾

這塊頭巾上充滿了風格化的阿拉伯文字（例如，bismillah，以真主之名），設計來源出自奧斯曼蘇丹們的花押（皇家簽名）和阿里之劍 Zulfiqar。這樣的設計反映出了沿海的東南亞與奧斯曼土耳其緊密的文化和政治聯繫。此款書法頭巾是穆斯林部族首領和西蘇門答臘的領導者戴的，上面的符號既是護身符，也是地位的象徵。

約 1900 年
蘇門答臘（可能是占碑
〔Jambi〕），印尼
藍色蠟染棉布
長 91 公分，寬 85 公分
（As1992,05.3）

圖三　波紋短劍和鞘

在東南亞各島上的伊斯蘭社會中，佩戴這種波紋短劍的男子和女子隨處可見，這種器物有著豐富的精神和神話內涵。打磨刀刃的工匠（empu）用不同的鐵礦和鐵鎳製作直的或是彎曲的劍刃，經過上百次的鍛造以創造出獨特的波紋圖案。帶有精彩裝飾的護手和鞘是用木頭、金屬、象牙或黃金製作的，呈現了地區認同。

18 世紀
梭羅（Solo），爪哇，印尼
金屬，黃金和木頭
長 55.5 公分，寬 16 公分
尊敬的威廉・查爾斯・拉夫爾一
弗林特代表斯坦福・拉夫爾爵士
的遺孀拉夫爾女士捐贈
（As1859,1228.256.a–b）

圖四　潘吉王子的皮影人偶

這個皮影人偶（wayang kulit）是用動物皮經過雕刻、上色和鍍金製作的，表現的是爪哇神話中的潘吉王子。潘吉和心愛的公主坎德拉・綺拉納的故事可以上溯至 13 世紀前後，故事從爪哇傳入馬來半島、峇里島、泰國和緬甸。皮影戲和面具舞（topeng）都會表演這個故事。在位於爪哇北部沿岸的井里汶的面具舞中，潘吉象徵著蘇菲神祕主義思想中的「完美存在」。

1800–1816 年
爪哇，印尼
動物皮、角，金和顏料
長 58.6 公分，寬 17.5 公分
尊敬的威廉・查爾斯・拉夫爾一
弗林特代表斯坦福・拉夫爾爵士
的遺孀拉夫爾女士捐贈
（As1859,1228.752）

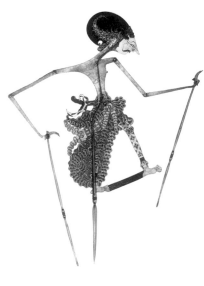

4│25 東南亞的紡織品

在東南亞的伊斯蘭社會裡，紡織品展現出豐富的多元技巧和技術，包括斜紋織、蠟染、紮染、刺繡和貼花繡工藝。紡織品在普通的世俗生活和宗教生活中隨處可見，也是地區、族群和個人認同的標誌，是重要儀式慶典場合的關鍵元素，例如出生、割禮、婚禮和葬禮。更精美的紡織品是社會地位、財富和聲望的象徵。這裡我們展示了使用包金或包銀絲線製成的「松凱布」和帶有裝飾的高價紡織品：一件是來自汶萊的沙龍（圖二），另一件是來自蘇門答臘西部的米南佳保頭飾（圖三）。

亮閃閃的松凱布料是用絲線或棉線編織而成，上面有包金或是包銀線構成緯線圖案。松凱布在過去是宮廷和貴族的專有物，在馬來西亞、印尼和汶萊，各地區都有不同的松凱布一直沿用至今，作為慶典上搭在肩膀上的布、沙龍和頭飾。

米南佳保人的家園位於印尼蘇門答臘島上。在 16 或 17 世紀時，米南佳保人皈依了伊斯蘭教，但他們仍然維持著悠久的母系社會傳統；他們的宗譜、財產和繼承都由年長女性來承擔。女性慶典盛裝的主要元素有長衫、沙龍裙、肩布和頭飾，這些衣物常常是用松凱布製作，其風格、顏色和圖案則是各村莊都不相同。

米南佳保人的頭飾是用大量的長錦緞（有時是刺繡）經過複雜的折疊方法，常常折疊成類似水牛角的形狀（圖一）。這樣的造型和水牛的犄角或是該地區由女性所有的房屋的尖屋頂有關。

圖一　一名米南佳保女性

這張攝於 1905–15 年間的相館肖像照片中，一位女子穿著精美的松凱衣物，雖然有許多不同地區的不同頭飾戴法，但是她頭上的「犄角造型」是最典型的戴法。

熱帶博物館，阿姆斯特丹
(TM–10005044)

圖二　男子的沙龍

在東南亞，男性和女性都穿圍在腰上的裙布。沙龍可以是沒有線縫的，也可以是像圖中的華麗例子一樣，縫成一個筒型沙龍穿在身上。松凱布的織法和顏色多種多樣，圖中的沙龍顯示的是主人的財富、聲望和政治地位。在較晚近時期的汶萊，男士在褲子的外面穿的沙龍越短，代表他的社會地位越高。在宮廷中，貴族核心成員穿的沙龍下線在膝蓋上 15 公分，圍在身後的部分有非常華麗繁複的裝飾，並向左或右微微露出，若偏左則表示單身，偏右則表示已婚。

19 世紀初
汶萊
棉和鍍金屬裏線
長 71 公分，寬 93 公分
奧古斯都・沃拉斯通・富蘭克斯爵士捐贈
(As1895,–.71)

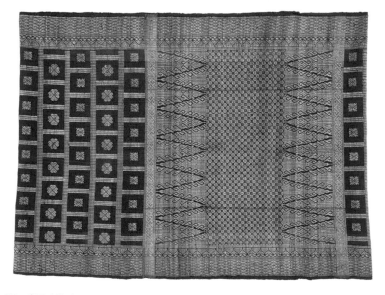

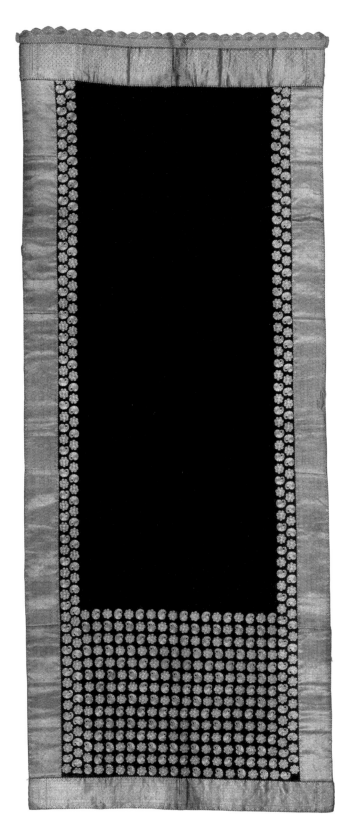

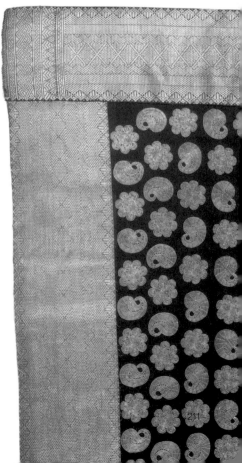

圖三 米南佳保頭飾

這個慶典上配戴的頭飾（kain tangkuluak）顯示出了遙遠的貿易聯繫。在氣候炎熱的地區使用黑色的羊毛線並襯有歐洲棉圖案，證明了在該地區的荷蘭和英國貿易商人的影響。相似的，用銀包線表現的螺旋和花卉圖案則來自印度紡織物。松凱布和蕾絲邊是在當地製作的，但蕾絲最初是荷蘭人帶入當地的。這種頭飾和纏頭巾類似，有蕾絲邊的尾端向一側散開。

1930 年代末 –1940 年代初
巴地普（Batipuah），西蘇門答臘，印尼
羊毛，絲，銀包線和棉
長 170 公分，寬 67 公分
(2016,3065.3)

211

4│26 伊斯蘭在非洲

早在西元 7 世紀，伊斯蘭已傳播到非洲大陸，自此以後一直是非洲最重要的宗教信仰之一，受到約一半非洲人口的追隨。非洲的伊斯蘭地區長久以來都是範圍更大的伊斯蘭世界的一部分，是統治者、作家和思想家誕生的溫床，也和長距離貿易與朝聖網絡聯繫在一起。哈勒爾，位於衣索比亞東部高原上的「聖徒之城」，是非洲之角地區的一個重要伊斯蘭文化中心（圖一）；在非洲西部，馬利的廷巴克圖和奈及利亞的卡諾扮演著類似的角色。

在非洲，阿拉伯語是宗教、學術和商業領域的共同語言。在紙張匱乏的地方，讀寫能力和背誦古蘭經的教育是使用未裝訂的書頁，透過學生之間傳閱而完成的（圖二）。讀寫阿拉伯語的能力一直到今天，仍然為非洲各地穆斯林和非穆斯林族群所重視。從塞內加爾到馬達加斯加，阿拉伯文字都被用來書寫當地的語言。

透過當地的互動和長距離貿易，本土的非洲設計和圖案已經和阿拉伯文字的使用結合，形成一種獨特的非洲穆斯林圖像學和古蘭經裝飾法。這樣的圖像融合在西非的紡織品上十分明顯，上面包括阿拉伯文字和用作護身符和裝飾的假字以及本土的圖案和花樣（圖三）。在古蘭經裝飾中，包含發展完善的紡織品圖樣被當作經句之間的標籤符號。

圖一　儀仗

這個來自衣索比亞哈勒爾的儀仗（alam）上寫有清真言：「萬物非主，唯有真主，穆罕默德，主之使者。」用於舉在宗教或軍隊遊行隊列前方。哈勒爾曾是一個獨立的城邦國家，和埃及、葉門及更大範圍的印度洋地區有聯繫，在 1887 年被併入衣索比亞。這座城市至今仍被視為伊斯蘭的聖城。

約 1850 年
哈勒爾，衣索比亞
青銅
高 40.5 公分，寬 18 公分，厚 4.5 公分
亨利・佩林女士捐贈
(Af1939,09.8)

圖二　古蘭經和攜帶盒

常久以來，非洲製作的古蘭經通常都是未裝訂的，書頁放進皮革盒子或套子裡，如同圖中所示。這套手抄經卷以蘇丹馬格里布書體（sudani maghribi）書寫，這種風格發展於撒哈拉以南的草原帶上。圖中右側書頁上的長方形裝飾圖案標誌著一段經文的末尾，左邊書頁上的圓圈表示當前的篇幅占全部經文的 16 分之 1。

約 1875–1925 年
西非
紙，皮革和棉
高 16.8 公分，寬 11.2 公分（書頁）；高 12.5 公分，寬 17.3 公分，厚 9 公分（盒）(2010,6017.1)

圖三　迦納的紡織品

「Okunpa（好丈夫）」紡織物可以讓我們看到，在非洲的穆斯林少數地區，「伊斯蘭風」圖案如何成為紡織設計的常用圖。這種圖樣裡面包含了無法辨識的阿拉伯文字，其設計基礎是早在 1800 年代時就從今日的印尼地區進口到非洲的蠟染布。

2000 年代初
迦納
蠟染布
長 182.5 公分，寬 118 公分
由大英博物館之友（湯利集團）出資購買 (Af2006,15.21)

4｜27 來自海上的非洲黃金

> 由於征服了蘇丹諸國，摩洛哥的蘇丹收到了大量的金沙……此後，曼蘇爾就用純金支付給他的官員……在他宮殿的大門口，每天都有 1400 名金匠製作黃金物品。（摩洛哥歷史學家伊福拉尼，-1747）

　　1994 年，潛水員在英格蘭德文郡的司康貝灣外海，發現了一艘從非洲運載黃金的沉船遺跡，稱作司康貝砲點沉船，在這裡找到了超過 400 枚金幣，其中大部分是摩洛哥的諸謝里夫鑄造的，他們是 16 和 17 世紀時的北非強權，首都位於馬拉喀什。沉船遺存中還包括了金錠（圖一）和首飾殘件（圖二至四）以及荷蘭陶器、錫鑞和鉛秤砣，自從這艘船在 1630 或 40 年代失事以來，它們就一直靜靜地躺在海床上。時間的推斷是根據錢幣中最晚的鑄造日期所確定，它們是由瓦利德（1631-1636 在位）在 1631 年鑄造。因為沉沒的船體沒有保存下來，因此這艘船的身分仍存在爭議，它可能來自英國，荷蘭或是在德文郡沿海活躍的柏柏海盜。

　　這個發現打開了一扇窗，讓我們一窺那個國際貿易和外交的精彩年代，同時也了解當時的黃金貿易。其中大多數金幣是由摩洛哥統治者阿赫邁德·曼蘇爾（1578-1603 在位）所鑄造（圖五），和他同時期的統治者是伊莉莎白一世女王（1533-1603 在位）。在對曼蘇爾 1591 年征服廷巴克圖的紀錄中，人們稱他為 al-Dhahabi（金燦燦的那個），廷巴克圖是生產金礦的桑海國的首都，而曼蘇爾也以他的財富著稱。曼蘇爾和伊莉莎白之間存在著書信往來，後者在 1585 年成立了柏柏爾貿易公司。摩洛哥的外交使節也曾造訪過英國宮廷。英格蘭的主要出口商品是布疋和槍枝，內需商品則是糖、黃金、鴕鳥毛、巴旦木、椰棗和八角。

圖一　金錠

黃金做成的金錠可以被鑄成各種形狀。黃金原料從土地中提取出來（在加奧進行的挖掘證明了金錠是來自於此），以金沙的形式運到例如西吉瑪薩的北非城市，這是非洲貿易線路上的重要一站。回收的金子也可以製成金錠，經過對司康貝遺存物品的科學分析，這個金錠可能是用和沉船物品中相似的首飾或金幣製成的。金幣是從金錠來的，曾在阿赫邁德·曼蘇爾的宮廷中效力的鑄幣師傅加茲納伊曾經寫道：「金錠要經過敲打，直到像刀刃那麼薄為止。薄片先被切成方形，然後再打磨成圓形……再次秤重，然後每 20 個疊成一批，用拇指和食指捏著。」

17 世紀
長 4.5 公分，重 71.89 公克
1999,1207.455
司康貝沉船遺物
藝術基金會，布魯克西維爾永久基金會和大英博物館之友（以不列顛博物館協會身分）協助取得

圖二　損壞、扭曲的耳環

在沉船遺物中有一些這樣的耳環，許多都已損壞或扭曲。

可能是 17 世紀
摩洛哥
長 4.5 公分（最長處）
(1999,1207.482)

圖三　護身符盒殘片

推測是法蒂瑪王朝時期的物品，是沉船遺物中最早的一件金銀珠寶類物品。

約 10–12 世紀
長 4.4 公分，寬 3 公分
(1999,1207.466)

圖四　吊墜形飾物

在這件歐洲的吊墜形飾物中留有顏色殘存。鑄幣師傅加茲納伊曾經描述過融解含有顏色的黃金所需要的技術。

17 世紀
可能是西班牙
高 4.3 公分，寬 3.6 公分
(1999,1207.463)

圖五　金幣

是馬拉喀什的摩洛哥統治者阿赫邁德·曼蘇爾鑄造的。沉船遺物中有超過 100 枚類似金幣。

鑄造日期為伊曆 1005 年（1597）
直徑 2.95 公分
(1999,1207.27)

4│28 蘇丹的七弦琴

七弦琴是一種極為古老的樂器，已知的最早實物來自西元前
2600 年，出土自伊拉克的烏爾（Ur）皇家墓地，七弦琴在北蘇丹
被稱為齊薩爾（kissar），在其他地方則稱為坦布拉（tanbura）。
圖中呈現的這件樂器是一個由各種精彩物件組合成的整體，繫在
上面的錢幣、珠子、貝殼和其他各種小物，無論是單個的部件還
是整體都令人過目難忘。

上面的錢幣主要是 19 世紀後半葉在開羅和伊斯坦堡鑄造的，
這反映出奧斯曼、埃及和尼羅河更南地區之間長期存在的聯繫，
在 1820 年代埃及吞併蘇丹後，這種聯繫變得更為強烈。其中有三
枚英國錢幣（有一枚的日期是 1861 年，另外兩枚是 1832 年），
反映出大英帝國在非洲東北部地區的勢力日益增長；這把七弦琴
製作的時間和英國戰勝邁赫迪運動（Mahdiyya movement）的時間
大致相近，這場宗教運動造成了長期、激烈的反突厥─埃及占領
及其英國盟友的戰爭。這把七弦琴上的裝飾物來源極廣，上面有
一枚日期是 1804 年的來自荷蘭殖民地蘇門答臘的錢幣以及大量來
自印度洋的瑪瑙貝，這種貝殼在非洲各地作為貨幣使用。和瑪瑙
貝的用途相似，幾乎掛滿了兩條橫槓的各色珠子也曾被歐洲人用
於在非洲大陸上進行貿易的媒介，先是在威尼斯大量生產，後來
則是在法國和英格蘭生產。

這件樂器上的多樣物品顯示出它是一件慶典上使用的樂器。
像這樣的七弦琴會在驅邪儀式 zar 上演奏。zar 是一種相信精靈和
附身能力的信仰，源自東非的奴隸貿易，存在於現在的索馬利亞、
吉布地、厄利垂亞、衣索比亞、蘇丹、埃及、阿拉伯半島、伊朗
南部和巴基斯坦境內的地區。就如同繫在樂器上的小物件一樣，
精靈的種類也十分廣泛，其中包括有蘇菲、khawajat（外國人）、
突厥─埃及官員、衣索比亞基督徒、非洲黑人、阿拉伯人和女人，
上面的這些小物件有可能是奉獻品，可能是用來安撫精靈或是送
給樂手的禮物。

圖一　蘇丹七弦琴

1800 年代末
蘇丹
木頭、皮革、玻璃、瑪瑙貝、金
屬和動物內臟
高 121.5 公分，寬 116 公分
湯瑪士・索斯蓋特捐贈
(Af1917,0411.1)

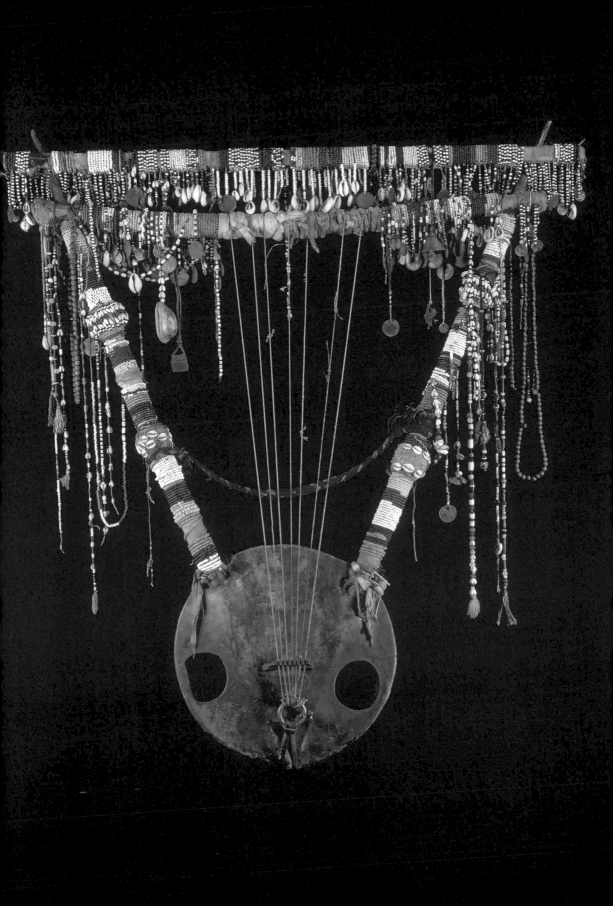

時間表

680年	卡爾巴拉戰役和先知的孫子胡笙殉難
700年代	紙從中國傳入伊斯蘭社會中;最初時,紙主要是用來書寫官方文書
900年代	伊本‧穆格拉(Ibn Muqla)以比例原則和「六書」(six scripts)將書法標準化
約1010年	史詩《王書》(Shahnama,《列王記》)完成
1258年	蒙古人入侵巴格達終結了阿巴斯哈里發帝國
1400年代	畫冊開始在伊朗生產製作
1562年	蒙兀兒皇帝阿克巴贊助了第一部受皇家委託的書籍《哈姆扎之書》(Hamzanama)
1500年代末	對單張黑白畫和彩色畫的需求和生產開始增多(這種現象最初出現在伊朗,隨後也出現在印度和土耳其)
1800年代	對手抄本和畫冊的贊助和生產開始在伊斯蘭世界衰落
1976–1990年	黎巴嫩內戰
2007年	土耳其政府宣布兩個土耳其皮影戲中的角色(卡拉格茲和哈吉瓦特)為文化資產

5 文學與音樂傳統

伊斯蘭文學源於歷史悠久、豐富的說書傳統，它的歷史要比伊斯蘭教和文字書寫出現得更早。在一些特殊的場合裡，各種故事會以說書或是演唱的方式在宮廷或公眾前表演，常常搭配帶有畫面的幕布和表演——其中包括皮影戲和音樂（圖一）。許多故事最終都被文字記錄了下來並且成為精彩的插圖手抄本的靈感來源（圖二、三）。

口頭傳統在伊斯蘭統治者的宮廷中十分興盛。在講求和提倡adab（舉止優雅，端莊得宜）的宮廷文化中，文人雅集的活動尤其重要，在這樣的活動中，大臣們會吟誦詩歌，用富有文采的字謎來展示自己的學養並互相挑戰。在這樣的環境中，作為知識載體和教育工具的書籍扮演了重要角色。書籍成為一門藝術，其本身也擁有極高的價值，是製作技巧、文學知識的證明，也是書籍的製作者、贊助者和擁有者品味的體現。

這些實物，尤其是薩法維伊朗、奧斯曼土耳其和蒙兀兒印度的官方文書、合約、歷史、傳記和畫冊的序文，為我們瞭解這些地區的書籍和畫冊藝術史提供了途徑。現存的手抄本、畫

圖一　西塔琴

雖然名字是源自波斯語，Sitar的意思是「三根弦」，但是這種樂器的起源地在印度。按照傳說，它是從克什米爾傳入到德里的，本來是和蘇菲音樂有關。最早提及這種樂器的是一本在西元1738年製作的手抄本。到19世紀時，西塔琴已經成為了北印度音樂中的關鍵元素，重要的西塔琴樂師是宮廷中的贊助者們極力爭取的對象。

約19世紀
巴基斯坦，可能是拉合爾
紅木，葫蘆，動物骨鑲嵌物和穿孔的骨片；葫蘆上漆和鍍金
高14公分，寬57公分，厚20公分
M. A. 諾斯小姐捐贈
(As1889,0618.2)

（對頁左）
圖二　〈正對著百獸講話的渡鴉〉

這張畫面十分豐滿的畫作可能曾是一本插圖手抄本裡的一頁，作者可能是蒙兀兒宮廷藝術家米斯金（Miskin）。畫中描繪了一隻渡鴉，牠正在對著各種現實和神話動物講話。這樣的情節和一些用動物故事來諷諫人們行為的文學有關，很多這樣的故事都是從更早以前的書面文獻和口頭傳說翻譯或改編而來的，其中有許多來自歷史悠久的印度口頭文學傳統，從梵文翻譯成巴勒維波斯語（中古波斯語），最終被書面文學保存下來。這些故事匯集成了一本講述治國方略的書，名為《五卷書》（Panchatantra）。

約1590年
印度
墨水，不透明水彩，黃金，紙；
裝裱在畫冊頁中
高29.2公分，寬22.2公分（整頁）
(1920,0917,0.5)

圖三 〈在喀布爾掉入陷阱後的魯斯坦正在殺死沙喀德〉

出自《王書》的插圖手抄本，描繪傳奇英雄魯斯坦（Rustam）和他忠誠的坐騎拉赫什（Rakhsh）的故事結局。嫉恨魯斯坦的同父異母兄弟沙喀德（Shaghad）與喀布爾的國王一同設下陰謀，把魯斯坦騙到了一個藏著刺的陷阱裡。受傷的拉赫什漸漸沒了氣息，魯斯坦也受了傷。在發現是他的同父異母兄弟作崇後，魯斯坦乞求他能答應他最後一個願望，給他一張弓和兩支箭以驅趕野獸。沙喀德滿足了他的要求。魯斯坦趁此機會報仇，將沙喀德釘在了一棵樹上，又用另一支箭殺死了他。

約 1330 年代
伊朗，可能是大不里士
墨水，不透明水彩，黃金，紙
高 40.7 公分，寬 29.6 公分（書頁）
伯納德・艾克施泰因爵士、從男爵遺贈
(1948,1211,0.25)

冊和工坊資料等，揭露了有關於書籍生產和製作過程的重要訊息。波斯文史料描述了宮廷書坊（kitabkhana，兼具圖書館與製作工坊的功能）的設置。製作手抄本是一項集體的努力，其中包括造紙、抄寫和裝訂，在更為奢侈的手抄本例子中還有書法家、上色師、畫家、測量師、洗金箔和青金石的師傅等等。在 1500 年代末，出現了越來越多的非宮廷贊助者和收藏者，他們讓更多的藝術家在開放的市場環境中獨立工作。

最初書籍製作中最常見的作品是古蘭經，但是在西元 10 世紀的時候，紙——最先進入中亞，然後在 8 世紀時進入西亞——代替了羊皮紙，推動了更多書法字體的發展和書籍製作數量的提高，這些書包括科學、神學、歷史、傳記和文學作品。由於書籍具有便於攜帶的特性，因此這也意味著書籍的傳播、贈送或是被搶走，都可以使其他人把書中的內容複製到新的環境中去。因此，書籍可以展示出藝術觀念、風格和技術的融合，從中可以看到各種文化傳統。在蒙古人征服了伊朗和伊拉克的幾十年後，在伊兒汗王朝的贊助人支持下所製作出來的手抄本展

圖四　收藏印度和伊朗繪畫及書法的畫冊

在加茲溫和伊斯法罕，西元 1590 年代末出現了單頁繪畫的市場大繁榮，人們將肖像畫收藏和裝裱在被稱作 muraqqa 的畫冊中。這樣的圖像和波斯文書法的樣品後來在印度引起了風潮，在那裡，原已存在成熟的收藏和製作畫冊的文化。圖中的畫冊是在印度組合起來的，這本畫冊有手風琴一樣的折疊冊頁，可以將內容橫向展開。下圖中的作品是畫冊的其中一頁，畫冊的主人將兩張畫作拼在了一起，左邊的是一張印度繪畫，表現的是一個正在祈禱的女子，右邊的是一幅波斯繪畫，表現的是一個彈熱瓦甫（rubab）的樂手，她的姿勢十分瀟灑，畫作上有藝術家穆罕默德・賈法爾的簽名。

16–18 世紀（畫冊）
18 世紀（祈禱的女子）；約 1590 年（彈熱瓦甫的樂手）
印度（祈禱的女子）；加茲溫，伊朗（彈熱瓦甫的樂手）
塗漆封面和折疊頁裝訂；墨水，不透明水彩，黃金，紙（畫作）
高 29.8 公分，寬 19.7 公分（畫冊）
(1974,0617,0.15)

現了來自中國的技巧，並且在伊兒汗繪畫中出現了隨處可見的蓮花圖案。除了製作古蘭經抄本以外，伊兒汗王朝也訂製符合自己王朝視角的世界史著作和《王書》抄本（圖三）。《王書》是一部波斯文史詩，讚美古代伊朗的王道，伊兒汗國的統治者將《王書》用作君王行宜的教材以及自身統治正當性的象徵。

　　儘管在政治不穩定的時期，不穩定的局勢會影響到君主所在都城如巴格達和大不里士的手抄本製作，但是手抄本也在其他的重要城市中心裡繼續製作出來，例如在舍拉子，當時這座城市已經變成了一個關鍵的商業中繼站。在扎拉伊爾王朝時（Jalayirids, 1335-1432），巴格達和大不里士仍然是都城，和手

抄本有關的各項藝術在這個時期得到了重要發展。圖像和文字的關係開始變得不再那麼緊密，圖像逐漸占據畫面的大部分範圍。在主題和風格上，黑白畫作是另一個得到探索的領域，這種畫作不僅會在伊朗和中亞繼續發展，而且也在印度和奧斯曼帝國受到喜愛。

帖木兒王朝（1370-1405）延續了扎拉伊爾王朝立下的榜樣，也成為偉大的文學贊助者。許多帖木兒時期的手抄本都有意識地模仿先前的伊兒汗、扎拉伊爾和土庫曼手抄本的風格，從而能促進新王朝受益。帖木兒宮廷的手抄本也代表了中央集中化的工坊模式所能達到的最高水準。

在奧斯曼、薩法維和蒙兀兒帝國統治下的生產和贊助，也延續了帖木兒帝國的傳統，每一個宮廷都創造出了自己王朝的作業模式，但是處在一個更加彼此互聯的世界中，藝術家和手抄本都會移動到很遠的地方；在上述三大帝國的空間內，「交互授粉」的影響十分明顯。在宮廷裡，波斯語是主要的文學語言（即便波斯語並不總是他們所在地區的日常用語），奧斯曼帝國是一個例外，他們在 1500 年代末開始推動奧斯曼土耳其語。

畫冊，或 muraqqa（阿拉伯文意為「貼了補丁的」），是將不同書籍藝術組合裝裱起來，常常包括書法、詩歌、繪畫、裝飾和裝訂技術。畫冊的形式各有不同，有的是長方形的裝訂，有的則是橫向展開像手風琴一樣的折疊裝訂（圖四）。在阿巴斯一世沙王時期（1588-1629），薩法維帝國的新首都伊斯法罕有越來越多的個人手抄本作品出現。有時當地的巴扎藝術家會應造訪的歐洲人要求，製作反映當地城市生活的畫冊，例如繪製伊斯法罕和伊斯坦堡市民百態的作品，形成了一個服飾畫冊的流派。

許多奧斯曼和印度的畫冊中都顯示出了對於波斯化書籍藝術的強烈喜好，有的是延續更早的波斯模式，或是受到著名的波斯藝術家和書法家作品的啟發。雖然在西元 1800 年後，這些地區書籍藝術的贊助和生產開始衰落，但是書籍藝術的遺產一直存在於當代對歷史文本的創新闡釋和改編中，而且也存在於不斷發展著的「伊斯蘭書籍藝術」的定義中，伴隨著藝術家們帶來與全球環境產生對話的作品。

5｜1 口頭文學傳統

　　超越時間、空間、政治、文化和階級的邊界，發源自印度、伊朗、中亞和阿拉伯地區的口頭文學傳統經過發展和日積月累，也進入到了其他的語言和社會背景中。這些多元的口頭文學包括以真實的和傳說中的統治者和英雄為主角的史詩、浪漫故事（見239頁），以及講述先知和聖人生平的宗教論述（見59頁）。這些敘述可以活化各種形式的觀感，從聽故事和音樂，到看圖像或是表演，再到分享和參與到故事中的關鍵時刻，例如故事人物的欣喜與哀愁，或是為受愛戴角色之死而哀嘆。這些故事成為了手抄本插畫、紀念性繪畫、戲台設計和當代視覺文化的靈感來源。

　　《哈姆扎之書》是一部以先知的叔父阿米爾·哈姆扎為角色基礎的英雄冒險史詩，這本書深深地吸引了年輕的蒙兀兒王朝皇帝阿克巴（1556-1605在位）。他不但愛聽也愛在宮廷中誦讀書中的故事，因此當他在1562年首次訂製皇家器物時便要求製作一套插圖版的《哈姆扎之書》（圖一）。這部插圖手抄本有特殊的大尺寸書頁，插圖畫在布上，用厚重的紙作為背襯，上面用文字介紹畫中的情節。這暗示這些書頁並沒有裝訂在一起，而是在給阿克巴或其他聽眾講故事的時候舉起來展示情節插圖的，這樣的做法和15世紀伊朗的做法十分相似，在公開表演的過程中展示大尺寸的《王書》（見236-237頁）繪畫。最後，這一著名的《哈姆扎之書》的抄本可以「活化」為在公開或私下場合中接待客人的一部分，可以由說書人來背誦，也可以少數人私下欣賞。

　　《王書》擁有的可表演性質被什葉派社群採納來講述伊瑪目胡笙在卡爾巴拉的殉難。這一悲劇事件激發了一年一度的受難劇表演，這項傳統一直流傳至今。表演活動在一個有插圖的幕布前面進行，幕布可以捲收起來並攜帶到各地，說書人在講故事的過程中用它為觀眾指示相關的場景和畫面。

　　當代多媒體藝術家岑德魯迪的創新作品（圖二）透過卡爾巴拉的故事，向觀眾呈現一個關於追求真理的普世主題。他用畫框裡的織品強調敘事，它們既是圖像也是讓人沉思的視覺停頓。每個場景都是一片單獨的浮雕印刷。他的作品打破了慣常的卡爾巴拉悲劇故事的講述方式，在技術上和概念上都突破了傳統。

（對頁上）

圖一　《哈姆扎之書》

圖中顯示的是《哈姆扎之書》一份書頁的兩面，故事是受到十分流行的關於先知的叔父阿米爾·哈姆扎的評書故事的啟發。完整的《哈姆扎之書》耗時15年製作，包括14卷，每一卷裡有100張繪畫，這些繪畫出自印度藝術家和伊朗藝術家之手。今天留存下來的繪畫只有不到150張。圖中這幅的作者據悉是著名的藝術家巴薩萬，他是阿克巴手下最出色的宮廷畫家之一。在這幅畫中，《舊約》中的先知伊里亞斯（以利亞）救起了落水的王子努爾·達赫爾（阿拉伯文的意思是「時間之光」），這位王子是阿米爾·哈姆扎的孫子。

約1558–1573年
蒙兀兒印度
墨水，布面上繪有不透明水彩（圖畫頁）；墨水，紙（文字頁）
高73.6公分，寬57.9公分
斯特拉通·坎貝爾拉比捐贈
(1925,0929,0.1)

圖二 〈誰是世界為之瘋狂的胡笙？〉，查爾斯─胡塞因·岑德魯迪繪

這一作品的標題反映的是反覆出現在畫面邊緣的一句話，這句話的結尾處提到了飛蛾撲火故事的精神內涵：「在所有的靈魂都是飛蛾的地方，誰是那團火焰呢？」作者的簽名出現在左下角的那塊豎立的字框中，他效法歷史上大師們的做法，寫下「謙卑的胡塞因·岑德魯迪」。

1958 年
亞麻布上浮雕印刷
高 228.5 公分，寬 148.5 公分
在 CaMMEA（現當代中東藝術）收購團、布魯克西維爾永久基金會和法爾哈德·法爾加博士的幫助下，由瑪利亞姆·艾斯勒和愛德華·艾斯勒出資購入
(2011,6034.1)

5|2 土耳其皮影戲

　　最初是受到埃及的表演影響，皮影戲自從奧斯曼時代早期以來，就在土耳其的文化傳統中扮演重要角色。在一個後方有照明的幕布前，各種角色出現在台前表演生動的故事。這些人物使用染色的動物皮革製成，由後面的皮影師傅（有時有助手協助）用小木棍操作。

　　皮影戲主要是在齋月的傍晚、婚禮和割禮的場合上演出。內容是按照提前編排好的劇本演出，一部分是逗樂的鬧劇，一部分是嚴肅的對話（圖一）。與此同時，允許劇中的角色，尤其是兩個最重要的，卡拉格茲和哈吉瓦特（圖二），站出來對情節中的事情做出一番評論，其主題從日常生活的瑣事，一直到更嚴肅的社會和政治議題（但從不討論關於蘇丹和宗教的議題）。這種諷刺式的表現手法後來還延伸到了《卡拉格茲報》在伊斯坦堡的出版。在這份報紙中，卡拉格茲和哈吉瓦特會對時事加以評論。隨著電影院和電視機的到來，皮影戲開始逐漸衰落，但 2007 年，土耳其政府宣布卡拉格茲和哈吉瓦特是一項文化資產，標誌著此種藝術形式被認可為一項國家文化資產，進而開啟它的復興。

（本頁及對頁，下圖）

圖一　法爾哈德與席琳的故事

在戲目《法爾哈德與席琳》中，法爾哈德是一名窮畫家，他和席琳彼此相愛，但是席琳富有的母親反對他們在一起。她於是給法爾哈德設下了不可能完成的任務，讓他從附近的一座山中只用一把鎬來取水。雖然席琳的母親設下了種種障礙，但是在卡拉格茲的幫助下，法爾哈德順利地完成了所有任務。這個故事，大致是根據安納托利亞的愛情故事「法爾哈德與席琳」改編的，而原始的出處則是波斯愛情故事「霍斯洛與席琳」，這個故事也記錄在阿布·卡西姆·菲爾多西的《王書》中。為了適應皮影戲的觀眾，這個故事被改成了大團圓結局（並非文學故事版本中的結局）。圖中的情節描述的是法爾哈德在山坡上挖了一道水渠（對頁，下圖），而席琳正在她家門口等著法爾哈德回去（本頁）。

1970 年代
梅亭·鄂茲倫製作
土耳其
染色動物皮革
長 46.2 公分，寬 24 公分（席琳的房子）；長 32.6 公分，寬 14.7公分（席琳）；長 30.7 公分，寬 8.5公分（法爾哈德）；長 36.8 公分，寬 39.7 公分（山）
(As1980,09.6.a, 9, 15, 18, 32–41,55)

圖二　卡拉格茲和哈吉瓦特

他們是土耳其皮影戲中最主要的
角色。卡拉格茲（留著圓鬍子），
代表的是一個庶民大眾角色，為
了填飽肚子而展開命中注定的冒
險。他不識字、衝動、懦弱、粗
魯又卑鄙。然而有時候他又睿
智、樂於助人並且做出英雄般的
舉動。而哈吉瓦特（留著尖鬍子）
則是一個彬彬有禮又優雅的人，
他熟諳阿拉伯和波斯文學，懂得
各種各樣的事物，從食物，到園
藝，再到音樂和社交禮儀。他知
識淵博，卻矯揉造作，常因為想
太多而無法行動，總是和卡拉格
茲爭執鬥嘴。

1970 年代
梅亭·鄂茲倫製作
土耳其
染色動物皮革
高 33 公分，寬 10 公分（卡拉格
茲，不包括可以活動的手臂）；
高 33.2 公分，寬 9.7 公分（哈吉
瓦特）
(As1980,09.1,3)

5│3 手抄本的製作

　　在伊斯蘭世界裡，書坊或皇家工坊是手抄本生產和供應的中心。無論是集中在帝國的心臟，或分散在各個小朝廷中，甚至是移動式的，製作書籍和手抄本的工作室在皇家和富裕贊助人的支持下都十分繁榮。手抄本的製作是一項集體合作的事業。它要求造紙工匠、給紙上光的工匠、磨製顏料的工匠、抄寫人、書法家、裝飾書稿的工匠、鍍金師和其他的各門手藝人彼此協作完成。

　　一旦接到訂單，書坊的主管，本身也是一名藝術家，就會開始制訂計畫，決定書稿的樣式並分派給各門工匠。紙張是從紙漿來的（泡水的亞麻布條和大麻類植物），乾燥後用金箔或大理石紋路裝飾，然後再上光，準備墨水（用碳和訶子煮製而成）。當抄寫人完成了文字後（為上色留出空白），書就交給畫家們，每位畫家都各有所長，比如畫臉、人物身體或戰爭場景。畫面先用一根細毛筆打底，或用印花粉複製原來的圖案（把原作的輪廓描下來，然後將碳粉灑在有細孔的圖案上）。畫家利用昂貴的礦物，例如金、銀、青金石、硃砂、雌黃和孔雀石，自行製作顏料，隨後再用蛋白、膠水或阿拉伯膠（自 16 世紀後）上在頁面上。

　　繪畫完成後，裝飾工匠和鍍金師傅就會給書頁加上標題、邊框圖案、序頁和末頁。頁面隨後被縫入封皮書口，平塞到封皮的下面。皮革封皮也可以使用特殊工具，像書頁一樣用花草、幾何圖形或其他花紋加以裝飾（見 232-233 頁），或是用印章蓋上一個花形的圓章，以及加上用模具製成的雲紋書角套。在 16 世紀，這樣的書籍封皮展現出了越來越精緻的設計，其中包括花鳥（圖三、四）和人物圖像。19 世紀時，漆料封皮替代了皮革封皮。

圖一　書法家的工具

這一套各種類型的工具是 19 世紀的奧斯曼書法家使用的。其中包括削筆用的鋼刃小刀和帶有黃金鑲嵌的各式剪刀。畫面前方的大剪刀的把手上裝飾了真主的 99 個尊名中的兩個——「永生的」（al-Hayy）和「公正的」（al-Muqsit）。畫面的左邊和右邊各有一個象牙的 maqtas，這是用來在削筆的時候將筆卡在固定位置的工具，這兩個工具上面的簽名寫著「雷思密」和「祝奈德」，許多抄寫人和書法家都是蘇菲教團的成員，這兩人可能屬於梅夫拉維蘇菲教團。

18–19 世紀
土耳其
鋼，象牙和金鑲嵌
長 18.5 公分，寬 3 公分（最大的剪刀）
(2002,0819.1–12)

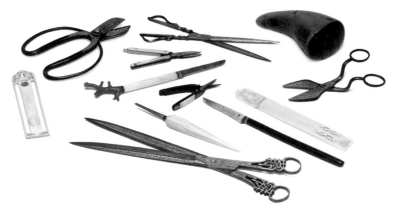

圖二　坐姿抄寫人

這幅畫被認為是著名的薩法維藝術家禮薩・阿巴斯的作品，畫面表現一名坐著的抄寫人，手拿一本 safina（長窄形畫冊）。畫上的皇家印章（阿巴斯，聖潔的國王〔阿里〕之僕）表示這幅畫可能是代表一個已知人物，或者其價值足以收錄進皇家畫冊中。

約 1600 年
伊斯法罕，伊朗
墨水，不透明水彩，黃金，著色紙
寫有「禮薩作」
高 15.7 公分，寬 12.4 公分
(1920,0917,0.271.1)

圖三　書封

書封在中間描繪了花叢中的青蛙和昆蟲，周圍環繞著花卉和葉片圖案的橢圓形畫框。

約 1640 年
伊朗
皮革，模製和用工具打磨
高 32 公分，寬 20.8 公分，厚 0.4公分
安東尼加德納房地產公司受益人為紀念安東尼・加德納，將此書封作為禮物贈送
(1993,0727,0.1)

圖四　花卉

這張昆蟲和花卉的素描出自一本 28 頁的畫冊，收錄了 55 張植物花卉和鳥類昆蟲的素描畫，大多都出自禮薩・阿巴斯之子沙菲・阿巴斯（Shafi Abbasi）之手，這些畫中有兩幅上蓋有其印章。沙菲精於畫花鳥，他的作品中能看到歐洲和印度繪畫的影響。

標註為伊曆 1042 年（1632/3 年）
畫冊內容完成於約 1632–74 年間
伊斯法罕，伊朗
墨水，紙；塗漆封皮
高 13.9 公分，寬 19.7 公分（畫面）；高 28 公分，寬 19.7 公分，厚 2.7 公分（畫冊）
布魯克西維爾永久基金會
(1988,0423,0.1.48)

5│4 書法

　　在伊斯蘭世界的各門藝術中，書法因為和古蘭經有關而享有最榮耀的地位，古蘭經中提到過神的最初創造是一支記錄各種存在物的筆。由此延伸，書法家和書法也十分受尊敬，書寫一手好字被看作是虔誠的嘉行，反映的是寫字的人的道德（圖三）。通常來說書法家也可以是詩人或是歷史學家。

　　作為一種藝術傳統，阿巴斯王朝的大臣伊本・穆格法在西元10世紀時將書法加以規範和標準化，他為書記人員創造出了一套用菱形的點來標示間隔和比例的字母練習系統，並建立起「六書」（六種書法體）標準，後來的書法家繼續發展這套標準。其中包括在14世紀時發展出的懸掛體，這是一種非常優美、飄逸的行書字體，被視為波斯書法中的最偉大成就。不僅僅是抄寫神啟的載體，書法家對文學藝術的發展也起到了關鍵作用。

　　書法家的知識是透過師徒關係的傳授鏈（silsila）傳遞的，並且將一代又一代的書法家與藝術家效法的榜樣——先知的女婿阿里聯繫起來。在師傅的指導下，一個徒弟經過多年的觀察、學習（包括字母的組成、比例系統和構成，以及準備書寫材料和工具）、訓練和反覆修正才能成為書法家（圖一），其最終的目標是得到一張出師證書（ijaza），從而能夠執業與授徒。在好幾百年的時間裡，一代又一代的學徒們學習書法專著，並且研究書法大師們的作品；這樣的學習被稱為「眼學（naziri）」，從而能打下「筆學（qalami）」的基礎。

圖一　納斯赫體和三一體的書法練習草稿

在師傅的指導下，學習書法者的個人練習和不斷的重複是書法家職業生涯中至關重要的內容。這個例子是一個類型的習作，上面有各種菱形的點構成練習用的框架，從而能訓練寫字母的形態和比例，紙張的上半部分和下半部分分別是兩種字體。書寫出的句子是：「哦，主啊，讓它（書寫過程）輕易、不困難，主啊，請讓它以最優美的形式完成吧。」雖然沒有簽名，但是這份練習草稿上的字跡讓人認出它出自著名的奧斯曼書法家穆斯塔法・拉齊米（1757–1826）。

18–19世紀
奧斯曼土耳其
高12.2公分，寬23.8公分
奧利弗・霍爾捐贈
(2003,0227,0.1)

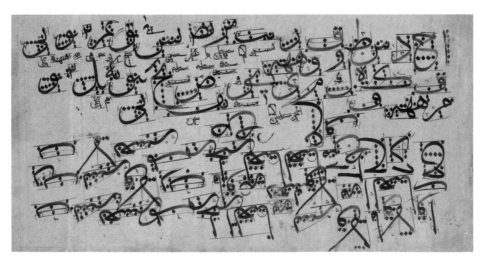

圖二 書法

這一幅蘇菲波斯語詩歌是由享有盛名的薩法維書法家米爾·伊瑪德（–1615）書寫的，他的師傅是著名的米爾·阿里·赫拉特伊（–1556）的徒弟。這一篇對仗的駢句詩文被認為是來自11世紀時的呼羅珊蘇菲詩人阿布·賽義德·阿布－哈爾。波斯字母和流暢如水的懸掛體書法給波斯詩歌的韻律性提供了視覺上的載體。蒙兀兒印度對這樣的作品趨之若鶩，各式的樣本都被收藏在畫冊中，這些畫冊裡既有書法，也有繪畫，圖中的這一幅書法就是這種畫冊中的一頁。

落款於伊曆 1019 年（1610/1）；畫冊在蒙兀兒印度組合
17 世紀末 –18 世紀
伊朗
墨水，不透明水彩，黃金，紙；塗漆封皮（未顯示）
高 42.5 公分，寬 29.5 公分（書頁）
(1974,0617,0.21.79)

圖三　啊！最輝煌者的輝煌

阿拉伯文短語 Ya Bahá al–Abha（啊！最輝煌者的輝煌）是巴哈伊教徒用來表述其信仰的最常見的一句話，用來表達讚頌和呼喚指引和支持。這幅表現這種情感的書法被認為是出自波斯人米什金·卡拉姆（1826–1912）之手，他的名字的字面意思是「麝香味道的筆」。他是一位知名度很高的書法家，並在大不里士教育卡札爾王朝的太子，在這期間他改信了巴哈伊教，後來成為巴哈伊教信仰的先知和創立者巴哈魯拉的書記人員。

簽名為：巴哈之門的僕人米什金·卡拉姆
19 世紀末 –20 世紀初
可能是阿卡（Acre），奧斯曼巴勒斯坦（今日以色列）
墨水，不透明水彩，紙，黃金，黏在一塊板上
高 49.5 公分，寬 62.5 公分（紙）
(2010,6015.1)

5|5 繪畫

　　雖然書法因為與阿拉伯文字和古蘭經關聯密切，被認為是最高級的藝術形式，但繪畫藝術、圖像製作也受到尊敬。為了提高 tasvir（意為「描繪」）的地位，評論家們尤其把波斯的繪畫與書寫聯繫起來，強調蘆管筆和毛筆之間的聯繫，將藝術活動與「書寫」或是世界的創造連結起來（見 230-231 頁）。

　　阿拉伯文術語 tasvir 並不區分是彩色畫還是黑白畫，但當時素描畫常常被視為邁向完整作品過程的準備動作。這樣的情形在 15 世紀末、16 世紀初的時候發生了變化，在伊朗的藝術家們開始探索以及創作出完整的不上色素描畫。藝術家和鑑賞家們收藏的畫冊證明了素描畫曾經被看作是準備過程的重要角色，是把設計轉移到其他媒介的載體，也是不具名的作品。這些收藏被畫家、裝訂師、漆飾工匠、馬鞍工匠、木工師和其他的工匠看作是素材書，也單純地被當作消遣。這些收藏展現出生動活躍的繪畫特質，它們可以啟發新的試驗，可以用不同質地的紙或其他表面；也可以試驗不同的花樣和圖案；或者是融入外來的元素，比如中國風或歐洲風的圖案；或是只用硬筆、毛筆和墨水來探索紋路和線條。

　　隨著單頁創作的市場變得更大，對於黑白素描畫的需求也隨之升高，許多藝術家都發展出自己的風格。黑白的素描畫要求少，無需昂貴的材料，藝術家們可以隨時隨地自由創作。現存的多數黑白畫都來自 16 至 18 世紀的伊朗、中亞、土耳其和印度，這些畫所探索的主題包括單人像、花鳥（229 頁）或是自然主題（圖一、二），以及神祕的、神話的、日常的或是奇異的主題（圖一、三）。

圖一　兩隻雉雞

這幅技巧高超的作品被裝裱在一張可以拆卸的畫冊頁上，畫中有一棵嶙峋多節的樹、枝繁葉茂的樹林、樹幹上的靈芝和兩隻雉雞。這樣的黑白畫帶有明顯的中國風格，是蒙古入侵伊朗和中亞帶來的影響，這樣的畫作在 15 世紀的伊朗和中亞尤其普遍。收藏在畫冊中的作品常常會用糊糊黏在裝飾得同樣精美絕倫的畫冊頁上，這樣的裝裱可以為王公貴冑和其他的宮廷菁英人士把玩和鑑賞。

15 世紀初
赫拉特，阿富汗
墨水，不透明水彩，黃金，紙
高 29.1 公分，寬 44.7 公分（頁面）；高 27 公分，寬 22.7 公分（畫作）
伯納德・艾克施泰因爵士、從男爵遺贈
(1948,1211,0.24)

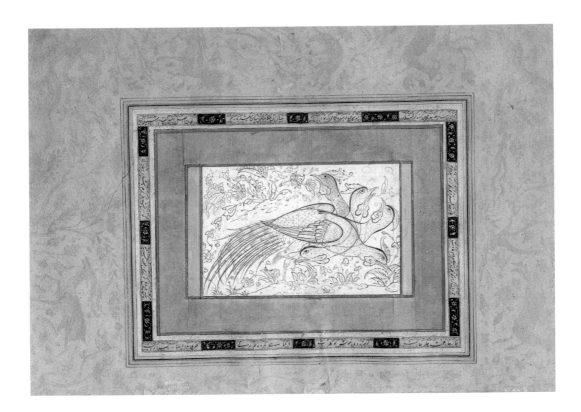

圖二　描繪移動中的雉雞的習作

這張畫作表現了一隻雉雞的五個不同動態，顯示出了畫家對於動態運動的非凡掌控技巧，同時顯示出了如同書法技巧般的線條處理構成了整個畫面的基礎。這是一幅假託薩法維時期的藝術家沙阿·庫里（約 –1556）之名的作品。沙阿·庫里曾經主管奧斯曼帝國的蘇萊曼大帝麾下的工作室。這幅畫是專門裝裱在單獨的畫冊頁中，旁邊配有波斯語詩文，進一步顯示出它是作為獨立欣賞的作品。

16 世紀末
加茲溫，伊朗
墨水，金，紙
高 44.3 公分，寬 30.7 公分（整頁）；高 10.2 公分，寬 15.8 公分（畫作）
(1930,1112,0.4)

圖三　騎駱駝的天使

這是一幅主題十分奇幻的蒙兀兒時期作品。畫中的天使手中拿著一個煙桶騎在駱駝背上。這頭駱駝更是神奇地兼具人與動物形象。在 16 世紀末至 17 世紀，伊朗東北部和印度非常流行畫這種合成動物，由各種各樣的具象類型組成，有時候是人，有時候是惡魔，有時候還有真實或神話中的生物，所有的這些生物組合成一隻常見的動物，例如馬或駱駝。

1605–1627 年
蒙兀兒印度
墨水，不透明水彩，金，紙
高 21.4 公分，寬 15.3 公分
查爾斯·黑澤伍德·山濃遺贈
(1937,0710,0.332)

5│6 超越了書本的單頁畫

　　薩法維沙王阿巴斯一世在位的 1500 年代晚期，加茲溫和伊斯法罕對於單頁繪畫的需求越來越大，而且繪畫也促進了個人藝術家在伊朗的角色。藝術贊助擴展到宮廷以外，富有的商人和政要也開始贊助藝術創作，他們能夠支付製作迅速、平價的單件作品並將它們收集到畫冊中，而不是訂製所費不貲、工程浩大的插圖手抄本。這與過去在帖木兒王朝和薩法維王朝早期，書坊中的藝術家以集體合作的方式創作出一套完整的作品極為不同。在單頁創作中，最流行的繪畫主題是宮廷人物（大臣和宮女）、樂師、武士、年輕時髦的男子、帶有理想化美貌的女性人物和蘇菲托缽僧。有一些這樣的主題表現的是名人，其他的則是類型化的肖像。在沙王阿巴斯宮廷內外皆為優秀藝術家的禮薩・阿巴斯（1565-1635），尤其擅長描繪單獨人物（圖二；和 229 頁）。

　　在相鄰的蒙兀兒帝國和奧斯曼帝國，單頁畫的贊助也興盛起來，波斯化的繪畫和書法受到追捧並影響了在地藝術家。例如，和蒙兀兒皇帝阿克巴在皇家工坊訂製的手抄本一樣重要，單頁畫也被呵護有加地收集到畫冊裡，其中有描繪真實人物的作品（圖一）以及對自然風光的細緻觀察，有時候也有神話元素（圖三）。

圖一　手持龍頭枴杖的雲遊托缽僧

這位藍眼睛的托缽僧身上有各種具有象徵意義的廉價小飾品，很可能是一名生活在蒙兀兒皇帝阿克巴統治時期的苦修人物。在這段時期裡（1556–1605 年），某些蘇菲派分支在印度次大陸上興盛起來，並且顯示出了和當地神祕主義派別的共同行為。著名的安達魯斯學者伊本・阿拉比（見 69 頁）的著作和學說引起了阿克巴的共鳴，前者的神祕主義學說探討和辨別了內在意義和外在形式，指出外在形式是作為內在意義的影子，或是外在形式是內在意義的鏡像。

裝裱在畫冊頁中的繪畫
約 1570 年代
蒙兀兒印度
墨水，不透明水彩，黃金，紙
高 19 公分，寬 12.8 公分
布魯克西維爾永久基金會
(1983,0727,0.1)

圖二　坐著閱讀的年輕男子

雖然畫中人物的面孔和周圍的植物讓人不禁想到禮薩・阿巴斯的其他作品，但是例如畫中人的修長比例、他的座位和那段有趣的波斯文都表明這幅畫很可能是向 16 世紀的赫拉特藝術家穆罕瑪迪致敬：

在繁盛的、最高貴的、最純潔的聖上的命令下，願真主延長他的統治，這幅畫和赫拉特的大師穆罕瑪迪的作品十分相似，願真主慈憫他。最卑微、最微不足道的奴僕，我，畫了這張臉，並用了最高貴的印章來榮耀和裝飾它。謙卑的禮薩・阿巴斯之作。

這段文字也提到了被抹去了的皇家印章，位於座位下方，說明這部作品有可能是沙王阿巴斯一世所訂製的。

約 1625–1626 年
伊斯法罕，伊朗
墨水，不透明水彩，黃金，紙；
裝裱在可取出的畫冊頁中
高 21.9 公分，寬 14.7 公分（頁面）
(1920,0917,0.298.3)

圖三　天使坐在地毯上

畫中的主角是兩位面對面的天使中的一個，這幅畫可能是源於一類知名的表現坐姿女性的波斯肖像畫。在背景中色彩繽紛的中國風捲曲花紋讓人想到布哈拉和呼羅珊的藝術畫派。圍繞在天使周圍的波斯詩文用和中國的聯繫強調了天使的美麗，在波斯的文學和文化中，和中國有關的事物都代表了極度美麗。

約 1555 年
布哈拉（在蒙兀兒印度再上色過）
墨水，不透明水彩，黃金，紙；
裝裱在可取出的畫冊頁中
高 29 公分，寬 19 公分（頁面）
帕西瓦爾・查特・瑪努克和 G. M. 柯爾斯小姐遺贈並由藝術基金出資購入
(1948,1009,0.54)

5│7 《王書》：伊朗的列王故事

把你的酒喝光吧，在你喝酒的時候，我會給你講一個先前的故事，這個故事裡盛滿了愛和爾虞我詐，英雄為戰爭和騎士精神而活。「甜美的月色啊，」我說，「我的絲柏，我的歡愉，告訴我這個故事，以消磨漫漫長夜。」「先聽好，」她說，「當你聽故事的時候，要記住每一字，每一句。」

被伊朗人珍視為國家史詩的《王書》中最膾炙人口的一個故事，就是這樣開頭的。這部史詩是波斯詩人阿布‧卡西姆‧菲爾多西在西元 1010 年前後完成的作品，一共有 5 萬行駢句。《王書》裡有數不清的半神話性質的君王、戰士、英雄和反派的傳說，這些詩句講述了古代伊朗的故事，透過包括手抄本（圖一、三）、建築裝飾（圖二）、電影（圖四）和說書人與唱書人戲台的場景牆和幕布等不同媒介，一直流傳至今。從上至廟堂，下至百姓的波斯化文學和視覺文化中，《王書》在塑造國族認同上發揮了重要的作用。在整個伊斯蘭世界的東半邊，它提供的是君王行為的樣本，外國統治者會通過支持和分發《王書》的手抄本，將其用作樹立正當性的工具，將自己和伊朗歷代先王的統治鏈聯繫起來。在流行文化中，《王書》的詞句和角色繼續成為更早時的神話和口頭文學傳統中的共同元素，也在伊朗東邊和西邊的各種文化中受到喜愛，表現出地理邊界並不一定會阻礙口語的傳播。

圖一 法理布茲來到凱‧霍斯洛面前

神話性質的伊朗國王凱‧卡烏斯，因為無法在自己的兒子法理布茲和孫子凱‧霍斯洛之間選定繼任者，於是許諾若誰能成功地攻陷巴赫曼堡壘，他就把王位交給誰。勝利者凱‧霍斯洛後來登上了王位。在這幅畫中，他正在接見跪在左側的對手法理布茲。這幅畫是 1484 年複製的「大頭」《王書》的一部分，這部手抄本是為統治裏海省份吉蘭（Gilan）的土庫曼蘇丹阿里‧米爾札製作的。

標註為伊曆 899 年（1493/4）
吉蘭，伊朗
墨水，不透明水彩，黃金，紙
高 34.4 公分，寬 24.4 公分（整頁）
(1992,0507,0.1)

圖二 瓷磚描繪希亞夫什和阿夫拉希亞布之間的一場馬球比賽

傳奇的伊朗君王希亞夫什正在和圖蘭（Turan）的統治者阿夫拉希亞布打馬球。希亞夫什與父親伊朗國王起了爭執，從而逃到了

阿夫拉希亞布的宮廷中。瓷磚的外圍是《王書》中的句子，描述著比賽的開場，觀眾如雷般的歡呼聲抵達了月亮上，希亞夫什像急馳閃電般騎馬進入賽場中，驚呆了圖蘭人的國王。在瓷磚頂端的三個對話框中寫有陶匠的名字，穆罕默德·易卜拉欣。

約 1850 年
德黑蘭，伊朗
石膏，在透明釉下繪有多種彩色
高 30.6 公分，寬 30.6 公分
伊迪絲·古德曼小姐遺贈
(G.314)

圖三　拉赫什在魯斯坦睡覺時和一隻獅子打鬥

傳奇的魯斯坦是《王書》中最偉大的英雄。畫中描述的是英雄魯斯坦和他忠誠的戰馬拉赫什正冒險抄近路去解救伊朗國王凱·卡烏斯免遭一個邪魔的危害。他們半路停在一片草地上休息（畫中描繪的是一片森林），無意中闖入了獅子的巢穴。正當魯斯坦熟睡的時候，獅子回來了，但拉赫什保護了牠的主人，踢死了獅子。這幅手抄本繪畫據信是薩法維統治者沙·塔赫瑪斯普（1524–1576 在位）為他的父親沙·伊斯瑪儀一世（1501–1524 在位）訂製的，但是這部手抄本和繪畫都沒有完成。負責製作的藝術家是蘇丹·穆罕默德，他曾經在白羊土庫曼王朝位於大不里士的書坊中效力，隨後成為了這部《王書》製作工程的主管人。

1515–1522 年
大不里士，伊朗
墨水，不透明水彩，黃金，紙
高 31.6 公分，寬 20.8 公分
伯納德·艾克施泰因爵士、從男爵遺贈
(1948,1211,0.23)

圖四　〈太陽王三十一世〉，阿里·阿克巴·薩迪吉（伊朗人，1937–）繪

這部動畫電影的故事情節和《王書》相近，講述一個富有的國王雖然擁有世界上的一切，唯獨沒有愛。有一天在王宮中散步時，他看到一幅美女的畫像並隨即墜入愛河。他尋找愛人的旅程中遇到了一個白色魔鬼（如圖所示）。

2016 年
伊朗
有手繪背景的動畫膠片，混合媒介
高 35 公分，寬 30 公分
法爾佳姆基金會出資購入
(2016,6042.2)

5｜8 知識與文學

　　例如《王書》之類的史詩、波斯詩人內札米（1141-1209）或者印度—波斯詩人阿米爾・霍斯洛・迪赫拉維（1253-1325）創作的《五卷書》裡講述的愛情故事、「君王寶鏡」（給未來統治者提供指導和建議的文學類型）以及傳記和歷史與科學著作，這些著作都包含各式插畫，在伊斯蘭世界各地生產製作。訂單主要來自皇室和菁英階層贊助人，他們能給工匠團隊提供支持，給書坊提供價格不菲的原料，在政治過渡或是動盪的時期，手抄本常常扮演策略性的角色。君主和官員們會訂製和捐製古蘭經和其他文學作品與科學性質的手抄本送給慈善機構，例如清真寺或瑪德拉沙（宗教學院），以提升自己在真主和臣民面前的品級。他們還利用文本創造出自己符合統治正當性的歷史論述，無論是通過強調自己和過往論述之間的相似性（例如伊兒汗製作大蒙古《王書》，見 221 頁圖三），還是透過塑造自己為朝代歷史中的一環。

　　在插圖手抄本中，圖像和文字的關係歷經幾世紀的發展變化，早期的插畫更像是利用圖像來推動文化和知識的傳播，而不是直接為文本作畫（圖一）。其他支持文字內容的圖像是作為擴展故事關鍵情節的視覺敘述。漸漸地，尤其在 16 世紀以後，文字和圖像的平衡開始傾斜，圖畫經常占據頁面大部分空間（圖二、三）。

圖一　兩名醫生正在給病人開藥

這張書頁是來自西元 1 世紀時的希臘醫生迪奧斯科里德斯的著名草藥專著的阿拉伯文版。這本書先被翻譯成敘利亞文，在 9 世紀時於巴格達翻譯成了阿拉伯文。阿拉伯文抄本的散播很廣，而且也遵循了包括為人物和植物繪製插圖在內的希臘傳統。這一頁的文字闡述的是由毒蟲咬傷後導致的傷口潰爛、對斷裂頭骨的診斷，以及腸潰瘍。由經典的三部分設計以及沒有風景描繪的特點，展現了伊斯蘭手抄本繪畫的早期風格。這一張書頁出自伊斯坦堡聖索菲亞圖書館中收藏的一本手抄本，末頁標註有日期。

落款為伊曆 621 年（1224）
巴格達，伊拉克
墨水，不透明水彩，紙
高 32.8 公分，寬 24.3 公分（頁面）
伯納德・艾克施泰因爵士、從男爵遺贈
(1934,1013,0.1)

圖二　巴赫拉姆·古爾和迪萊拉姆一起打獵

薩珊帝國的統治者巴赫拉姆五世（420–438 在位）曾因為在打獵中的超凡技藝而被稱為巴赫拉姆·古爾（波斯語意思是「跑得飛快的野驢」）。在畫面中，他在向僕人迪萊拉姆誇耀他能把一頭雄鹿變成母鹿，也能把母鹿變成雄鹿，方法是射斷雄鹿的犄角，然後用兩支箭射穿母鹿的頭，再把犄角插上去。這個來自口頭文學的故事經過傳播，發展出不同的情節和插畫版本。畫中的這一幕出自〈八天堂〉（Hasht bihisht），這個故事是印度—波斯詩人阿米爾·霍斯洛·迪赫拉維版本的《五卷書》中的一卷，它同樣也出現在波斯詩人內札米的《五卷書》以及菲爾多西的《王書》中。

約 1610–1611 年
蒙兀兒印度
墨水，不透明水彩，黃金，紙
高 41.6 公分，寬 26.5 公分
(1920,0917,0.258)

圖三　阿周那和怖軍對陣

這幅戰爭場面出自於印度史詩《摩訶婆羅多》（Mahabharata）的波斯文節選譯本《戰爭之書》（Razmnama）——由蒙兀兒皇帝阿克巴下令翻譯和製作成書。這裡描繪的是戰士阿周那（Arjuna）和怖軍（Bhima）在各自的戰車中對峙的場面，周圍是他們的戰象和騎兵。這幅書頁所屬的手抄本是由一名在阿克巴和賈漢吉爾皇帝麾下效力的蒙兀兒軍官訂製的，據說他擁有一個由 20 名藝術家組成的工坊。

約 1616–1617 年
蒙兀兒印度
墨水，不透明水彩，紙
高 34.7 公分，寬 23.8 公分
布魯克西維爾永久基金會
(1981,0703,0.1)

5│9 服飾畫冊

　　畫冊的製作始於 15 世紀的伊朗，並在 16 世紀的薩法維伊朗、奧斯曼土耳其與蒙兀兒印度繼續發展，一直持續到 19 世紀初（圖一、二；另見 222，231-235 頁）。許多現存的畫冊和畫冊頁都跟宮廷收藏有關，然而服飾畫冊這個類別，證實了曾經存在一個為造訪的外國人服務的繁榮商業市場。外國旅客，例如日耳曼醫生、探險家恩格爾波特‧肯普菲曾在 1684 至 85 年間在伊朗停留近 20 個月，他向當地的藝術家訂製了繪畫作品來記錄人物、動物和日常生活景象以了解當地伊朗人的習俗，並將其當作一種「紀念冊」（圖一）。「肯普菲畫冊」的格式遵循了歐洲的素材本，每一頁上有兩種不同的人或動物，並收錄旅人自己的速寫畫。

　　在奧斯曼帝國，手抄本和印刷形式的服飾畫冊最早都出現於 16 世紀中葉，並持續生產到 19 世紀，這時候東方服飾攝影照相進入到選擇範圍中。這些由伊斯坦堡的奧斯曼畫家製作的畫冊，可作為某種給外國人提供的奧斯曼風土民情指南，也是對歐洲人製作的描述奧斯曼服飾的書籍做出的本地回應。為當地贊助人服務的藝術家也會製作為不同市場準備的各類型繪畫。

　　奧斯曼服飾畫冊中最好的例子是英國商人皮特‧蒙迪訂製的畫冊，他當時作為黎凡特公司的職員，在 1617 至 20 年間生活在伊斯坦堡（圖二）。這本畫冊遵循了典型的奧斯曼服飾畫冊的格式，以奧斯曼社會等級來編排圖像：蘇丹、男子（從大臣到百姓）、女子和外國人。他的畫冊因為製作工藝高超而極為出色，品質甚至可與宮廷畫冊相提並論。此外，蒙迪的畫像還根據自己的經歷與其他資料來源，展現出他個人對奧斯曼社會的理解及同情。

圖一　肯普菲畫冊中的四個女子肖像

在對開畫頁中描繪的四位女子，分別是瑣羅亞斯德教徒女子、魯姆（Rumi，土耳其）女子，印度女子和格魯吉亞（Gurji）女子。每個畫像的上方都有波斯文解說。在這本 45 頁的畫冊中，大部分畫作都是藝術家佳尼（Jani）創作的，他自稱為 faranji saz，意為「法蘭克畫家（使用歐洲風格的畫家）」，這表示他針對的是歐洲人的審美，並使用了歐洲技術（例如模特兒）。

落款為伊曆 1096 年（1684/5）
伊斯法罕，伊朗
墨水，不透明水彩，紙畫冊用鍍金裝飾的棕色皮革裝訂，在封面內使用大理石紋紙
高 22.4 公分，寬 32 公分，厚 2.9 公分（畫冊）；
高 21.4 公分，寬 29.9 公分（頁面）
漢斯‧斯隆爵士遺贈
(1974,0617,0.1.17–18)

圖二　蒙迪畫冊中的一名貴族女子

「單人」格式的奧斯曼服飾畫冊，例如《蒙迪畫冊》是取自裝裱在波斯畫冊中的單人肖像，表現出藝術家利用自身傳統同時滿足歐洲客戶的口味。這幾頁的內容是來自關於女性的部分；這裡出現的兩個女子都是貴族女性，其中一個（上圖）穿著簡單，但是頭上戴著一頂優美的高頭飾，穿了一件黑色外套，裡面有白色長袍和褲子，腳上穿著浴室木拖鞋，有可能是前往土耳其澡堂的路上。在兩個人物的周圍，都有技藝高超的剪紙裝飾，另有其他的花卉剪紙裝飾（仙客來、丁香、玫瑰和鬱金香）出現在對面的冊頁上。蒙迪畫冊目前包含有60頁，其中有59頁的人物畫作和附加的剪紙裝飾，但是有不同程度的缺損。

1618 年
伊斯坦堡，奧斯曼土耳其

墨水和不透明水彩，附加剪紙；
畫冊有綠色皮革封面
高 20.6 公分，寬 14.5 公分，厚 2.2
公分（畫冊）；高 19.8 公分，寬
13.2 公分（各頁）
(1974,0617,0.13.48.v,49.r, 46.v,
47.r)

5│10 近代的藝術書

　　中東地區的藝術家製作的書既顯示出了伊斯蘭世界延綿不斷的成熟製書傳統，又表現出了法國藝術家在 19、20 世紀之交時建立起的 livre d'artiste（書本藝術）傳統。圖中的書來自黎巴嫩藝術家沙菲克‧阿布杜（1926-2004），他大半人生都在巴黎度過，而且是「巴黎畫派」的成員。他在 1953 年時製作了第一本這樣的藝術家書《Le Bouna》（圖一）。Le Bouna 是黎巴嫩民俗史上的一個故事，書中所繪製的其他插圖都使用不同種類的敘述與詩歌做連結。一個驚人的特點是文字和圖像之間的緊密互動，顯示著藝術家和詩人之間的象徵關係。另一名黎巴嫩藝術家艾黛兒‧阿德南（1925-）使用 leporello（風琴書）創作。她在這裡巧妙地寫上了一首內利‧薩拉美赫‧阿米里反映黎巴嫩內戰（1976-1990）的詩，以違抗自己的叔父克瑞翁而被殺死的希臘女英雄安提格涅的悲劇故事為框架（圖三）。伊拉克藝術家迪亞‧阿札維（1939-）從阿多尼斯（1930-）的詩歌中汲取靈感（圖二），而拉希德‧科萊奇（1947-）則在作品〈被驅逐的民族〉中，引用了巴勒斯坦詩人馬赫穆德‧達里維士（1941-2008）的句子（圖四）。

圖一　Le Bouna，沙菲克‧阿布杜繪

這個故事來自於一個名叫麥海哲（Mhaidthe）的村子，它位於貝魯特的東北邊，和阿布杜有很深的關係。這是一個和死亡有關的故事，一對名叫「甜」和「苦」的孤兒兄弟落到了一個邪惡教士的手中，故事便從這裡展開。

1953 年
在巴黎印刷的藝術家書（10/20 版）
紙，墨水
高 38 公分，寬 28 公分（合起來的尺寸）
CaMMEA 出資購入
(2016,6060.1)

圖二 〈阿多尼斯60大壽〉，迪亞·阿札維繪

這本書是在敘利亞詩人阿多尼斯的60歲生日的場合上製作的，上面寫有5首阿多尼斯的詩歌。圖中出現的是藝術家摘錄的阿多尼斯的詩句：

大地上謙恭的人們來了，他們拖著衣衫襤褸的步伐，流著眼淚沉緬在這個時代裡，他們探究著，遠離了溫暖……

1990年（版本1/6）
原創水粉畫和五處手繪印刷
高39.5公分，寬109.5公分
布魯克西維爾永久基金會
(1990,1123,0.1)

圖三 〈祝福的日子〉，艾黛兒·阿德南繪

用阿拉伯字母作為裝飾的形式稱為hurufiyya（源自阿拉伯語的「字母」）。阿德南在這裡用彩色劃出了每個短句並在行間加上了一些符號。這首詩的開頭是：

今天是得到祝福的日子。沒有狙擊手的一天。安提格涅向國王演說。她必須要死。今天是得到祝福的日子。她必須要提問，不帶憤怒，也無需復仇……

1990年
巴黎，法國
高16公分，寬190公分（打開後）
布魯克西維爾永久基金會
(1990,1117,0.1)

圖四 〈被驅逐的民族〉，拉希德·科萊奇繪

詩人馬赫穆德·達里維士1981年流亡突尼斯城時，科萊奇和他成了朋友。這個作品是一系列呈現達里維士詩歌的版畫作品，誇張地將字母和符號結合起來。這首詩的開頭是這樣的：

寫下來吧！我是一個阿拉伯人。我的識別證號碼是五萬，我有八個孩子，第九個今年夏天出生。你生氣嗎？

1981年
巴黎
紙
高76公分，寬46.5公分（頁面）
拉希德·科萊奇捐贈
(2016,6059.11.a–b)

5 | 11 音樂

伊斯蘭世界的音樂傳統就像其發源的地區和環境一樣豐富多樣。然而，其音樂傳統的一個主要的特點是它所基於的音階系統與西方音樂的半音音階不同。伊斯蘭世界音樂的音階，伴隨著其四分音符和其他更細微的分別，允許在唱歌和演奏樂器時有更加可區分的樂調細微差異。旋律通常是按照固定曲式組織的，帶有典型的循環、引介、節奏公式和聲調，讓演奏／歌唱者可以在曲式的框架中即興發揮。包括著名的烏姆・庫圖姆（-1975，圖一）在內的男女歌手，貢獻了他們各自對曲式的獨特演繹，並表演了富有感情的歌詞和詩歌。

樂器音樂通常並不被看作是一門獨立的藝術形式，而是和聲樂交織在一起，作為聲樂的支持和輔助。伊斯蘭世界中的樂器種類十分繁複，大致可分為：弦樂（圖二）管樂和打擊樂器（圖三）。

地區音樂風格處在不斷的發展狀態中，各個地區會彼此借用和影響，同時又保持了每個地區的經典部分，並且各地有其偏好的樂器。自19世紀以來，不同形式的西方音樂越來越常出現在伊斯蘭世界的音樂裡，促進了地方音樂風格的新發展。

古蘭經中並沒有提到禁止音樂，古蘭經經文的誦讀也依賴旋律、節奏和聲音的裝飾，例如呼喚眾人做禮拜的宣禮詞。蘇菲教團也在他們的儀式中依賴旋律，並將音樂視為其宗教踐行中具有極高地位的事物。

圖一　〈烏姆・庫圖姆〉，禪特・阿維迪辛（埃及人，1951–）繪

畫中著名的埃及歌手烏姆・庫圖姆戴著她標誌性的黑墨鏡，面帶微笑，身後的背景是奧斯曼帝國的星月標誌。被讚譽為「東方之星（Kawkab al-sharq）」的烏姆・庫圖姆演唱過各種膾炙人口的歌曲，其中包括宗教的、傷感的和愛國歌曲。她在表演中的即興演出和她對一句歌詞的多次重複，可以讓聽眾如痴如醉，淚流滿面，並且被帶入到她歌曲的感情和意境中。

1990年代
開羅，埃及
模版，顏料和回收硬紙板
高49.5公分，寬70公分
布魯克西維爾永久基金會
(1995,0411,0.2)

在整個阿拉伯世界、土耳其、伊
朗等地，烏德琴（ud）是最受歡
迎的樂器。有一些人將這種樂器
看作是這個地區最著名的樂器。
其名稱被認為是源自阿拉伯語中
的「木頭」，指用來製作圓形琴
肚的木條。烏德琴通常比土耳其
和波斯烏德琴更大，音色更深
沉、飽滿。圖中的這把琴上有製
作者法烏茲·蒙什德（1947−）
的簽名和製作日期，它有 12 根
弦軸，將雙琴弦分為六組。彈
奏用的琴撥在阿拉伯文中稱為
risha（羽毛）。

1981 年 7 月 13 日
巴士拉，伊拉克
紅木，雪松木，烏木和動物骨
長 79 公分
(2017,6003.1)

圖三　雙頭鼓

藝術家尼加·馬赫道維（Nja
Mahdaoui， 突 尼 西 亞 人，
1937−）曾被稱作「字母編舞師」。
在這個鼓上，他畫上了沒有實際
意思的阿拉伯字母組成的圖案。
這是他的標誌風格，關注阿拉伯
字母所具有的審美和節奏特質。
在馬赫道維的國家突尼西亞，宗
教儀式和公眾活動常常伴有打擊
樂器表演，他經常和音樂家和詩
人們一同表現他的藝術。這樣的
鼓是用肩帶揹在肩上，用兩根鼓
搥敲擊演奏的。

1997−1998 年
在突尼西亞的拉馬爾薩（La
Marsa）繪畫
木頭和動物皮革
高 46 公分，直徑 67 公分
(Af1998,03.1)

時間表

1821–1838年	荷蘭人征服蘇門答臘和爪哇
1830–1847年	法國征服阿爾及利亞
1839年	英國占領亞丁
1881年	法國占領突尼西亞
1882年	英國占領埃及
1898年	烏姆杜爾曼戰役（battle of Omdurman）和英國－埃及征服蘇丹
1911年	法國占領摩洛哥
1914–1918年	第一次世界大戰
1916年	英法之間達成「塞克斯－皮科協定」（Sykes–Picot agreement），劃分了關於奧斯曼帝國的各阿拉伯省份的未來勢力範圍（伊拉克、外約旦和巴勒斯坦歸英國；敘利亞和黎巴嫩歸法國）
1917年	《貝爾福宣言》聲稱要為猶太人在巴勒斯坦建立「民族家園」
1921年	根據1920年的託管協定，謝里夫胡塞因（al–Sarif Hussein）的兒子費薩爾（Faisal）成為了伊拉克國王
1922年	奧斯曼帝國滅亡
1922年	埃及從英國獨立，福阿德一世（Fu'ad I）宣布成為國王
1925年	伊朗卡札爾王朝滅亡
1925–1979年	伊朗巴勒維王朝
1936–1939年	巴勒斯坦阿拉伯人反英起義
1939–1945年	第二次世界大戰
1943年	法國結束敘利亞和黎巴嫩的託管
1947年	印度獨立和分治；巴基斯坦共和國成立
1948年	以色列國成立並導致成千上萬巴勒斯坦人遭到驅逐和逃離家園
1949年	荷蘭承認印尼獨立；蘇卡諾任印尼總統
1952年	埃及推翻了國王；賈邁勒·阿布杜·納瑟在1956年成為總統
1956年	蘇丹從英國獨立，摩洛哥和突尼西亞從法國獨立
1958年	伊拉克君主被推翻；成立了以阿布杜·卡利姆·卡西姆（Abd al–Karim Qasim）為首的共和國
1960年代中期	歐洲對非洲的殖民控制結束；大多數非洲國家獲得獨立
1954–1962年	阿爾及利亞抗法獨立戰爭；1962年成立了阿爾及利亞共和國
1963	肯亞獨立；甘耶達（Kenyatta）為總理
1963年	馬來西亞聯邦成立；9月16日為馬來西亞國慶節
1967年	六日戰爭，阿拉伯聯軍被以色列擊敗，加薩走廊、西奈半島、約旦河西岸和戈蘭高地遭以色列占領；更進一步加劇了巴勒斯坦人的離散
1976–1990年	黎巴嫩內戰
1979年	伊朗爆發革命並成立伊朗伊斯蘭共和國
1979–1989年	蘇聯入侵和占領阿富汗
1990年	伊拉克入侵科威特和1991年展開的「沙漠風暴」作戰行動；美國領導的軍事力量轟炸伊拉克
2003年	美國入侵伊拉克
1996–2001年	塔利班在阿富汗建立政府
2011年	「阿拉伯之春」在突尼西亞爆發，總統班·阿里被推翻
2011年	敘利亞內戰爆發
2015年	葉門內戰爆發

6 現代世界

在 19 世紀初，歐洲帝國的擴張進入中東地區阿拉伯人的土地上。在 1798 年時，拿破崙的軍隊曾經占領過埃及，他們在那裡停留了 3 年，希望奪取敘利亞的企圖被奧斯曼帝國和英國的介入打破了。但是在第一次世界大戰（1914-1918）期間，地震式的變動導致了奧斯曼帝國的解體，並且在 1924 年終結了近 1300 年歷史的哈里發制度。伊朗也經歷了政治波動，卡札爾王朝在 1925 年被禮薩·汗（1925-1941 在位）推翻。他成為巴勒維王朝的第一位君主，這個王朝的統治一直到 1978 至 79 年的革命為止（圖一）。阿富汗的複雜歷史經歷了英國介入（1838-1919）、君主時期、蘇聯介入（1979-1989）和塔利班控制時期（1996-2001）。

在奧斯曼帝國的前阿拉伯省份，在一戰結束後，戰勝國法國和英國的殖民勢力按照 1916 年的「塞克斯—皮科協定」將此地瓜分並建立、控制了一系列的國家（敘利亞、黎巴嫩、伊拉克、外約旦和巴勒斯坦），只有阿拉伯半島沒有處於歐洲人的控制之下。第二次世界大戰劇烈地改變了力量的天秤。在二戰後，歐洲殖民勢力開始撤離，獨立國家開始出現，這些新的國家都決心要建立自己的國家認同。

圖一　〈七九·見證〉，亨加梅·古禮斯坦（Hengameh Golestan，伊朗人，1952–）攝

古禮斯坦拍下了 1979 年 3 月 8 日的德黑蘭一景。當時有 10 萬女性湧上街頭抗議強制性配戴頭巾的規定。這張精彩的照片抓住了伊朗革命史上的一刻，來自各行各業的女性一同抗議。這些照片一直到 2015 年才印刷出來。

1979 年（版本 3/10）
德黑蘭，伊朗
黑白照片
高 50 公分，寬 70 公分
藝術基金會
(2017,6018.2)

圖二　敘利亞紙鈔

這張紙鈔正面出現的是老阿薩德（Hafez al-Assad, 1970–2000在位）的頭像。另外在紙鈔正面出現的三個圖像都和敘利亞的歷史有關，分別是：由哈里發瓦利德命令在羅馬神殿和基督教堂的原址上修建的大馬士革伍麥亞清真寺，其工程在他去世後的西元715 年完成；一枚伍麥亞王朝的金幣；以及出土自埃勃拉（Ebla）遺址的一塊楔形文字泥板，其歷史可以追溯至西元前 2500 年。紙鈔背面的圖案是代表國家工業化的圖像。

1997 年，2013 年發行
敘利亞
高 7.5 公分，寬 17 公分
(2016,4016.9)

圖三　〈雅辛王朝〉，拉易德·雅辛（Raed Yassin，黎巴嫩人，1979–）製

雅辛這件作品乍看就像是一個傳統的中國瓷罐，然而上面的圖案卻是黎巴嫩內戰（1976–1990）中的一場關鍵戰役「山戰」，這場發生於 1983 年的戰鬥是在舒夫山（Chouf Mountain）上進行的，交戰的兩方是基督徒和德魯茲派（Druze）信徒。這個罐子是在中國的陶瓷之都景德鎮製作的，跟它配套的還有其他 6 個罐子，上面描繪的都是改變戰爭走向的關鍵戰役。

2013 年
景德鎮，中國
手繪瓷罐
高 35 公分，直徑 37 公分
CaMMEA 和布魯克西維爾永久基金會出資購入
(2016,6037.1)

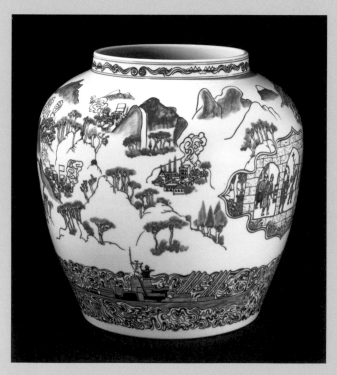

在後面的內容中，我們將看到中東和中亞各國強調他們和各自的古老文化和歷史成就的連結，同時也要突出他們在現代世界中的位置（圖二）。藝術家們用這樣的方式找到了反映他們在社會中的位置並評論他們居住地區的嘈雜政治的方法（圖三）。

6 | 1 巴勒斯坦服飾

巴勒斯坦人的刺繡衣物和頭飾曾經是地域身分、軍事和社會地位、職業，以及自 1930 年代末開始的政治追求的標誌（圖一、二）。大多數現存的巴勒斯坦刺繡衣物的歷史可以追溯至 19 世紀初到 20 世紀中葉，這段時間跨越了奧斯曼帝國統治末期、英國託管時期（1918-1948）直到 1948 年以色列國的建立。刺繡精美的女性衣物是由巴勒斯坦農村的阿拉伯女性所製作，她們生活在零星分布於沿岸平原和北部及東部小山丘上的超過 800 個村子裡（圖三）。相較而言，都市裡的女性和男性，例如生活在耶路撒冷、希伯倫和拿撒勒的人們流行奧斯曼和英國統治菁英階層的衣著風格。近年來，政治不穩定、流離失所和經濟困難導致巴勒斯坦紡織品傳統的消逝。然而，巴勒斯坦的刺繡已經具備國族認同的意義，一些女性仍繼續製作抱枕和衣物以供穿著和出售。

在男性的衣著方面，到 1920 年代為止，伊拉克的貝都因人、阿拉比亞人、巴勒斯坦人、敘利亞人、黎巴嫩人和約旦人都纏自己獨特的凱菲耶（keffiyeh）和頭箍，明顯地將他們和城市中的人區分開來，後者更喜愛戴菲茲帽和纏頭巾（turban）。然而，從 1930 年代末開始，在巴勒斯坦爆發了反對英國殖民統治的阿拉伯人起義（1936-1939）之後，白色和格子圖案的凱菲耶成為了巴勒斯坦國族認同的統一符號（圖二）。之後，從 1960 年代開始，黑白漁網格圖案的凱菲耶與巴勒斯坦民族權力機構前主席和巴勒斯坦解放組織主席亞希爾·阿拉法特緊密地聯繫在一起。

圖一　一組巴勒斯坦各式帽子的模型

這一組 18 種不同的帽子反映了自 1930 年代起在巴勒斯坦城鎮和鄉村中，不同的頭飾作為年齡、宗教、社會階層和職業的標誌作用。裡面有猶太教、基督教和穆斯林宗教官員和學者、鄉村耆老、體力勞動者和都市菁英人士配戴的帽子。這些類型的模型是為造訪聖地的遊客、朝聖者和基督教傳教士製作的。

1890–1920 年代

巴勒斯坦

絲綢，羊毛，皮草，棉花，木頭和紙

長 43 公分，寬 20.5 公分（展示板）；高 3.5–8.5 公分，直徑 5–5.5 公分（帽子）

耶路撒冷和中東教會協會捐贈

(As1987,07.6.a–s, As 1987,07.7.a–r)

圖二 凱菲耶

對角折疊並用頭箍（aqal）固定，有格子花紋的凱菲耶在阿拉伯世界的不同地方有不同的樣式，其中包括 ghutra、shimagh 和 mashada 三種。左邊的貝都因凱菲耶是用靛藍染色的線織成的，表示高階地位的頭箍（如擺在紅色凱菲耶上的那個）使用了包金線。右邊有巴勒斯坦國旗圖案的是在 1980 年代時加在女士圍脖上的（如西岸和約旦難民營中的女性配帶的那樣）。

材質為棉、合成羊毛、絲、包金線
貝都因凱菲耶：1920–1948 年，巴勒斯坦
長 114 公分，寬 121 公分，(As1966,01.290)
紅色凱菲耶：1950–1980 年代，巴勒斯坦或葉門
長 127 公分，寬 124 公分，萊拉·英格拉姆遺贈 (2015,6054.1)
頭箍：1940–1950 年代，沙烏地阿拉伯
周長 119 公分，傑拉德·德·高利捐贈 (As1974,05.3)
圍脖：1980 年代，巴勒斯坦或約旦
長 152 公分，寬 14 公分，(As1988,06.21)

圖三 一組穿著巴勒斯坦各地區服飾的玩偶

這 7 個玩偶是在基督教女青年會位於傑里科（Jericho）的阿卡巴·賈巴爾難民營的學校裡出售的，這個難民營在 1948–67 年間中接納了 3 萬名被驅離家園的巴勒斯坦人。這些玩偶用紡織品套在鐵絲骨架上製成，呈現出不同地區的巴勒斯坦女性，從左到右分別是：伯利恆的已婚女子、阿扎利亞女性、掃烏特貝都因女性、拿撒勒的一名外出裝扮的都市穆斯林女性、耶路撒冷（貝伊特馬赫希爾區）和傑里科。

1950–60 年代
傑里科，巴勒斯坦
絲、棉、尼龍、亮片、卡片和鐵絲
高 19–20 公分
耶路撒冷和中東教會協會捐贈 (2012,6014.75–83)

251

6｜2 政治和衝突

在伊斯蘭世界裡，紡織品和政治之間有解不開的連結。在前文中討論過的奢侈紡織品，例如法蒂瑪埃及的提拉茲布疋（見10頁）和華麗的奧斯曼絲綢（見165頁），展示出奢侈紡織品被用作帝國權威和地位的明顯象徵。政治肖像在伊斯蘭世界中是另一種統治者展現和宣示其權力的媒介。在20世紀，例如電視、彩色照相和彩色印刷等技術的發展和擴散，政治宣傳也變得更加便利了。紡織品上的印刷變得又快又便宜，讓政治和宗教意識形態可以傳播得更廣。圖中展示的有印刷圖案的絲綢方巾是為了宣傳泛阿拉伯國族意識和國家意識而生產的（圖二）。泛阿拉伯觀念最初是在阿拉伯知識分子中流傳，受到西方帝國主義分割奧斯曼帝國的阿拉伯省份和不斷增長的反奧斯曼土耳其情緒的影響。

悠久的地毯編織傳統受到近代的政治現實影響。在1991年蘇聯解體以前，蘇維埃政權鼓勵在地毯編織中通過編織人像地毯來歌頌共產黨英雄（圖一）。相較之下，阿富汗的地毯織工們則是用他們的作品記錄了蘇聯入侵阿富汗（1979-1989）的經歷，他們製作出表現戰爭的「戰爭地毯」（圖四）。近年來，在西方生活的藝術家，例如薩拉·拉赫巴爾，創作出表現戰爭、國家認同和歸屬感之間糾結的作品（圖三）。

圖一　列寧像地毯

這塊地毯是紀念列寧誕辰100年而製作的。在1991年蘇聯解體以前，蘇維埃政權大力推動工匠們用他們的作品來宣傳共產黨英雄和意識形態。

1970年
土庫曼
羊毛、棉
長75.5公分，寬48公分
大英博物館之友出資購入
(As2002,01.4)

圖二　有政治人物頭像的方巾

這塊方巾是在1960年代時設計用來宣傳成立一個泛阿拉伯聯盟的理想。上面表現了13個中東和北非國家的地圖，並配有各自的國旗，周圍圍繞著被認為是阿拉伯民族主義英雄的阿拉伯領袖頭像。在1958至1961年間，埃及和敘利亞組成了聯合阿拉伯共和國。敘利亞、伊拉克和埃及在1963年時也提出了成立一個單一主權國家的方案，然而這樣的企圖從未實現。

1963–1964年
葉門或埃及
絲
長80公分，寬76公分
(As1997,01.9)

在 1919 年伊朗革命後移民到美
國，薩拉・拉赫巴爾的作品表現
了這兩個她稱之為家的國家交織
在一起的關係。「德克薩斯花朵」
是將中亞的蘇匹尼（suzani）紡
織品的圖案縫在一面復古美國旗
上。上面的花朵本來是在蘇匹尼
布嫁妝上代表愛的象徵，藝術家
將其安排成了德州的區域形狀。

2008 年
美國／伊朗
絲綢和棉
長 183 公分，寬 122 公分
布魯克西維爾永久基金會，
CaMMEA，瑪利亞姆・艾斯勒和
愛德華・艾斯勒出資購入
（2015,6005.2）

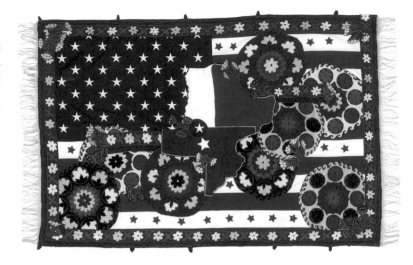

圖四　阿富汗戰爭地毯

國際市場對戰爭地毯的興趣，刺
激了女性織工生產出表現蘇聯侵
略和撤退的軍事化圖案。這塊
「撤軍地毯」中央是阿富汗地圖，
慶祝聖戰士戰勝了蘇聯人。在地
圖上，火箭發射器和卡拉什尼科
夫衝鋒槍對準了撤退中的武裝車
輛和直升飛機。上面的英文和這
塊地毯便於攜帶的尺寸表明它是
為了迎合外國消費者而製的。

1989–1990 年代
阿富汗或巴基斯坦
羊毛和棉
長 94 公分，寬 63 公分
葛拉漢・戈威捐贈
（2010,6013.24）

6|3 當代藝術

　　中東地區的藝術家們常常以直接但微妙的方式來處理該地區今天的現實。例如生活在伊拉克庫德地區的賈邁勒·潘吉維尼和主要生活在芝加哥的邁克爾·拉科維茨，兩位藝術家都來自伊拉克，卻用不同的方式呈現他們對 2003 年伊拉克戰爭後的感受。戰爭造成的巨大破壞也包括對伊拉克國家博物館中藏品和歷史遺跡的掠奪。芝加哥大學將那些最重要的遺失文物列入了「伊拉克遺失寶藏數據庫」，其中只有一小部分文物被追回。面對這樣的現實，拉科維茨用包裝紙和阿拉伯報紙重新製作那些丟失的文物，並用數據庫中的數字作為作品的代號（圖三）。用現代材料製作這些物品的方式既強調了文化遺產的脆弱，也用存在超過 1000 年的藝術品反映了文化記憶和當今經驗之間的互動。潘吉維尼用他的代表作「薩達姆在這裡」來表現伊拉克經歷的傷亡和伊拉克人仍然生活在薩達姆·海珊時代的後續影響中的悲劇（圖二）。

　　沙烏地阿拉伯藝術家馬納勒·道瓦彥使用了從攝影到裝置藝術的各種媒介創作，她表現的多數主題是突出沙烏地阿拉伯女性所面對的各種問題。在她的作品〈站立和啄食的鴿子〉中，她用平和的方式吸引人們關注近代以來沙烏地女性無法單獨旅行的事實（圖一）。

圖一　〈站立和啄食的鴿子〉，馬納勒·道瓦彥

兩隻和平鴿的身上蓋著授權書的印章，作品表現了要出國旅行的沙烏地女性需要有男性監護人簽字的窘境。

2011 年
陶瓷
高 23 公分，寬 20 公分（最大處）
CaMMEA 出資購入
(2016,6055.1–2)

「他們支持他，為他歡呼，粉飾他的殘忍和罪行並讓他擁有伊拉克教父的權力。薩達姆在這裡。即便是在他死後，伊拉克社會也沒有忘記他，因為我們中的一些人仍然愛戴他，剩下的人仍然害怕他。」潘吉維尼的黑色幽默攝影作品最初在 2013 年於威尼斯雙年展上展覽，展現了普通伊拉克人在日常生活中用伊拉克前總統（－2006）的肖像放在自己的臉前的情境。

2010 年（版本 4/5）
高 60 公分，寬 80 公分
藝術基金會
(2017,6019.4)（十二張中的一張）

圖三　＜隱形敵人不該存在：有四個穿孔凸耳的罐（IM42587）；穿著裙子的無頭女性人像（IM-9005）＞來自「追回，失蹤，被盜系列」，邁克爾·拉科維茨

「隱形的敵人不該存在」這句話反映的是穿過巴比倫伊什塔爾城門的古代慶典大道的巴比倫名稱「Aj−i−bu−ur−sa−pu−um」。

左圖中的罐子表現的是西元前 2800 年前後製作的一種被稱為「深紅器皿」的陶器，上面有宴會和音樂的場面。右圖中的無頭人像反映的是大約西元前 2500 年前後的蘇美奉獻人像，它們被放在神廟中，以雙手交叉的造型表現出膜拜神祇的樣貌。

2009 年
美國
包裝紙，報紙，膠水
高 29 公分（罐）；高 2.5 公分，寬 5.1 公分（女性人像）
CaMMEA 和現代博物館基金
(2010,6025.9), (2010,6025.8)

6 | 4 破壞與損失

　　這裡介紹的兩名藝術家都用各自的傳統形式和技術講述了關於衝突的故事，提醒了或持續提醒著今日世界。巴基斯坦藝術家伊姆蘭‧庫萊什曾就讀於拉合爾的國立藝術學院，學習蒙兀兒皇帝的繪畫工坊中使用的技術。相比細密畫家筆下常常理想化了的自然世界，庫萊什在作品中表現了世界的黑暗面。在曾充滿生命的風景中，作者描述了正在死去、倒下的樹，被藤蔓吞噬，還有從血管中噴出的血（圖一）。他的作品表現出他在身邊看到的情景，無論是政治還是個人層面：他的家鄉拉合爾發生的環境破壞和恐怖的行為。土耳其藝術家阿斯利‧查烏碩格魯在這幅美麗的作品中講述了一個關於失去胭脂紅顏料的故事。這種傳統顏料是用一種在阿拉斯河岸邊植物根部得到的甲蟲製成的，這條河是土耳其和亞美尼亞的界河（圖二）。她表現的損失有兩種：第一，前蘇維埃亞美尼亞對環境的破壞造成了這種甲蟲失去了天然棲息地，第二，亞美尼亞人的喪失，在前奧斯曼帝國於 1915 年對亞美尼亞人的大屠殺和驅逐造成了胭脂紅顏料的生產技藝式微。

圖一　＜在陰影深厚的地方＞，伊姆蘭‧庫萊什

這幅畫是為倫敦巴比肯藝術中心的曲線畫廊（Curve Gallery）創作的系列畫作中的一幅。庫萊什描述了他是如何決定他應該「用一些細小的、微乎其微的東西，為這個巨大的……空間增加厚重的力量。」這個畫廊的實際曲線也呼應了樹木生長的橘色大地的形狀。這幅作品的題目來自巴基斯坦詩人法伊茲‧阿赫麥德‧法伊茲。

2015 年
水粉，金箔，瓦斯利紙（wasli paper，畫細密畫用的紙）
高 41.5 公分，寬 33.6 公分
布魯克西維爾永久基金會
（2017,3001.1）

圖二　紅色／紅色雙聯畫，阿斯利·查烏碩格魯

藝術家在這裡使用了兩種不同的紅色，先是傳統生產的胭脂紅顏料，然後是替代它的明亮的工業生產顏料。她在回收的舊紙上畫了奧斯曼藝術中標誌性的花卉樣式。

2009 年
伊斯坦堡，土耳其
紙，顏料（亞美尼亞胭脂紅顏料）
高 100 公分，寬 70 公分
CaMMEA 出資購入
(2016,6046.1.1–2)

6│5 傳統與現代性

來自伊斯蘭世界各地的當代表演者、設計者和藝術家都不斷地利用自己文化中悠久的視覺和藝術形式來尋找新的、相關的方式將這些內容呈現給現代觀眾。例如，一種當代風格的皮影戲——「皮影嘻哈」（圖一），就在中爪哇的大城市日惹（Yogyakarta）發展出來。透過幽默的方式，皮影嘻哈用古老的爪哇故事和諺語反映當今生活中的問題，讓新一代的城市印尼人來欣賞這門古老的藝術。相似的，在印度洋的另一端，東非的坎嘎（kanga）服飾在 21 世紀裡也用來表達各種多元議題的訊息，例如公共健康教育和政治效忠（圖二），或者是支持自己國家的足球隊。坎嘎主要是女性服飾，上面有斯瓦希里語的成語和俗諺，並且巧妙地和色彩鮮豔的圖案搭配得相得益彰，自從 19 世紀以來就成為一種精彩的女性交流媒介。相較之下，那些遠離家園的來自伊斯蘭世界的流亡或離散藝術家，例如主要生活在牛津的蘇丹畫家易卜拉欣·薩拉西，常常將他過去的經歷、自己的伊斯蘭文化根源和對出生地的回憶作為創作的主題，用小說般的形式將它們呈現給全球觀眾（圖三）。

圖一　蓋瑞和帕崔克的嘻哈皮影人偶

皮影嘻哈是在 2010 年由卡圖·昆科洛創立的。作為皮影戲世家的第三代傳人，他將傳統皮影戲和當代的全球青年文化融合。他的皮影戲是以廣受歡迎的傳統戲偶為基礎，讓他們穿上城市裡的街頭服裝、寬褲、帽子、金閃閃的項鍊和使用麥克風。昆科洛和他的伴唱及說唱演員為觀眾表演當前的社會議題，例如毒品走私、經濟不平等和代溝等，所有的台詞都結合生動的嘻哈節奏。

2015–2016 年
日惹，中爪哇，印尼
皮革、牛角和竹子
長 66.5 公分（穿紅衣服的蓋瑞）
長 83.1 公分（穿藍衣服的帕崔克）
長 51.7 公分（麥克風）
布魯克西維爾永久基金會
(2016,3035.4.a–b)
(2016,3035.3.a–b)
(2016,3035.5)

圖二　印有歐巴馬頭像的坎嘎

這條坎嘎，就像是上千條類似的坎嘎一樣，都是在 2008 年製作出來以慶祝巴拉克‧胡塞因‧歐巴馬當選美國總統的。他的頭像兩邊是非洲地圖，外圍圍繞著心形花朵。雖然歐巴馬生於夏威夷，但是因為他的父親是肯亞人，所以他仍然被稱作「〔這塊〕土地的兒子」。歐巴馬勝選後，整個非洲都可以明顯地感受到喜慶氣氛，歐巴馬的圖像被人們畫在牆上、公車上和衣服上，還有餐廳、學校和兒童以他的名字來命名。這條坎嘎上面的斯瓦希里語文字最貼切地表現了這樣的情景，他的頭像上面寫著「恭喜巴拉克‧歐巴馬」，下面寫著「神已經為我們送下愛與和平」。

2008 年
坦尚尼亞
棉
長 315 公分，寬 107 公分
(2008,2034.1)

圖三　〈樹〉，易卜拉欣‧薩拉西

主要生活在英國的蘇丹藝術家易卜拉欣‧薩拉西是蘇丹最早的現代主義畫家之一，他也是喀土木畫派運動的奠基人。他是一名蘇菲，他的作品〈樹〉系列的靈感來自於他的精神信仰，個人經歷和家鄉回憶。這幅畫表現的是一棵抽象化的阿拉伯膠樹（haraz，acacia），這種樹生長在尼羅河沿岸，在雨季中沒有葉子，但是在氣候轉乾時開花，象徵著堅定不移的品格和獨立的個性。作品〈樹〉也反映了人的形狀和蘇菲托缽僧帶補丁的斗篷（jibba），薩拉西將補丁斗篷詮釋為蘇丹這個國家本身的多元社會。

2001
牛津，英國
彩色墨水，紙
高 35 公分，寬 26 公分
易卜拉欣‧薩拉西捐贈
(2010,2037.1)

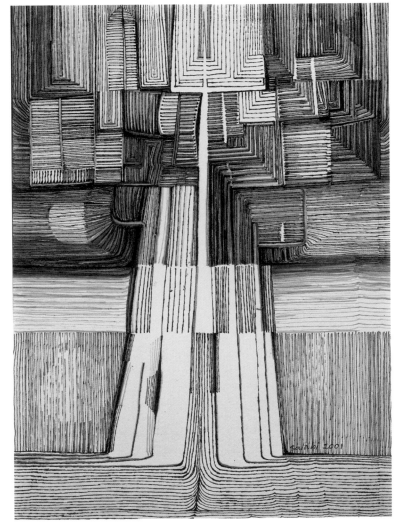

專業名稱和術語

Ahl al-bayt 先知家族（People of the House）
先知穆罕默德的家人，包括什葉派尤其重視的穆罕默德、法蒂瑪、阿里、哈桑、胡笙以及他們的子孫。

Ahl al-kitab 有經人（People of the Book）
古蘭經中提到的接收到神啟的猶太人、基督徒和穆斯林。這個範圍有時候也擴大到薩必安教（又稱為拜星教）教徒身上。

Arabesque 阿拉伯花紋
這是一個19世紀時的西方藝術史術語，用來描述有捲曲的葉子、藤蔓、對稱和規律延展的圖案。其他的類似術語包括tawriq（繁花）、nabati（植物）和rumi/islimi（花形分棕櫚葉飾）。

Arista/cuenca 邊緣/凹痕技術
這是一種把硬木或金屬模子押入未經燒製的瓷磚裡的技術，從而創造出一系列凹陷設計。這些凹痕被稱為cuenca，細窄的邊緣被稱為arista。凹痕處隨後會填入有顏色的釉，從而在燒製過程中保證顏色不會相互混雜。

Basmala 巴斯瑪拉
華語穆斯林也稱之為「泰斯米」。這是古蘭經開始每一章時的開篇語，也是穆斯林開始做一件事時常說的一句話。bismi'llah al-rahman al-rahim，意思是「以至仁至慈的真主之名」。

Buraq 布拉克
先知穆罕默德在奇蹟的「登霄夜」（miraj）騎著有翅膀的飛馬布拉克從麥加來到耶路撒冷並前往天堂，隨後回到麥加。

Caliph 哈里發
源自阿拉伯文的 khalifa（繼任者），在先知穆罕默德於西元632年歸真後，哈里發成為了穆斯林社群領導者的頭銜。

Coptic 科普特
這個詞源自希臘文中的aegyptos，意為「埃及人」，後來變成了阿拉伯文的qibti。科普特是主要的埃及本土基督徒社群。

Cuerda seca 乾繩技術
這個詞源於西班牙文的「乾繩子」，是一種運用在陶瓷上的裝飾技術，是在燒製以前先將一種油性物質和錳（manganese）混在一起作為分隔物，讓不同的顏色不會混雜，燒製以後呈現出暗色的輪廓線。在西班牙和葡萄牙，與乾繩技術相關的一種技術被稱為arista。

Dervish 托缽僧（迭里威失）
即蘇菲神祕主義者，通常是離群索居，遠離世俗雜務的人。

Dhimmi 受保護者
這個詞的意思是「受保護的人」，指代的是居住在伊斯蘭地區的非穆斯林，他們繳一種稅來換得伊斯蘭法律中的特殊地位。

Earthenware 陶器
從陶土（clay）製成的陶胎；通常是用於來製作上釉或是不上釉的器皿。

Fritware 見「stonepaste」詞條

Five Pillars (arkan) of Islam 伊斯蘭信仰的五大支柱（華語穆斯林稱為「五功」）
這是所有穆斯林的五項指導原則，包括唸（shahada）、禮（salah）、齋（sawm）、課（zakat）、朝（hajj）五項功修，即唸清真言，禮拜，齋戒，慈善捐獻和去麥加朝聖。

Hadith 聖訓
這個詞的阿拉伯文原意是「報告」，通常被譯為「〔先知的〕傳統」。聖訓中包括先知穆罕默德的言行，是在先知歸真後由後人集結而成的。

Hijra 遷徙（希吉拉）
這個詞源自阿拉伯文的「遷徙」或「逃亡」。指代的是先知穆罕默德在西元622年從麥加遷移到麥地納，這一年就是伊斯蘭曆法的元年。

Hajj 朝聖
一年一度前往麥加和其他神聖地點的巡禮，是在伊斯蘭曆的年度最後一個月（Dhu'l-Hijja）舉行。力所能及的穆斯林一生要完成一次朝聖功修。

Imam 伊瑪目
這個詞源自阿拉伯文中的「領導者」一詞。在遜尼派的語境中，伊瑪目是指在前排領導眾人做禮拜的人，或者是掌握宗教方面學問的學者。但是在什葉派的語境中，他們認為穆斯林社群今世的、精神性的領導權是歸先知穆罕默德的後代所有，即先知的女婿阿里和女兒法蒂瑪的子嗣和後代。

Isma'ili 伊斯瑪儀派
這是什葉派的一個分支，其名稱是命名自伊瑪目賈法爾‧薩迪克（Ja'far al-Sadiq）的長子伊斯瑪儀。伊斯瑪儀派之下又有分支，如泰伊比派（Tayyibis）和尼扎里派（Nizaris）。

Jinn 精靈（華語穆斯林也稱之為「鎮尼」）
按照古蘭經（55:14）的內容，精靈是以蒸汽或沒有煙的火苗創造出來的，精靈有能力做善事和壞事。

Ka'ba 天房（卡巴，華語穆斯林也稱其為「克爾白」）
位於麥加的神聖立方體建築。朝聖者會在「正朝」（hajj）和「副朝」（umra）時完成繞行天房的儀式。天房也是「朝向」（qibla，見qibla詞條）所指示的方向。

Khata'i 中國風
這個詞源自波斯文的「來自中國（from Cathay）」，「Cathay」這個詞在歷史上是用來描述來自中國（或更抽象的，來自東亞）的人或器物。

Khurasan 呼羅珊
這是一個地理區域，即包括現代位於伊朗東北部的呼羅珊省，也包括歷史上範圍更廣的呼羅珊地區，其邊界從伊朗東北部、大部分阿富汗和塔吉克，一直延伸至土庫曼和烏茲別克的南部地區。

Kufic 庫法體
一種最早出現在西元7世紀的簡單而有稜角的阿拉伯文字體，它包括花和葉片形式在內的各種變體。

Late Antique 古代晚期
指代的是古典時代結束（尤其是拜占庭和薩珊帝國），世界進入伊斯蘭到來後的時代，這段時候大約是從西元450–650年。

Mihrab 米哈拉布

在一面清真寺的牆上的凹陷（凹壁）部分，指示的是禮拜方向。

Naskh 納斯赫體（謄抄體）

六種書法字體之一，首先由書法家伊本・穆格拉（–940）在西元10世紀的時候發展出來並一直不斷地發展，直到13世紀時為止。

Nastaʼliq 懸掛體

一種優雅的行書阿拉伯書法體，這種書體是14世紀發展形成的，用來書寫波斯語、奧斯曼土耳其語和烏爾都語。

Persianate 波斯化

這是一個現代術語，指的是波斯語和/或波斯藝術及文學傳統扮演重要或主要角色的社會、文化或器物。

Qibla 朝向

麥加的卡巴的反光，這是穆斯林禮拜的面朝方向。

Shah 沙王（國王）

波斯頭銜的國王、統治者或皇帝，在波斯化的社會中使用十分廣泛。

Shahada 清真言

伊斯蘭教的信仰宣誓詞，內容是「萬物非主，唯有安拉，穆罕默德，主之使者（la ilaha illa Allah, Muhammad resul Allah）」。唸清真言是伊斯蘭教的五門功課之一。

Shiʻa 什葉派

遜尼派之外最大的伊斯蘭教派，其基本的觀點是由先知穆罕默德的家人繼承哈里發，並由伊瑪目們領導社群。

Stonepaste (fritware) 石膏（熔塊陶瓷器）

一種人造的陶瓷材質，由10–11世紀前後的埃及陶匠創造出來。為了模仿進口的中國瓷器的精細質感，陶匠將磨碎的石英或玻璃加入到黏土中。在高溫燒製以後，這種混合材料會呈現出堅實的胎體和白色的表面，這反過來也推動了裝飾上的技術創新。這種材質和古埃及和伊朗陶瓷工匠使用的faience（彩陶）的材料十分相似。

Sufi 蘇菲

來自阿拉伯語suf，意思是「羊毛」（得名自蘇菲們穿的羊毛斗篷）。Sufi指代的是追求蘇菲主義或在蘇菲道路上的人。

Sufism 蘇菲派

蘇菲派指的是伊斯蘭中一種神祕主義形式的最大範圍，其基礎是尋求與真主結合的啟蒙，這種神祕的結合被稱為tawhid。

Sultan 蘇丹

阿拉伯語的意思是「統治者」，此頭銜與世俗權威有關，在伊斯蘭世界各地都有使用。

Sunni 遜尼派

伊斯蘭信徒的多數派。認可四位正統哈里發的領導權（Rashidun Caliphate）。

Sura 章（華語穆斯林稱之為「索勒」）

古蘭經的章；古蘭經總共有114個索勒。每個索勒是由一些經句（阿耶提，複數ayet，單數aya）組成。

Thuluth 三一體

在阿拉伯語中意思是「三分之一」，指代的是六種書法字體中的其中一種，這種字體通常寫得很大，常出現在大型手抄本和建築物銘文上。

Tiraz 提拉茲

源於波斯語的「刺繡」，指的是在國家工坊中製作出來的有文字的布、這些布上的文字，以及製作這些布的工坊。

Transoxiana 河中地區

意為「烏滸水之間的地方」，在阿拉伯語中被稱為Ma wara al-nahr（越過河的地方）。這是一個歷史上的地區，位於阿姆河與錫爾河之間，包括今天的烏茲別克大部分地區和塔吉克，以及部分的吉爾吉斯和哈薩克國土。

Twelver Shiʻism 十二伊瑪目什葉派

這是一個什葉派分支，他們信仰十二位伊瑪目，其第一位是先知穆罕默德的女婿阿里・伊本・阿比・塔利布，最後一位是「被期待者」穆罕默德・馬赫迪。

參考書目

這裡提及的出版物是本書寫作期間參考到的作品中的一部分。將這些資料羅列於此的目的是它們可以提供更進一步的閱讀，但絕稱不上綜合與全面。

引言及第一章：諸史之史

Asher, Catherine B., 1992, *The New Cambridge History of India: Architecture of Mughal India*, Cambridge.

Behrens-Abouseif, Doris, 2005, 'Veneto-Saracenic Metalware, a Mamluk Art,' *Mamluk Studies Review*, Vol. 9, No. 2, pp. 147–72. (also ch. 3, 5)

Behrens-Abouseif, Doris, 2006, 'The Islamic History of the Lighthouse of Alexandria,' *Muqarnas*, Vol. 23 pp. 1–14.

Blair, Sheila S., 2006, *Islamic Calligraphy*, Edinburgh.

Blair, Sheila S. & Bloom, Jonathan M., 2006, *Cosmophilia: Islamic Art from the David Collection, Copenhagen*, Chestnut Hill.

Boehm, Barbara Drake & Holcomb, Melanie, 2016, *Jerusalem, 1000–1400: Every People Under Heaven*, New Haven. (also ch. 3)

Canby, Sheila R., 1998, *Princes, Poets and Paladins: Islamic and Indian Paintings from the Collection of Prince and Princess Sadruddin Aga Khan*, London.

Carboni, Stefano & Whitehouse, David, 2002, *Glass of the Sultans*, New York. (also ch. 3)

Carey, Moya, 2009, 'The Gold and Silver Lining: Shams al-Din Muhammad b. Muʼayyad al-ʻUrdi's Inlaid Celestial Globe (*c.* 1288) from the Ilkhanid Observatory at Maragha,' *Iran*, Vol. 47, pp. 97–108.

De Moor, Antoine, Fluck, Cäcilia, & Linscheid, Petra (eds), 2013, *Drawing the Threads Together: Textiles and Footwear of the 1st Millennium AD from Egypt*, Tielt.

Finkel, Irving L. & Seymour, Michael J., 2008, *Babylon: Myth and Reality*, London.

Greenwood, William, 2014, *Kings & Pawns: Board Games from India to Spain*, Edinburgh.

Harper, Prudence Oliver, 1961, 'The Senmurv,' *The Metropolitan Museum of Art Bulletin*, Vol. 20, No. 3, pp. 95–101.

Hoyland, Robert G., 2001, *Arabia and the Arabs: From the Bronze Age to the Coming of Islam*, London.

Ibn Battuta, Muhammad ibn Abdallah (d. 1368 or 1377), 2002, *The Travels of Ibn Battutah* (abridged and annotated by Tim Mackintosh-Smith), London.

Ibn Jubayr, Muhammad ibn Ahmad (d. 1217), 1952, *The Travels of Ibn Jubayr* (trans. R. J. C. Broadhurst), London.

Ibn Khaldun, Abd al-Rahman (d. 1406), 1958, *The Muqaddimah: An Introduction to History* (trans. Franz Rosenthal), 3 volumes, Michigan.

Insoll, Tim, 1999, *The Archaeology of Islam*, Oxford.

Irwin, Robert, 2002, *Night and Horses and the Desert: An Anthology of Classical Arabic Literature*, London.

Jahangir, Nur al-Din Muhammad (d. 1627), 1989, *The Tuzuk-i-Jahangiri or Memoirs of Jahangir* (ed. Alexander Rogers & trans. Henry Beveridge), London.

Jones, William, 1783, *The Moallakât, or Seven Arabian Poems Which Were Suspended on the Temple at Mecca*, London.

Kruk, Remke, 2001, 'Of Rukhs and Rooks, Camels and Castles,' *Oriens*, Vol. 36, pp. 288–298.

La Niece, Susan, Röhrs, Stefan & McLeod, Bet (eds), 2010, 'The Heritage of 'Maître Alpais': An International and Interdisciplinary Examination of Medieval Limoges Enamel and Associated Objects,' *British Museum Research Publication*, No. 182, London, pp. 1–56.

Leaman, Oliver, 2004, *Islamic Aesthetics: An Introduction*, Edinburgh.

Leoni, Francesca (ed.), 2016, *Power and Protection Islamic Art and the Supernatural*, Oxford.

Macdonald, Michael C. A., 2010, 'Ancient Arabia and the Written Word,' *Proceedings of the Seminar for Arabian Studies; Supplement: The Development of Arabic as a Written Language*, Vol. 40, pp. 5–28.

Milwright, Marcus, 2010, *An Introduction to Islamic Archaeology*, Edinburgh.

Munro-Hay, Stuart, 1991, *Aksum: An African Civilisation of Late Antiquity*, Edinburgh.

Necipoğlu, Gülru & Payne, Alina (eds), 2016, *Histories of Ornament: From Global to Local*, Princeton & Oxford.

Necipoğlu, Gülru, 2016, 'Early Modern Floral: The Agency of Ornament in Ottoman and Safavid Visual Cultures,' in Gülru Necipoğlu & Alina Payne (eds), *Histories of Ornament: From Global to Local*, Princeton & Oxford, pp. 132–155.

Necipoğlu, Gülru (ed.), 2017, *The Arts of Ornamental Geometry: A Persian Compendium on Similar and Complementary Interlocking Figures*, Leiden & Boston.

Pancaroğlu, Oya, 2003, 'Signs in the Horizons: Concepts of Image and Boundary in a Medieval Persian Cosmography,' *Res: Anthropology and Aesthetics*, Vol. 43, pp. 31–41.

Prisse d'Avennes, Emile, 1877, *L'Art Arabe d'après les Monuments du Kaire*, Paris.

Rawska-Rodziewicz, Elzbieta, 2017, *Ivory and Bone Sculpture in Ancient Alexandria*, Paris.

Rogers, J. Michael, 2006 (reprint), *Mughal Miniatures*, London. (also ch. **2**, **4**, **5**)

Rutchowscaya, Marie-Hélène, 1990, *Coptic Fabrics*, Paris.

Saliba, George, 1992, 'The Role of the Astrologer in Medieval Islamic Society,' *Bulletin d'études orientales*, Vol. 44, pp. 45–67.

Saudi, Mona & Adonis, 2011, *Petra Tablet: The Hand of Stone Draws the Place*, Beirut.

Shalem, Avinoam, 1994, 'The Fall of al-Madā'in: Some Literary References Concerning Sasanian Spoils of War in Mediaeval Islamic Treasuries,' *Iran*, Vol. 32, pp. 77–81.

Simpson, St John (ed.), 2002, *Queen of Sheba: Treasures from Ancient Yemen*, London.

Spring, Chris, 2012, *African Textiles Today*, London. (also ch. **6**)

Suleman, Fahmida, 2010, 'Art,' in Amyn Sajoo (ed.), *A Companion to Muslim Ethics*, London, pp. 91–104.

Vernoit, Stephen (ed.), 2000, *Discovering Islamic Art: Scholars, Collectors and Collections*, London.

Williams, Jonathan, Cribb, Joe & Errington, Elizabeth, 1997, *Money: A History*, London.

第二章：信仰和踐行

Akbarnia, Ladan with Leoni, Francesca, 2010, *Light of the Sufis: The Mystical Arts of Islam*, Houston.

Allan, James W., 2012, *The Art and Architecture of Twelver Shi'ism: Iraq, Iran and the Indian Sub-Continent*, London. (also ch. **4**)

Daftary, Farhad, 2007, *The Isma'ilis: Their History and Doctrines* (2nd edition), Cambridge.

Flaskerud, Ingvild, 2010, *Visualizing Belief and Piety in Iranian Shiism*, London & New York.

Gruber, Christiane J., 2009, 'Between Logos (*kalima*) and Light (*nūr*): Representations of the Prophet Muhammad in Islamic Painting,' *Muqarnas*, Vol. 26, pp. 229–262.

Gruber, Christiane J., & Shalem, Avinoam (eds), 2014, *The Image of the Prophet Between Ideal and Ideology*, Berlin.

Ibn al-Arabi, Muhyiddin (d. 1240), 1911, *The Tarjumán al-Ashwáq. A Collection of Mystical Odes* (ed. & trans. R. A. Nicholson), London.

Kurbage, Youssef & Fargues, Philippe, 1997, *Christians and Jews Under Islam*, London.

Paine, Sheila, 2004, *Amulets: Sacred Charms of Power and Protection*, London.

Porter, Venetia, 2006, *Word into Art: Artists of the Modern Middle East*, London.

Porter, Venetia, 2007, 'Amulets Inscribed with the Names of the "Seven Sleepers" of Ephesus in the British Museum,' in Fahmida Suleman (ed.), *Word of God, Art of Man: The Qur'an and its Creative Expressions*, Oxford, pp. 123–34. (also ch. **3**)

Porter, Venetia, 2011, *Arabic and Persian Seals and Amulets in the British Museum*, London.

Porter, Venetia (ed.), 2012, *Hajj: Journey to the Heart of Islam*, London.

Madison, Francis, Stanley, Tim, Savage-Smith, Emilie & Pinder-Wilson, Ralph H., 1997, *Science, Tools and Magic. Parts 1 & 2*, London & Oxford.

Martinez-Gros, Gabriel (ed.), 2015, *Jérusalem, Ville Trois Fois Sainte*, Marseille & Paris.

Reeve, John (ed.), 2007, *Sacred. Books of the Three Faiths: Judaism, Christianity, Islam*, London.

Savage-Smith, Emilie & M. B. Smith, 2004, 'Islamic Geomancy and a Thirteenth-Century Divinatory Device: Another Look,' in Emilie Savage-Smith (ed.), *Magic and Divination in Early Islam*, Aldershot, pp. 211–76.

Suleman, Fahmida, 2015, *People of the Prophet's House: Artistic and Ritual Expressions of Shi'i Islam*, London.

Wright, Elaine J., 2009, *Islam: Faith, Art, Culture: Manuscripts of the Chester Beatty Library*, London & Dublin.

第三章：互相連結的世界 750–1500

Allan, James W., 1973, 'Abu'l Qasim's Treatise on Ceramics,' *Iran*, Vol. 11, pp. 111–20.

Allan, James W., 1979, *Persian Metal Technology: 700–1300 AD*, London.

Allan, James W., 1982, *Nishapur: Metalwork of the Early Islamic Period*, New York.

Allan, James W., 1983, *Islamic Metalwork: the Nuhad Es-Said Collection*, London.

Arberry, Arthur J., 1955, *The Koran Interpreted*, London.

Atil, Esin, 1981, *Renaissance of Islam: Art of the Mamluks*, Washington.

Baer, Eva, 1965, *Sphinxes and Harpies in Medieval Islamic Art*, Jerusalem.

Baker, Patricia L., 1995, *Islamic Textiles*, London.

Bakırer, Ömür & Redford, Scott, 2017, 'The Kubadabad Plate: Islamic Gilded and Enameled Glass in Context,' *Journal of Glass Studies*, Vol. 59, pp. 171–91.

Behrens-Abouseif, Doris, 2005, 'Veneto-Saracenic Metalware, a Mamluk Art,' *Mamluk Studies Review*, Vol. 9, No. 2, pp. 147–72.

Blair, Sheila S., 2008, 'A Brief Biography of Abu Zayd,' in Gülru Necipoğlu & Julia Bailey (eds), *Frontiers of Islamic Art and Architecture: Essays in Celebration of Oleg Grabar's Eightieth Birthday*, Leiden & Boston, pp. 155–76.

Bloom, Jonathan, M., 2007, *Arts of the City Victorious: Islamic Art and Architecture in Fatimid North Africa and Egypt*, London & New Haven.

Caiger-Smith, Alan, 1985, *Lustre Pottery*, London.

Canby, Sheila R., Beyazit, Deniz, Rugiadi, Martina & Peacock, Andrew, 2016, *Court and Cosmos: The Great Age of the Seljuqs*. New York & New Haven.

Carboni, Stefano, 2001, *Glass from Islamic Lands*, London.

Carboni, Stefano, 2007, *Venice and the Islamic World, 828–1797*, New York. (also ch. **4**)

Chaudhuri, Kirti Narayan, 1985, *Trade and Civilisation in the Indian Ocean: An Economic History from the Rise of Islam to 1750*, Cambridge.

Contadini, Anna, 1998, *Fatimid Art at the Victoria and Albert Museum*, London.

Dodds, Jerrilynn D. (ed.), 1992, *Al-Andalus: The Art of Islamic Spain*, New York.

Eames, Elizabeth, 1992, *English Tilers*, London.

Ecker, Heather, 2004, *Caliphs and Kings: The Art and Influence of Islamic Spain*, Washington.

Evans, Helen C. & Ratliff, Brandie (eds), 2012, *Byzantium and Islam: Age of Transition, 7th–9th Century*, New York.

Fluck, Cäcilia, Helmecke, Gisela & O'Connell, Elisabeth R. (eds), 2015, *Egypt: Faith After the Pharaohs*, London.

Ghouchani, Abdullah, 1986, *Inscriptions on Nishapur Pottery*, Tehran.

Gonella, Julia, 2013, 'Three stucco panels from Samarra', in J. Bloom & S. Blair (eds), *God is Beautiful and Loves Beauty*, Newhaven & London, pp. 80–101.

Graves, Margaret S., 2008, 'Ceramic House Models from Medieval Persia: Domestic Architecture and Concealed Activities,' *IRAN*, Vol. 46, pp. 227–51.

Gray, Basil, 1938, 'A Fatimid Drawing,' *The British Museum Quarterly*, Vol. 12, No. 3, pp. 91–96.

Gray, Basil, 1939, 'A Seljuq Hoard from Persia,' *British Museum Quarterly*, Vol. 13, No. 3, pp. 73–79.

Halm, Heinz, 1997, *The Fatimids and their Traditions of Learning*, London.

Hillenbrand, Carole, 1999, *The Crusades: Islamic Perspectives*, Edinburgh.

Ibn Fadlan, Ahmad (d. 960), 2011, *Ibn Fadlan in the Land of Darkness: Arab Travellers in the Far North* (trans. Caroline Stone & Paul Lunde), London.

Ibn Munqidh, Usama (d. 1188), 2008, *The Book of Contemplation: Islam and the Crusades* (ed. & trans. Paul M. Cobb), London.

Institut du Monde Arabe, 2001, *L'Orient de Saladin: l'Art des Ayyoubides*, Paris.

Jenkins-Madina, Marilyn, 2006, *Raqqa Revisited: Ceramics of Ayyubid Syria*, New York & New Haven.

Kennedy, Hugh, 2004, *When Baghdad Ruled the Muslim World*, Cambridge.

Kessler, Rochelle L., McWilliams, Mary A., Pancaroğlu, Oya & Roxburgh, David J., 2002, *Studies in Islamic and Later Indian Art from the Arthur M. Sackler Museum, Harvard University Art Museums*, Cambridge.

Komaroff, Linda, 1992, *The Golden Disk of Heaven: Metalwork of Timurid Iran*, Costa Mesa & New York.

Komaroff, Linda (ed.), 2011, *Gifts of the Sultan: The Arts of Giving at the Islamic Courts*, New Haven.

Komaroff, Linda & Carboni, Stefano, 2002, *The Legacy of Genghis Khan: Courtly Art and Culture in Western Asia, 1256–1353*, New York, New Haven & London.

Krahl, Regina, Guy, John, Raby, Julian & Wilson, Keith (eds), 2010, *Shipwrecked: Tang Treasures and Monsoon Winds*, Washington.

La Neice, Susan, Ward, Rachel, Hook, Duncan & Craddock, Paul, 2012, 'Medieval Islamic Copper Alloys,' in Paul Jett, Blythe McCarthy & Janet G. Douglas (eds), *Scientific Research on Ancient Asian Metallurgy*, London, pp. 248–54.

Lentz, Thomas W. & Lowry, Glenn D., 1989, *Timur and the Princely Vision: Persian Art and Culture in the Fifteenth Century*, Washington.

Lowick, Nicholas M., 1985, *Siraf XV: The Coins and Monumental Inscriptions*, London.

MacGregor, Neil, 2012, *A History of the World in 100 Objects*, London.

Marzinzik, Sonja, 2013, *Masterpieces: Early Medieval Art*, London.

Mason, Robert B., 2004, *Shine Like the Sun: Lustre-Painted and Associated Pottery from the Medieval Middle East*, Costa Mesa and Toronto.

Melikian-Chirvani, Assadullah Souren, 1982, *Islamic Metalwork from the Iranian World 8th-18th Centuries*, London. (also ch. **1**, **4**)

Mérat, Amandine, 2014, 'New Research on Medieval Embroideries from Tell Edfu at the Louvre Museum,' *British Museum Studies in Ancient Egypt and Sudan*, Vol. 21, pp. 63–79.

Millner, Arthur, 2015, *Damascus Tiles: Mamluk and Ottoman Architectural Ceramics from Syria*, London.

Northedge, Alastair, 2005, *The Historical Topography of Samarra*, London.

Pancaroğlu, Oya, 2007, *Perpetual Glory: Medieval Islamic Ceramics from the Harvey B. Plotnick Collection*, New Haven & Chicago.

Pancaroğlu, Oya, 2013, 'Feasts of Nishapur: Cultural Resonances of Tenth-Century Ceramic Production in Khurasan,' in Mary A. McWilliams (ed.), *In Harmony: The Norma Jean Calderwood Collection of Islamic Art*, New Haven.

Phillips, Tom (ed.), 1999, *Africa: The Art of a Continent*, London.

Pinder-Wilson, Ralph, 1971, 'An Inscription of Badr Al-Jamali,' *The British Museum Quarterly*, Vol. 36, No. 1&2, pp. 51–53.

Porter, Venetia, 2001 (reprint), *Islamic Tiles*, London. (also ch. **4**)

Porter, Venetia & Ager, Barry, 1999, 'Islamic Amuletic Seals: The Case of the Carolingian Cross Brooch from Ballycottin,' in Rika Gyselen (ed.), *La Science des Cieux: Sages, Mages, Astrologues*, pp. 211–18.

Priestman, Seth, 2016, 'The Silk Road or the Sea? Sasanian and Islamic Exports to Japan,' *Journal of Islamic Archaeology*, Vol. 3, No. 1, pp. 1–35.

Raby, Julian, 2012, 'The Principle of Parsimony and the Problem of the 'Mosul' School of Metalwork,' in Venetia Porter & Mariam Rosser-Owen (eds), *Metalwork and Material Culture in the Islamic World: Art, Craft and Text. Essays Presented to James W.* Allan, London, pp. 11–87.

Redford, Scott, 2004, 'On *Saqis* and Ceramics: Systems of Representation in the Northeast Mediterranean,' in Daniel H. Weiss & Lisa J. Mahoney (eds), *France and the Holy Land: Frankish Culture at the End of the Crusades*, Baltimore, pp. 282–312.

Roxburgh, David J. (ed.), 2005, *TURKS: A Journey of a Thousand Years*, London.

Saba, Matthew D., 2015, 'A Restricted Gaze: The Ornament of the Main Caliphal Palace of Samarra,' *Muqarnas*, Vol. 32, pp. 157–98.

Sardi, Maria, 2010, 'Mamluk Textiles,' in Margaret Graves (ed.), *Islamic Art, Architecture and Material Culture: New Perspectives*, Oxford, pp. 7–14.

Scott-Meisami, Julie, 2001, 'The Palace Complex as Emblem: Some Samarran Qasidas,' in Chase Robinson (ed.), *A Medieval Islamic City Reconsidered: An Interdisciplinary Approach to Samarra*, Oxford, pp. 69–78.

Shalem, Avinoam, 2004, *The Oliphant: Islamic Objects in Historical Context*, Leiden.

Soucek, Priscilla, 1999, 'Ceramic Production as Exemplar of Yuan-Ilkhanid Relations,' *RES: Anthropology and Aesthetics*, Vol. 35, pp. 125–41.

Tait, Hugh (ed.), 1991, *Five Thousand Years of Glass*, London.

Tonghini, Cristina, 1995, 'The Fine Wares of Ayyubid Syria,' in Ernst Grube (ed.), *Cobalt and Lustre: The First Centuries of Islamic Pottery*, London & Oxford, pp. 248–93.

Vorderstrasse, Tasha, 2005, *Al-Mina: A Port of Antioch From Late Antiquity to the End of the Ottomans*, Leiden.

Ward, Rachel (ed.), 1998, *Gilded and Enamelled Glass from the Middle East*, London.

Ward, Rachel, 2002, 'Two Ivory Plaques in the British Museum,' in Warwick Ball and Leonard Harrow (eds), *Cairo to Kabul: Afghan and Islamic Studies Presented to Ralph Pinder-Wilson*, London, pp. 248–54.

Ward, Rachel, 2003 (reprint), *Islamic Metalwork*, London.

Ward, Rachel, 2012, 'Mosque Lamps and Enamelled Glass: Getting the Dates Right,' in Doris Behrens-Abouseif (ed.), *The Arts of the Mamluks in Egypt and Syria – Evolution and Impact*, Göttingen & Bonn, pp. 55–75.

Ward, Rachel (ed.), 2014, *Court and Craft: A Masterpiece from Northern Iraq*, London.

Ward, Rachel, La Neice, Susan, *et. al*, 1995, 'Veneto-Saracenic Metalworks: An Analysis of the Bowls and Incense Burners in the British Museum,' in Duncan R. Hook and David R. M. Gaimster (eds), *Trade and Discovery: The Scientific Study of Artefacts from Post-Medieval*

Europe and Beyond, London, pp. 235–58.

Watson, Oliver, 2004, *Ceramics from Islamic Lands*, London.

Watson, Oliver, 2004 (reprint), *Persian Lustre Ware*, London & Boston.

第四章：帝國時代 1500–1900

Askari, Nasreen & Crill, Rosemary, 1997, *Colours of the Indus: Costume and Textiles of Pakistan*, London.

Atasoy, Nurhan & Raby, Julian, 1989, *Iznik: The Pottery of Ottoman Turkey*, London & Istanbul.

Bennett, James (ed.), 2005, *Crescent Moon: Islamic Art and Civilisation in Southeast Asia*, Adelaide.

Bilgi, Hülya & Zanbak, Idil, 2012, *Skill of the Hand, Delight of the Eye: Ottoman Embroideries in the Sadberk Hanim Museum Collection*, Istanbul.

Boggs, Richard, 2010, *Hammaming in the Sham: A Journey Through the Turkish Baths of Damascus, Aleppo and Beyond*, Reading.

Canby, Sheila R., 1999, *The Golden Age of Persian Art, 1501–1722*, London. (also ch. **5**)

Canby, Sheila R., 2009, *Shah 'Abbas: The Remaking of Iran*, London.

Carswell, John, 2006 (reprint), *Iznik Pottery*, London.

Crowe, Yolande, 2002, *Persia and China: Safavid Blue and White Ceramics in the Victoria and Albert Museum 1501–1738*, London.

Crowe, Yolande, 2012, 'The Safavid Potter at the Crossroad of Styles,' in Willem Floor & Edmund Herzig (eds), *Iran and the World in the Safavid Age*, London, pp. 407–24.

D'Amora, Rosita & Pagani, Samuela (eds.), 2011, *Hammam: le Terme Nell'Islam*, Florence.

De Guise, Lucien (ed.), 2005, *The Message & the Monsoon: Islamic Art of Southeast Asia*, Kuala Lumpur.

Desmet-Grégoire, Hélène, 1989, *Les Objets du Café*, Paris.

Diba, Layla S. (ed.), 1998, *Royal Persian Paintings: The Qajar Epoch, 1785–1925*, New York.

Ellis, Marianne & Wearden, Jennifer, 2001, *Ottoman Embroidery*, London.

Gillow, John, 2008, *Indian Textiles*, London.

Haidar, Navina Najat & Sardar, Marika, 2015, *Sultans of Deccan India, 1500–1700: Opulence and Fantasy*, New York.

Hasan, Syed Mahmudul, 1966, 'Two Bengal Inscriptions in the Collection of the British Museum,' *The Journal of the Royal Asiatic Society of Great Britain and Ireland*, No. 3/4, October, pp. 141–47.

Hattox, Ralph S., 1985, *Coffee and Coffeehouses: The Origins of a Social Beverage in the Medieval Near East*, Seattle & London.

Istanbul, 2008, *Reformer, Poet and Musician: Sultan Selim Han III*, Istanbul.

Juhasz, Esther (ed.), 2012, *The Jewish Wardrobe: From the Collection of the Israel Museum, Jerusalem*, Milan & Jerusalem.

Kerlogue, Fiona, 2003, 'Islamic Talismans: The Calligraphy Batiks,' in Itie van Hout (ed.), *Batik: Drawn in Wax. 200 Years of Batik Art from Indonesia in the Tropenmuseum Collection*, Amsterdam, pp. 124–135.

Khalili, Nasser D., Robinson Basil W. & Tim Stanley, 1996 and 1997, *Lacquer of the Islamic Lands. Parts 1 & 2*, London.

Krody, Sumru Belger, 2000, *Flowers of Silk and Gold: Four Centuries of Ottoman Embroidery*, Washington.

Lambourn, Elizabeth, 2004, 'Carving and Communities: Marble Carving for Muslim Patrons at Khambhāt and around the Indian Ocean Rim, Late Thirteenth-Mid-Fifteenth Centuries,' *Ars Orientalis*, Vol. 34, pp. 99–133.

Lambourn, Elizabeth, 2004, 'Carving and Recarving: Three Rasulid Gravestones Revisited,' *New Arabian Studies*, Vol. 6, pp. 10–29.

Lerner, Judith, 1980, 'Three Achaemenid "Fakes": A Re-evaluation in the Light of 19th Century Iranian Architectural Sculpture,' *Expedition*, Vol. 22, No. 2, pp. 5–16.

McWilliams, Mary A. & Roxburgh, David, 2008, *Traces of the Calligrapher: Islamic Calligraphy in Practice, c. 1600–1900*, Houston.

Melikian-Chirvani, Assadullah Souren, 2007, *Le Chant du Monde: L'Art de l'Iran Safavide, 1501–1736*, Paris.

Meller, Susan, 2013, *Silk and Cotton: Textiles from the Central Asia That Was*, New York.

al-Mojan, Muhammad H., 2013, 'The Textiles Made for the Prophet's Mosque at Medina: A Preliminary Study of their Origins, History and Style,' in Venetia Porter & Liana Saif (eds), *The Hajj: Collected Essays*, pp. 184–194.

Natvig, Richard, 1987, 'Oromos, Slaves, and the *Zar* Spirits: A Contribution to the History of the *Zar* Cult,' *The International Journal of African Historical Studies*, Vol. 20, No. 4, pp. 669–89.

Nersessian, Vrej, 2001, *Treasures from the Ark: 1700 Years of Armenian Christian Art*, London.

Paine, Sheila, 2001, *Embroidery from India and Pakistan*, London.

Paris, *Trésors de l'Islam en Afrique de Tombouctou à Zanzibar*, 2017, Paris. (also ch. **3**)

Porter, Venetia, 2000, 'Coins of the Sa'dian Sharifs of Morocco off the Coast of Devon. Preliminary Report,' *XII. Internationaler Numismatischer Kongress Berlin 1997. Proceedings II.* Berlin, pp. 1288–1293.

Raby, Julian, 1987, 'Pride and Prejudice: Mehmed the Conqueror and the Italian Portrait Medal,' *Studies in the History of Art*, Vol. 21, pp. 171–94.

Rogers, J. Michael, 1983, *Islamic Art and Design 1500–1700*, London.

Rogers, J. Michael, 1995, *Empire of the Sultans: Ottoman Art from the Collection of Nasser D. Khalili*, London.

Rogers, J. Michael, & Ward, Rachel, 1988, *Süleyman the Magnificent*, London.

Semmelhack, Elizabeth, 2016, *Standing Tall: The Curious History of Men in Heels*, Toronto.

Sharma, Sunil, 2017, *Mughal Arcadia: Persian Literature in an Indian Court*, Cambridge & London. (also ch. **5**)

Sinha, Sutapa, 2001, 'A Note on the Inscriptions of Bengal Sultans in the British Museum,' in Enamul Haque (ed.), *Hakim Habibur Rahman Khan Commemoration Volume: A Collection of Essays on History, Art, Archaeology, Numismatics, Epigraphy and Literature of Bangladesh and Eastern India*, Dhaka, pp. 133–43.

Stronge, Susan, 1985, *Bidri ware: Inlaid metalwork from India*, London: Victoria and Albert Museum.

Stronge, Susan, 2010, *Made for Mughal Emperors: Royal Treasures from Hindustan*, London. (also ch. **5**)

Suleman, Fahmida, 2017, *Textiles of the Middle East and Central Asia: The Fabric of Life*, London. (also ch. **6**)

Summerfield, Anne & Summerfield, John (eds), 1999, *Walk in Splendour: Ceremonial Dress and the Minangkabau*, Los Angeles.

Taylor, Roderick, 1993, *Ottoman Embroidery*, Wesel.

Ther, Ulla, 1993, *Floral Messages: From Ottoman Court Embroideries to Anatolian Trousseau Chests*, Bremen.

Wearden, Jennifer & Baker, Patricia, 2010, *Iranian Textiles*, London.

Welch, Stuart Cary, 1985, *India: Art and Culture, 1300–1900*, New York.

Zebrowski, Mark, 1997, *Gold, Silver and Bronze from Mughal India*, London.

Zorlu, Tuncay, 2011, *Innovation and Empire in Turkey: Sultan Selim III and the Modernisation of the Ottoman Navy*, London.

第五章：文學與音樂傳統

Akbarnia, Ladan & Dadlani, Chanchal, 2006, *The Tablet and the Pen: Drawings from the Islamic World*, Cambridge.

And, Metin, 1975, *Karagöz: Turkish Shadow Theatre*, Istanbul.

Babaie, Sussan, 2001, 'The Sound of the Image/The Image of the Sound: Narrativity in Persian Art of the 17th Century,' in Oleg Grabar & Cynthia Robinson (eds), *Islamic Art and Literature*, Princeton.

Beach, Milo C., Fischer, Eberhard & Goswamy, B. N. (eds), 2011, *Masters of Indian Painting*. 2 Vols, Zurich.

Blair, Sheila S., 2000, 'Color and Gold: The Decorated Papers Used in Manuscripts in Later Islamic Times,' *Muqarnas*, Vol. 17, pp. 24–36.

Bloom, Jonathan, 2001, *Paper Before Print: The History and Impact of Paper in the Islamic World*, London & New Haven.

Brend, Barbara & Melville, Charles (eds), 2010, *Epic of the Persian Kings: The Art of Ferdowsi's Shahnameh*, London.

Canby, Sheila R., 2005 (reprint), *Persian Painting*, London.

Calza, Gian Carlo (ed.), 2012, *Akbar: The Great Emperor of India, 1542–1605*, Milan.

Cité de la Musique, 2003, *Gloire des Princes, Louange des Dieux*, Paris.

Darwich, Mahmoud & Koraichi, Rachid, 2000, *Une Nation en Exil*, Paris.

Das, Asok Kumar, 2005, *Paintings of the Razmnama: The Book of War*,

Ahmedabad & Portchester.

Farhad, Massumeh & Rettig, Simon, 2016, *The Art of the Qur'an: Treasures from the Museum of Turkish and Islamic Arts*, Washington.

Faridany-Akhavan, Zahra, 1993, 'All the King's Toys,' *Muqarnas*, Vol. 10, pp. 292–98.

Ferdowsi, Abolqasem (d. 1025), 2016 (reprint), *Shahnameh: The Persian Book of Kings* (trans. Dick Davis), London.

Fetvacı, Emine & Gruber, Christiane, 2017, 'Painting, from Urban to Royal Patronage,' in Finbarr Barry Flood & Gülru Necipoğlu (eds), *A Companion to Islamic Art and Architecture*, pp. 874–902.

Guy, John & Britschgi, Jorrit, 2011, *Wonder of the Age: Master Painters of India, 1100–1900*, New York.

Hammarlund, Anders, Olsson, Tord & Özdalça, Elisabeth (eds), 2005, *Sufism, Music and Society in Turkey and the Middle East*, Istanbul.

Jenkins, Jean & Olsen, Paul Rovsing, 1976, *Music and Musical Instruments in the World of Islam*, London.

Kynan-Wilson, William, 2017, '"Painted by the Turcks themselves": Reading Peter Mundy's Ottoman Costume Album in Context,' in Sussan Babaie & Melanie Gibson (eds), *The Mercantile Effect: Art and Exchange in the Islamicate World during the 17th and 18th Centuries*, London, pp. 38–50.

Langer, Axel (ed.), 2013, *The Fascination with Persia: The Persian-European Dialogue in Seventeenth-Century Art & Contemporary Art from Tehran*, Zurich.

Muallem, David, 2010, *The Maqam Book: A Doorway to Arab Scales and Modes*, Tel Aviv.

Oral, Unver, 2009, *Turkish Shadow Theatre: Karagöz*, Ankara.

Porter, Venetia & Barakat, Heba Nayel, 2004, *Mightier than the Sword. Arabic Script: Beauty and Meaning*, Kuala Lumpur.

Roxburgh, David J., 2017, 'Persianate Arts of the Book in Iran and Central Asia,' in Finbarr Barry Flood & Gülru Necipoğlu (eds), *A Companion to Islamic Art and Architecture*, pp. 668–90.

Roxburgh, David J., 2005, *The Persian Album, 1400–1600: From Dispersal to Collection*, New Haven.

Schick, Leslie Meral, 2004, 'The Place of Dress in Pre-Modern Costume Albums,' in Suraiya Faroqhi and Christoph K. Neumann (eds), *Ottoman Costumes: From Textile to Identity*, Istanbul, pp. 93–101.

Seyller, John William, 2002, *The Adventures of Hamza*, Washington.

Simpson, Marianna Shreve, 1993, 'The Making of Manuscripts and the Workings of the Kitab-Khana in Safavid Iran,' *Studies in the History of Art*, Vol. 38, pp. 104–21.

Sims, Eleanor, with Marshak, Boris I. & Grube, Ernst J., 2002, *Peerless Images: Persian Painting and its Sources*, New Haven.

Siyavuşgil, Sabri Esat, 1955, *Karagöz*, Ankara.

Thackston, Wheeler M., 2000, *Album Prefaces and Other Documents on the History of Calligraphers and Painters*, Boston.

Touma, Habib Hassan, 1996, *The Music of the Arabs* (trans. Laurie Schwarts), Cambridge & Portland.

Wright, Elaine, 2008, *Muraqqa': Imperial Mughal Albums from the Chester Beatty Library*, Alexandria & Hanover.

第六章：現代世界

Adams, S., 2006, 'In My Garment There is Nothing but God: Recent Work by Ibrahim El Salahi,' *African Arts*, Vol. 39, No. 2, pp. 26–35, 86.

Bonyhady, Tim & Lendon, Nigel with Jasleen Dhamija, 2003, *The Rugs of War*, Canberra.

Mahdaoui, Molka, 2015, *Nja Mahdaoui: Jafr. The Alchemy of Signs*, Milan.

Varela, Miguel Escobar, 2014, 'Wayang Hip Hop: Java's Oldest Performance Tradition Meets Global Youth Culture,' *Asian Theatre Journal*, Vol. 31, No. 2, pp. 481–504.

Weir, Shelagh, 1989, *Palestinian Costume*, London.

關於字母轉寫

因為這本書主要是做概括性之介紹，因此將來自原文文獻和材料中的專門術語和行話的字母轉寫是以簡明扼要為主。文中最多出現的字母轉寫是來自阿拉伯字母，其中有一些變體（例如v和波斯文中的w）；在其他的例子中，例如在奧斯曼土耳其字母轉寫時，使用的是現代土耳其拉丁字母。至於日期，除非是物品上有簽名或標註的伊斯蘭曆（希吉拉曆）日期，其他的地方都使用的是西元日期。

致謝

　　2018年，阿布哈里基金會（Albukhary Foundation）贊助了大英博物館新揭幕的伊斯蘭世界阿布哈里基金會展廳，並為大英博物館的伊斯蘭展區進行了完全修繕。要感謝這份慷慨的禮物，我們才能有如此寶貴的機會對於大英博物館享譽已久的伊斯蘭收藏的詮釋方式加以重新構思，並且在對伊斯蘭世界的視覺文化的全新呈現裡展出先前不為人知或是沒有展示過的作品。沒有這一切的話，我們無法完成這本較廣範圍的觀眾帶來對伊斯蘭世界更深入瞭解的書。我們因此十分感激阿布哈里基金會及其主席賽義德．穆合塔爾．阿布哈里（Syed Mokhtar Albukhary），也感謝馬來西亞伊斯蘭藝術博物館的館長賽義德．穆罕默德．阿布哈里（Syed Mohamed Albukhary）。

　　我們也對那些在本書出版計劃的各個階段中為我們提供支持的本館同仁表示感謝，多謝你們可以讓我們完成這本書。為大英博物館與阿布哈里基金會的合作揭幕的前大英博物館館長尼爾．麥格瑞格（Neil MacGregor），以及從上任伊始就全力支持本計劃的現任館長哈特維希．費舍（Hartwig Fischer）都明白這一合作的潛在影響力。另外，阿布哈里畫廊的項目主管莊納森．盧比科夫斯基（Jonathan Lubikowski）確保了畫廊的順利運行並且不遺餘力地為這本書的出版計劃提供助力。我們也要謝謝收藏部的副主任莊納森．威廉斯（Jonathan Williams），以及尤其要感謝的中東部主任莊納森．圖布（Jonathan Tubb），謝謝他們的支持以及從始至終都為我們的做法提供擁護。

　　這本書中，實物講述的故事強調了大英博物館伊斯蘭收藏的豐富和多元特性，從更廣泛的意義上說，也強調了伊斯蘭世界的豐富和多元。為了將這些故事分享給更多人，我們不僅要依靠我們對藏品的知識和研究成果，同樣要以來博物館內外的學者和朋友的專業意見和建議。在這些人中，我們特別要感謝我們的兩位館外讀者，蘇珊．巴巴伊（Sussan Babaie）和斯科特．來福（Scott Redford），他們無私又仔細地閱讀了本書的全文並給出

了寶貴的評論。我們還十分感激那些閱讀、翻譯或做出重大貢獻的個人，他們是：Aydin Azizzadeh, Julia Bray, Dominic Parviz Brookshaw, Stefano Carboni, Vesta Sarkhosh Curtis, Irving J. Finkel, Annabel Gallop, Abdullah Ghouchani, Melanie Gibson, Rachel Goshgarian, Alexandra Green, Sarah Johnson, Fiona Kerlogue, Bora Keskiner, Susan La Niece, Michael Macdonal, Leslee Michelsen, Beverley Tenk, Oya Pancaroğlu, Monica Park, Seth Priestman, Marika Sardar, Judy Rudoe, Ünver Rüstem, Sunil Sharma, Tim Stanley, Susan Stronge, Dora Thornton, Charles Tripp, Rosalind Wade–Haddon, Oliver Watson, Michael J. Willis, Charles–Hossein Zenderoudi和Marie Zenderoudi。還有其他在不同階段提供了建議和幫助的同事，他們包括：Muhammad Abdel–Haleem, James Allan, Doris Behrens–Abouseif, Julie Anderson, Richard Blurton, Sheila Canby, Emine Fetvacı, Christiane J. Gruber, Jessica Harrison–Hall, Julie Hudson, Timothy Insoll, Stephanie Mulder, Sam Nixon, Elisabeth O'Connell, Michael J. Rogers, Laurie Margot Ross, Martina Rugiadi, Iain Shearer, Eleanor Sims, Christopher Spring, Rachel Ward, Ayşin Yoltar–Yıldırım和Kathy Zurek–Doule。書中如果有任何的錯誤，那要算在我們身上。

我們感謝大英博物館的那麼多人，他們慷慨地和我們分享他們的知識、技藝、時間以及最重要的，他們對器物持有的激情，他們的幫助讓我們完成了這本書。因為篇幅所限，我們無法在這裡分享他們辛苦工作的範圍和投入的心力，但是這些人的名字是：Wendy Adamson, Dean Baylis, Rachel Berridge, Duygu Camurcuoğlu, Michelle DeCarteret, Jennifer Ellison, Stuart Frost, Hazel Gardiner, John Giblin, David Green, Angela Grimshaw, Jeremy Hill, Imran Javed, Sushma Januari, Nathan Harrison, Loretta Hogan, Verena Kotonski, Imogen Laing, Denise Ling, Rocio Mayol, Aude Mongiatti, Saray Naidorf, Daniel O'Flynn, Miriam Orsini, Jane Portal, Monique Pullan, Tess Sanders, St John Simpson, Matthias Sotiras, Tanya Szrajber, Francesca Villiers, Richard Wakeman, Carol Weiss, Gareth Williams, Thomas Williams, Helen Wolfe, Hannah Woodley, Holly Wright和Katherine Young。我們也要謝謝我們的實習生和志工Naciem Nikkahah, Shazia Jamal和Reem Alireza。

這本書的主角是裡面的器物，所以我們要再三表達對於那些才華橫溢的攝影師們的謝意，有他們的付出和努力才有書中每一頁上的精美照片。我們要向他們表達我們的謝意和讚美，他們是：Joanna Fernandes, John Williams, Dudley Hubbard, Kevin Lovelock, Saul Peckham和Michael Row。

我們要謝謝Thames & Hudson的Julian Honer和Philip Watson為整個出版專案所做的策劃，以及Peter Dawson（來自Grade Design），Ben Plumridge, Susanna Ingram和SusannahLawson。我們謝謝James Alexander製作了伊斯蘭世界的地圖。我們的誠摯感謝還要送給Claudia Bloch和Sara Forster，她們引導了這本書在大英博物館一方的最初工作一直到和Thames & Hudson出版社的合作。

最後，我們希望把最特別的感謝送給我們的家人，他們經歷了無數個沒有我們的夜晚和週末，願他們中的一些人在長大一些後可以欣賞到伊斯蘭視覺文化的耀眼光芒，並明白這本書寫作的設想和初衷。

各章節作者

圖片來源

譯名對照

引言
漢斯・斯隆爵士（Sir Hans Sloane）
奧古斯都・沃拉斯通・富蘭克斯（Augustus Wollaston Franks）
弗里德里克・杜・凱恩・高德曼（Frederick Du Cane Godman, –1919）
萊拉・英格拉姆（Leila Ingrams, –2015）
布魯克西威爾永久基金會（Brooke Sewell Permanent Fund）
伊斯蘭世界阿布哈里展廳（Albukhary Gallery of the Islamic World）

1–2
簡・迪格比（Jane Digby）
謝赫梅祝爾・梅茲拉布（Sheikh Medjuel el-Mezrab）
約翰・威廉・波互（John William Burgon, –1888）
阿杜尼斯（Adonis, 1930–）
約翰・路德維希・布克哈德（Johann Ludwig Burckhardt）
大衛・羅伯茨（David Roberts, 1796–1864）

1–3
征服者穆罕默德（Mehmed the Conqueror）
查士丁尼（Justinian, 527–565在位）

1–4
阿帕・帕喬（Apa Pachom）

1–7
希拉克略（Heraclius, 610–641在位）
阿布杜・馬利克（Abd al-Malik, 685–705）
霍斯洛二世（Khusraw II, 約590–628在位）
哈佳智・伊本・尤素夫（al-Jajjaj ibn Yusuf, –713）

〈書寫和文字〉
伊本・穆格拉（Ibn Muqla, –940）
伊本・巴瓦布（Ibn al-Bawwab, –1022）
米爾・阿里・大不里茲（Mir Ali Tabrizi, –1446）
勒皮昂沃萊（Le Puy-en-Velay）

1–8

加尼・阿拉尼（Ghani Alani，伊拉克，1937–）
祖海爾・本・艾比・蘇勒瑪（Zuhayr ibn Abi Sulma, –609）
穆罕默德・伊本・巴席爾・哈里吉（Muhammad ibn Bashir al-Khariji，約–718）
哈亞利（Hayali, –1557）

1–9
艾米爾・普利斯・德阿文尼（Émile Prisse d'Avennes, –1879）
沙賈汗（Shah Jahan, 1628–1658在位）
阿布・哈桑（Abu'l Hasan）
賈汗吉爾皇帝（Jahangir, 1605–1627在位）
馬赫穆德・庫爾迪（Mahmud al-Kurdi）
阿伊莎（Aisha, –678）
《凱里萊和迪姆奈》（Kalila wa Dimna）
伊本・穆格法（Ibn al-Muqaffa, –756）
《老人星之光》（Anvar-i Suhayli of al-Kashifi）

1–10
阿赫邁迪・圖西（Ahmad-i Tusi）
洛斯・卡托・狄金森（Lowes Cato Dicknson）
阿布杜・薩瑪德（Abd al-Samad）
薩爾汗・貝（Sarkhan Beg）
米爾・穆薩維（Mir Musavvir，活躍於約1525–1550）
塔赫馬斯普（Shah Tahmasp, 1524–1576在位）

1–11
阿布杜・卡利姆・阿斯圖拉比（Abd al-Karim al-Asturlabi）
馬利克（al-Malik）
穆伊茲（Mu'izz）
希哈卜丁（Shihab al-Din）
納斯爾丁・圖西（Nasr al-Din Tusi）
穆罕默德・伊本・希拉里・穆納吉・摩蘇利（Muhammad ibn Hilal al-Munajjim al-Mawsili）

第2章
納斯爾・曼蘇爾（Nassar Mansour，約旦人，1967–）

2–1
阿布・巴克爾（Abu Bakr, 632–634年在位）

真主使者的繼承人（khalifat rasul Allah）
正統哈里發（Rashidun caliphs）
穆斯塔法・達利勒（Mustafa Darir）

2-2
阿里黨人（Shi 'at Ali）
亞齊德（Yazid）
伊巴迪派（Ibadis）
聖人阿巴斯（Hazrat Abbas，阿布杜法齊勒［Abu'l-Fazl］）
胡笙（Husayn ibn Ali）
沙王納斯爾丁（Nasir al-Din Shah Qajar）
阿瓦德的那瓦布斯（Nawabs of Awadh, 1722-1856）

2-3
《詩篇》（al-zabur）
《討拉》（al-tawrat）
《福音書》（al-injil）
努哈（Nuh，諾亞）
易卜拉欣（Ibrahim，亞伯拉罕）
艾尤布（Ayyub，約伯）
優素夫（Yusuf，約瑟夫）
穆薩（Musa，摩西）
蘇萊曼（Sulayman，所羅門）
爾薩（Isa，耶穌）
亞伯拉罕宗教（Abrahamic faiths）

2-4
遠寺（al-Aqsa mosque）

2-5
艾曼・優斯里（Ayman Yossri，沙烏地阿拉伯，1966-）
阿赫邁德・阿里・雅辛（Ahmed Ali Yassin）
阿德勒・古萊什伊（Adel al-Quraishi，沙烏地阿拉伯，1968-）

2-6
古萊姆・胡笙（Darvish Ghulam Husayn）
哈桑・馬蘇迪（Hassan Massoudy，伊拉克人，1944-）
伊本・阿拉比（Ibn Arabi, 1165-1240）
《渴望的解讀》（Tarjuman al-Ashwaq）

2-7
「以弗所的洞中人」（Seven Sleepers of Ephesus）

2-8
穆罕默德・伊本・庫特魯克・摩蘇利（Muhammad ibn Kutlukh al-Mawsli）

3-1
《各國之書》Kitab al-Buldan
哈里發之屋（Dar al-Khilafa）
哈里發穆塔瓦基勒（al-Mutawakkil，847-861在位）
阿里・納迪（Ali al-Nadi, -868）
哈桑・阿斯卡里（Hasan al-Askari, -874）
阿布・塔瑪（Abu Tammam, -845）
恩斯特・赫茨菲爾德（Ernst Herzfeld）
弗里德里希・薩雷（Friedrich Sarre）

3-2
大衛・懷特豪斯（David Whitehouse）

3-8
阿布・舒賈・因巨塔金（Abu Shuja Inju-Takin）
伊本・塔瑪・瓦西提（Ibn Tammar al-Wasiti）

薩利比（al-Tha 'alibi, 961-1038）

3-9
伊本・法基赫（Ibn al-Faqih）

3-10
阿布・卡西姆（Abu'l Qasim）
阿布・載德（Abu Zayd）
阿布・塔希爾（Abu Tahir）

3-11
畢魯尼（al-Biruni, -1048）
法蒂瑪・扎哈拉（Fatima al-Zahra）
馬克里茲（al-Maqrizi, -1442）
維齊爾阿富達（vizier al-Afdal）

〈阿尤布王朝和十字軍〉
賈茲拉（Jazira）
阿尤布王朝（Ayyubid dynasty）
伊瑪德丁・贊吉（Imad al-Din Zangi）
白德爾丁・魯魯（Badr al-Din Lu'lu, 1233-1259在位）
伊本・賽義德（Ibn Sa'id）
獅心王理查（Richard I the Lionheart, 1189-1192在位）
伊本・阿希爾（Ibn al-Athir）
巴里斯一瑪斯卡納（Balis-Meskene）
拉卡（Raqqa）

3-15
烏薩瑪・伊本・孟齊德（Usama ibn Munqidh, 1095-1188）

3-16
約瑟夫一安吉・杜利耶羅（Joseph-Ange Durighiello）

3-17
舒賈・伊本・曼阿・摩蘇利（Shuja ibn Man'a al-Mawsili）

3-18
阿布・卡西姆・卡尚尼（Abu'l Qasim al-Kashani）
皮科帕索（Piccolpasso）
阿蘭・凱格一史密斯（Alan Caiger-Smith）

〈馬穆魯克王朝和納斯爾王朝〉
威廉・傑爾爵士（Sir William Gell, -1836）
歐文・瓊斯（Owen Jones, -1874）
巴赫里馬穆魯克（Bahri Mamluks, 1250-1382）
欽察人（Qipchaqs）
切爾克斯人（Circassians）
布爾吉馬穆魯克（Burji Mamluks, 1382-1517）
拜巴爾（Baybars, 1260-1277在位）
《歷史緒論》（Muqaddima）

3-19
賽義夫丁・土庫茲達姆爾（Sayf al-Din Tuquzdamur）
瑪穆魯克蘇丹納斯爾・穆罕默德・伊本・卡拉溫（al-Nasir Muhammad ibn Qalawun, 1293-1341在位）

3-20
白德爾丁・貝薩里（Badr al-Din Baysari）

3-21
哈爾斯丁・哈利勒・塔烏里茲（Ghars al-Din Khalil al-Tawrizi）
哈伊比（Ghaibi）

5-9
恩格爾波特・肯普菲 (Engelbert Kaempfer)
皮特・蒙迪 (Peter Mundy)
黎凡特公司 (Levant Company)
《蒙迪畫冊》 (A briefe relation of the Turckes, their kings,
Emperors, or Grandsigneurs, their conquests, religion,
customes, habbits, etc)

5-10
沙菲克・阿布杜 (Shafic Abboud,黎巴嫩人,1926-2004)
艾黛兒・阿德南 (Etel Adnan,黎巴嫩人, 1925-)
薩拉美赫・阿米里 (Nelly Salameh Amri)
克瑞翁 (Creon)
安提格涅 (Antigone)
迪亞・阿札維 (Dia al-Azzawi,伊拉克人,1939-)
拉希德・科萊奇 (Rachid Koraïchi,阿爾及利亞人,1947-)
馬赫穆德・達里維士 (Mahmoud Darwish, 1941-2008)
阿多尼斯 (Adonis,原名阿里・阿赫瑪德・賽義德的敘利亞詩
人,1930-)

5-11
烏姆・庫圖姆 (Umm Kulthum, -1975)
禪特・阿維迪辛 (Chant Avedissian,埃及人,1951-)
法烏茲・蒙什德 (Fawzi Monshid, 1947-)
6-1
亞希爾・阿拉法特 (Yasser Arafat, 1929-2004)

6-2
薩拉・拉赫巴爾 (Sara Rahbar,伊朗裔美國人,1976-)

6-3
賈邁勒・潘吉維尼 (Jamal Penjweny, 1981-)
邁克爾・拉科維茨 (Michael Rakowitz, 1981-)
馬納勒・道瓦言 (Manal Dowayan, 1973-)

6-4
伊姆蘭・庫萊什 (Imran Qureshi, 1972-)
阿斯利・查烏碩格魯 (Asli Çavuşoğlu, 1982-)
阿拉斯河 (Aras river)
巴比肯藝術中心 (Barbican Centre)
法伊茲・阿赫麥德・法伊茲 (Faiz Ahmed Faiz, -1984)

6-5
易卜拉欣・薩拉西 (Ibrahim el-Salahi, 1930-)
卡圖・昆科洛 (KCatur Kuncoro)

歷史大講堂
大英博物館裡的伊斯蘭史

2020年7月初版　　　　　　　　　　　　　　　　　定價：新臺幣780元
2024年2月初版第三刷
有著作權・翻印必究
Printed in Taiwan.

著　　　者	Ladan Akbarnia		
	Venetia Porter		
	Fahmida Suleman		
	William Greenwood		
	Zeina Klink-Hoppe		
	Amandine Mérat		
譯　　　者	苑	默	文
叢書主編	李	佳	姍
校　　　對	馬	文	穎
	陳	嫻	若
內文排版	朱	智	穎
封面設計	兒		日

出　版　者	聯經出版事業股份有限公司	副總編輯	陳 逸 華	
地　　　址	新北市汐止區大同路一段369號1樓	總編輯	涂 豐 恩	
叢書主編電話	(02)86925588轉5320	總經理	陳 芝 宇	
台北聯經書房	台北市新生南路三段94號	社　長	羅 國 俊	
電　　　話	(02)23620308	發行人	林 載 爵	
郵政劃撥帳戶第0100559-3號				
郵撥電話 (02)23620308				
印　刷　者 文聯彩色製版印刷有限公司				
總　經　銷 聯合發行股份有限公司				
發　行　所 新北市新店區寶橋路235巷6弄6號2樓				
電　　　話 (02)29178022				

行政院新聞局出版事業登記證局版臺業字第0130號

本書如有缺頁，破損，倒裝請寄回台北聯經書房更換。　ISBN　978-957-08-5535-7 (精裝)
聯經網址：www.linkingbooks.com.tw
電子信箱：linking@udngroup.com

國家圖書館出版品預行編目資料

大英博物館裡的伊斯蘭史/ Ladan Akbarnia等著 . 苑默文譯 .
初版 . 新北市 . 聯經 . 2020年7月 . 272面 . 17×24公分（歷史大講堂）
譯自：Islamic world: a history in objects
ISBN　978-957-08-5535-7（精裝）
［2024年2月初版第三刷］

1.伊斯蘭教　2.歷史

258　　　　　　　　　　　　　　　　　　　　　109006234